U0456589

中国社会科学学科文摘系列

人口与劳动经济学文摘

Population and Labour Economics Digest

2016.NO.1　　　　总第1卷（Vol.1）

张车伟　主编

中国社会科学出版社

图书在版编目（CIP）数据

人口与劳动经济学文摘. 2016. NO.1 / 张车伟主编. — 北京：
中国社会科学出版社，2017.3
ISBN 978-7-5203-0138-1

Ⅰ.①人… Ⅱ.①张… Ⅲ.①人口学－文集②劳动经
济学－文集 Ⅳ.①C92-53②F240-53

中国版本图书馆CIP数据核字（2017）第070164号

出 版 人	赵剑英
责任编辑	孙铁楠
责任校对	邓晓春
责任印制	张雪娇

出 版	中国社会科学出版社
社 址	北京鼓楼西大街甲 158 号
邮 编	100720
网 址	http://www.csspw.cn
发 行 部	010-84083685
门 市 部	010-84029450
经 销	新华书店及其他书店

印刷装订	北京君升印刷有限公司
版 次	2017 年 3 月第 1 版
印 次	2017 年 3 月第 1 次印刷

开 本	710×1000 1 / 16
印 张	24.5
字 数	424 千字
定 价	82.00 元

凡购买中国社会科学出版社图书，如有质量问题请与本社营销中心联系调换
电话：010-84083683
版权所有　侵权必究

《人口与劳动经济学文摘》编委会

主　任　张车伟

副主任　王跃生

委　员（以姓氏笔画为序）

王广州　王美艳　冯秋石　朱海燕

陈　卫　吴　正　吴要武　杨伟国

杨宜勇　林　宝　高文书　都　阳

赖德胜

主　编　张车伟

编辑部成员　张　妍　施琛华

编纂说明

习近平总书记在哲学社会科学工作座谈会上的重要讲话中指出："一个没有发达的自然科学的国家不可能走在世界前列，一个没有繁荣的哲学社会科学的国家也不可能走在世界前列。"坚持和发展中国特色社会主义，迫切需要哲学社会科学大发展，迫切需要哲学社会科学工作者切实担负起历史使命和时代重责。为贯彻落实习近平总书记的重要讲话精神，作为国家级的人口与劳动经济学研究机构，我们深感有责任梳理本学科的理论发展、学科创新和优秀学术成果，为学术界和社会各界的相关人员及时提供一份专业性强、质量高的阅读文摘。

经过近 1 年时间准备，通过确定刊载论文的期刊范围、根据学科和研究议题分类遴选、编委会对候选论文严格把关决定是否摘编等重要环节，60 篇论文最终入选。在中国社会科学出版社的大力支持下，《人口与劳动经济学文摘.2016.NO.1》携着编辑部各位同人对读者的良好祝愿，终于与大家见面了。这本文摘选取论文的时间段为 2016 年 1 月至 2016 年 6 月，在结构上分为两大板块，即第一部分为人口学，第二部分为劳动经济学。根据时代发展背景和研究热点问题的变化，每个板块下的主题内容在每一辑会有所调整。目前，我们计划半年出版一辑，即一年两辑。此外，我们做文摘的想法得到了国外学者的支持和响应，为满足他们的阅读需求，我们将在后续出版的文摘中加入英文文献内容，供读者参考。

本文摘在编辑过程中，凝结了诸多人员的汗水，中国社会科学院人口与劳动经济研究所的汪正鸣副所长为本书策划提出宝贵意见，郑真真研究员、王广州研究员、林宝研究员、李玉柱博士、谢倩芸博士、韩启民博士参与了大量的文章遴选和文摘编辑工作，所办公室的张彦海主任和连鹏灵副主任在经费保障、外联工作中给予了大力支持，在此一并表示感谢。

《人口与劳动经济学文摘》编辑部

2016 年 12 月

目 录

第一部分　人口学

死亡与健康

人口老龄化

人口与社会

第二部分　劳动经济学

劳动就业

劳动关系

社会保障

人力资本

CONTENTS

I Demography

Death and Health

Population Aging

Population and Society

II Labor Economics

Employment

Labor Relations

Social Security

Human Capital

第一部分　人口学

思想的贫困与工具陷阱

——对当代中国人口问题研究的反思

李建民

　　思想是对自然规律和社会规律的认识逻辑，是对自然现象和社会现象的解释范式；工具是沟通主观认识与客观世界的桥梁。但是，在中国的人口问题研究中存在两个问题：一是思想的贫困，二是工具陷阱。这造成了虽然每年都有大量的研究文献，却鲜有人口理论建树的局面。另一方面，进入后转变时期的中国人口新常态已经确立，人口与社会经济发展的关系正在发生着转折性、系统性的变化，这给人口研究带来了新的发展契机。中国人口问题研究和理论创新不仅要求我们必须克服思想贫困和工具陷阱这两大障碍，同时也需要解决几个关键性的认识问题。

一　中国人口研究中的思想贫困

　　第一，缺乏本土化理论。在中国非常缺乏本土化的、真正意义上的人口理论建树，即使有若干理论，也都具有浓重的政治或政策色彩，或者只停留在经验层面。导致这种状况的原因或许有很多，但其中的一个主要原因是缺乏对当代中国社会变迁和制度变革的深刻理解，缺乏对中国人口与社会经济关系的全面认识，缺乏对个体人口行为及其影响因素的细致观察。此外，缺乏方法论研究也是人口理论罕有建树的重要原因。

　　第二，惯性思维。在人口问题研究中缺乏批判性、创造性的思维，在快速发展的人口形势和深刻变化的人口与社会经济发展关系格局面前，仍囿于旧有的思维定式。惯性思维是一种思想惰性，这种惰性往往造成思想的僵化。中国人口研究正面临着一个尴尬局面：一方面强调中国人口问题的特殊性，另一方面又缺乏本土化的人口理论，这看起来似乎矛盾的现象恰恰是思维惰性和思想僵化的必然结果。

第三，研究表层化。具体有三种表现：一是实证研究中的"半成品"现象，即只有模型结果，没有研究结论，更缺乏深入的理论分析。二是比较研究中的简单类比现象，即仅看数据表面，不见数据背后隐含的丰富信息，缺乏对比较对象的经济、社会、文化等方面背景的深入了解。三是研究结论失之于武断。有些研究得出自己的结论或者提出学术观点，但缺乏逻辑严密的论证，并回避与其他研究者的不同实证结果和不同研究结论的比较及原因探讨。这就使得研究结论或观点缺乏说服力。

第四，学术研究的政策化倾向。学术研究与政策研究有本质的区别，学术研究探求的是事实、规律和真理，政策研究则旨在得到特定条件下的可达目标及可行手段。科学的决策倚赖科学的学术研究，而学术研究不应依赖或依附政策研究。但是，在中国的人口研究中有一种政策化倾向，或者是把学术问题与政策问题相混淆，或者是把政策目标作为学术研究的基准。这种倾向使学术研究的独立性、客观性立场受到影响，研究视野受到约束，学术思想被禁锢，很容易掉进政策路径依赖的思维陷阱。

二 中国人口研究中的工具陷阱

所谓工具陷阱有两层含义：一是指为了使用工具而使用工具，背离了研究的根本目的，进而导致研究的庸俗化；二是错用、误用分析工具，进而导致错误的结论。这两种情况在中国的人口研究中都不是个别现象，具体表现在以下几个方面。

第一，模型的滥用。当今的社会科学研究，凡举文必模型。这一方面是因为计量模型在社会问题研究中具有不可替代的工具性价值，可以把社会现象中的因果关系用数学和统计的方法解析与呈现，可以简化复杂系统关系或复杂问题的研究，有很多问题甚至非用模型分析不能解决；另一方面也有模型滥用的原因。由于计算机技术的发展，许多分析模型已经"黑箱化"，只要把变量输入模型就可以直接得到输出结果，因此对于一些研究者而言，这个过程就变成了一个"黑箱"，而对于模型的方法论、原理、适用条件、局限性等都不需要了解。但是，任何模型的应用都是有前提的，这些前提实际上是模型适用性的约束条件。抛开这些约束条件而随意使用模型，很可能得出荒谬的结论。用模型替代思想，这是一种典型的工具陷阱。

第二，数据使用随意化。人口数据收集方法、数据质量的评估、数据的估计与调整等方法都是人口统计学的关键性技术。但是，在我国的人口研究中存在着数据使用随意化的现象。具体表现在两个方面：一是在使用数据之前，对数据来源不做了解，对原始数据的质量不做任何评估和有科学依据的调整，而是直接使用；二是对数据使用错位。分析不同的人口问题对数据的要求也不尽相同。如果不考虑这些要求而随意做数据分析，其结论会毫无价值。能够反映客观现实的数据是人口研究科学性的基石，抽离了这个基石而随意使用数据，人口研究就毫无科学性而言。

第三，把人口预测变为数字游戏。人口预测是人口研究的一个非常重要的方面，也是工具价值在人口研究中的重要体现。科学的人口预测对于人口发展趋势及特征的判断，对于人口政策及相关政策的制定都具有十分重要的意义。人口预测最关键和最重要的工作，是对预测的基础数据进行科学的评估和调整，对预测假设和参数的严谨论证。但我们经常可以看到这样一种现象：一些人口预测往往设计了十几套甚至几十套方案。这种做法实际上反映出研究者并没有真正把握人口变化的动向、特点及影响因素，把人口预测变成了一种数字游戏。

第四，统计判断标准绝对化。包括人口学在内的许多学科都有一些特定的统计判断标准，这些标准有些是根据多国模型和面板数据回归的结果，有些是依据数据结构逻辑关系的推定，还有些是依据大数定律的数据观察。但是也有一些标准的确定并不十分严谨，如儿童的年龄上限、老龄社会、超低生育率等，都有不同的统计标准。另一方面，任何统计判断标准都难以统概不断变化着的、差异纷呈的人口现实。因此，人口学的一些统计判断标准并不是绝对的，也并非一成不变。如果不了解这些判定标准的真实含义，只是简单地根据这些标准分析人口问题，那么研究就会停留在表层。

第五，机械地看待人口行为，把人口行为刻板化。这种现象在生育政策研究中尤为突出，例如，为了实现一个既定的目标，以特定的年龄为界限确定政策实施的对象，而完全忽视了社会公平与公正。个体（和家庭）的人口行为是人口研究的重要对象，这些对象并不是一个个简单的"单元"，而是有情感、有尊严、有公平权利、有自主意识、有自我偏好的人，从结果看，一个特定的人口行为（如生育）似乎很简单，但从社会行为角度看，人口行为都是一个复杂的社会过程，包括了动机、权衡、决策、实施（包括条件）和结果，并涉及人的尊严、权利、自主意识等。一些研究关注的是行为结果，很少关注行为过程。如果我们的研究忽略了这些过程方面或阶段，就难以真正了解人口行为。

三 后转变时期中国人口研究应该注意的几个认识问题

第一，对人口变化特殊性与普遍性的关系认识。普遍性是事物变化的基本趋势和规律，特殊性是事物变化具体的形态、机制和途径。事物的特殊性和普遍性同时存在着，从事物的特殊性中我们可以看到差异，从事物的普遍性中我们可以探索客观规律。特殊性是事物的表象，普遍性是事物的本质。普遍性决定于事物存在或变化的必要条件，特殊性则决定于事物存在或变化的充分条件。因此，对于人口研究的思想性而言，更重要的不是研究人口变化的特殊性，而是人口变化的普遍性。

第二，对人口新常态与社会经济发展关系的认识。人口是影响一个国家或地区社会经济可持续发展的基础性因素，人口与社会经济发展关系一直是人口研究的核心议题。人口与经济发展关系、社会发展关系都在发生着重大转折，这要求我们必须重新认识中国人口变化与社会经济发展关系新格局的性质、特点和影响。

第三，对人口整体结构与个体人口行为关系的认识。在过去的很长一个时期，中国的个体人口行为如同其他社会行为一样，呈现一种"羊群现象"。有两个层面的原因导致了这种现象：一是文化层面的原因，即"随大溜"意识和"攀比文化"；二是制度层面的原因，即制度约束、阻遏或"驱赶"。在这种社会文化和制度环境中，个体人口行为的差异性相对较小，而个体行为的聚合效应的影响则很大。但在后人口转变阶段，个体人口行为的差异性将会显著扩大，这就需要我们从微观人口学的视角对个体人口行为进行研究。也只有真正了解了个体人口行为及其社会基础，才能科学认识人口的结构整体。

　　第四，对人口行为的社会性与生物性关系的认识。人口行为既是自然过程，也是社会过程。从社会过程角度看，人口行为受其所处的社会、文化、经济、自然环境的影响。因此，人口变化是人们的社会行为和生物行为的复合结果。在以往的中国人口研究中，对人口行为的社会性强调有余，而对人口行为的生物性关注不足。这很容易造成对人口行为的片面认识。在后人口转变阶段和发达的社会经济环境中，生物性对人口行为差异性的影响将会从隐性转变为显性，并且会越来越强烈。

　　第五，对解构与结构关系的认识。解构与结构是两个相对应的思维过程，在人口研究中尤其重要。因为人口现象和人口变化是个体人口行为的集合，结构性因素在人口研究中具有非常重要的意义。人口数据仅仅是一种平均值，这些平均值的内部结构有很大差别。而内部结构是决定或影响人口动态的关键因素。因此，人口学家尤其重视对人口变化的解构，即解析人口现象的内部结构。但这只完成了研究任务的第一步，另一个至少同样重要的工作是再结构，即依据解构出来的因素关系来重组整体性、系统的关系，并推断人口现象的结构性质与变化趋势。

　　（李建民，南开大学经济学院。原文出处：《中国社会科学评价》2016 年第 1 期，第 69—76 页）

生育

影响全面二孩政策新增出生人口规模的
几个关键因素分析

王广州

生育政策调整一直是全社会高度关注的重大公共政策。2013 年 11 月，中共中央十八届三中全会提出"启动实施夫妻一方为独生子女生育二孩"的政策，时隔一年，2015 年 10 月 29 日，中共中央十八届五中全会提出"普遍实行二孩生育政策"。该文作者于 2013 年和 2014 年分别负责承担国家卫计委"单独二孩"生育政策、"全面二孩"生育政策连续两个专项决策支持研究课题，开展了相关重大问题的反复研究与测算。

一 到底有目标人群多少?

由于我国目前实行的计划生育政策主要是按户口类型划分的，粗略来看，非农业户籍人口实行独生子女政策，农业户籍人口实行独生子女政策、"一孩半"政策①或多孩政策。根据 2010 年人口普查数据推算，全国乡村人口实行独生子女政策的育龄妇女为 2526.10 万人，占全国乡村育龄妇女的 14.52%，全国实行"一孩半"政策的乡村育龄妇女为 13363.95 万人，占全国乡村育龄妇女的 76.82%，实行其他生育政策的乡村育龄妇女为 1506.78 万人，占全国乡村育龄妇女的 8.66%。考虑到"一孩半"和多孩政策原本可以生育二孩，全国乡村育龄妇女中实际大体上有 52.93% 的人口实行独生子女政策，有 47.07% 实行二孩

---

① 一女孩育龄妇女可生育二孩政策，简称"一孩半"政策。

及以上政策。

从 2010 年人口普查数据来看，2010 年全国一孩育龄妇女有 1.39 亿人，其中农业一孩育龄妇女 7900 万人左右，非农业一孩育龄妇女 5900 万人左右。在全部一孩育龄妇女中，40 岁及以上一孩育龄妇女占 33.66%。如果扣除实行一孩半和多孩地区中可以生育二孩的农村一孩育龄妇女，那么，全国实行一孩生育政策的育龄妇女在 1 亿人左右，其中 40 岁及以上一孩育龄妇女 4000 万人左右，占实行一孩生育政策育龄妇女的 36.65%。

根据 2010 年人口普查数据预计，2015 年①全国一孩育龄妇女不仅总量低于 2010 年，而且结构进一步老化。从一孩育龄妇女的构成来看，估计 2015 年全国非农业一孩育龄妇女将下降到 6000 万人以内，农业一孩育龄妇女也下降到 8000 万人以内。在全部一孩育龄妇女中，40 岁及以上的育龄妇女为 39.41%，如果同样对"一孩半"和多孩政策扣除后，估计 2015 年全面二孩目标人群仍然在 1 亿人左右，与 2010 年相当，但 40 岁及以上目标人群的比例上升为 42.36%。如果继续扣除单独一孩育龄妇女，那么，全面二孩政策新增一孩育龄妇女目标人群在 9000 万人以内。

二　到底生育水平有多高?

在过去的二十多年里，生育水平高低和出生漏报多少都一直是困扰中国人口战略研究和生育政策调整的重大问题。

根据 2010 年人口普查的年龄结构、预期寿命和生育模式，可以对 2000 年人口总量、结构进行重建，然后与 2000 年人口普查调查数据进行比较，以此来估计 2000 年 0—9 岁人口的漏报情况。如果 2010 年人口普查年龄结构比较准确，那么，估计 2000 年人口普查 0—9 岁人口漏报 1648.67 万人，漏报女孩人数大于男孩。0—9 岁平均每个年龄组漏报 160 多万，平均漏报人口所占比例为 9.39%；如果 2010 年漏报的 0.12% 全部集中在 10—19 岁且无重报，那么，粗略估计 2000 年 0—9 岁漏报人口比例在 11% 左右。

根据 2010 年人口普查数估计 2000 年以来中国育龄妇女的时期生育水平，

---

① 由于人口普查的时点为 11 月 1 日零时，因此，2015 年指 2015 年 11 月 1 日。

估计 2000—2010 年中国育龄妇女的时期总和生育率在 1.27—1.53。如果按照 2010 年人口普查数据推断的 2000 年人口普查的低龄人口漏报比例和模式，那么，2000—2010 年中国育龄妇女的总和生育率在 1.33—1.73 之间。然而，根据 2010 年人口普查数据，具有农业户口、文化程度在小学及以下育龄妇女的总和生育率为 1.64，据此可以推断即便考虑到漏报因素，2010 年中国育龄妇女的总和生育率达到或超过 1.64 的可能性很小。因此，对 2000 年以来中国育龄妇女的时期生育水平更有把握的估计是在 1.27—1.53。

三　到底用什么预测模型？

人口预测方法有很多，既有只针对总人口的时间序列人口预测模型，也有详细的分年龄结构预测模型。人口数学模型建立的基本原则是必须能够把握人口状况、过程和本质规律，而不是对数据和模型的简单拼凑。生育政策研究需要从中国计划生育政策的本质特征入手，而计划生育政策是按曾生或现存子女数来判断是否符合生下一个孩子条件的，所以，在对育龄妇女的分类过程中，必须准确把握育龄妇女生育历史或生育过程的存量状况，才能研究新政策的增量部分。任何没有反映生育历史、孩次之间关联的生育模型都是无法比较准确反映计划生育政策的，也必然带来很大的研究偏差。

从目前比较成熟的计划生育相关人口预测方法来看，在现有的宏观模型中，Leslie 矩阵法（总和生育率模型）通常被广泛使用，该方法用在生育政策研究中的明显缺陷是无法区分育龄妇女的孩次结构。即便可以采用分孩次的总和生育率作为预测的参数，但是育龄妇女作为分母是没有孩次结构分类的，那么，该模型及其变形对生育政策和生育政策调整的描述必然是脱离实际计划生育政策的。中国学者针对我国计划生育政策实践提出年龄—孩次递进预测模型，该模型已经比较成功地用于人口预测、规划，计划生育奖励扶助、特别扶助制度目标人群等预测研究中，并得到长期、多次的实践检验。

孩次递进生育模型首先将育龄妇女按年龄、现存（或曾生）孩子数量进行分类，然后按年龄别、孩次别生育妇女计算不同孩次的递进比例。对于任何一个育龄妇女队列来说，该模型既考虑了生育的年龄特征，也考虑了生育进度和生育历史。对于任何一个队列的育龄妇女不仅可以反映育龄妇女不同孩次的存量特征，同时也考虑了生育下一孩次的增量特征。因此，该模型的分类方法可以比较准确地刻画育龄妇女不同年龄队列生育过程的选择性，使处于不同年龄、孩次育龄妇女的同质性更强，使模型的稳定性和科学性提高。

为了解决基础数据等不确定性和数据质量问题，在研究过程中需要进行点估计和区间估计。该项研究以年龄—孩次递进预测模型为基础，对该模型递进生育率、预期寿命等参数的设置方法进行进一步改进。预测参数设置改变了以往固定参数预测的方法，采用了区间参数设置的方法，更加符合对生育的随机波动过程的边界估计，避免了参数的人为连续加大或缩小的固定参数弊端。

四 到底出生堆积有多大?

通过以上生育水平、生育模式和预期寿命等假设，对全面二孩生育政策的影响的预测估计结果如下。如果 2016 年全面放开二孩，2016—2020 年每年比较有可能的新增出生人口在 230 万—430 万，出生堆积期间每年出生人口规模在 1900 万以内，5 年累计全面二孩政策新增出生人口在 1800 万以内。出生人口堆积期间出生人口总量几乎不太可能达到或超过 2300 万，即与现行生育政策不变相比，全面二孩每年新增出生人口不太可能达到或超过 800 万。如果 2010 年全国人口普查误差不大，那么，即便是全面放开二孩政策，我国人口高峰也不太可能超过 14.5 亿人，总人口的高峰在 14.2 亿人左右的可能性较大，预计总人口峰值将出现在 2028 年左右。

目前预测结果是假定 2016 年开始实行新的全面二孩的生育政策，且有生育意愿的一孩育龄妇女在 2016 年开始按预期的生育意愿实施生育计划，如果考虑到生育意愿、生育计划与实际生育行为的差距，那么，实际出生人口规模可能受到政策实施时点的影响，将有可能低于目前对应的假设估计。由于累计生育势能是 20 多年积累的存量，因此，时点调整的年度差别只是年度净增的差别，因此，如果全面放开生育政策的时点调整为 2017 年或 2018 年，新政策影响的堆积新增出生人口规模与 2016 年调整相差不大，同样道理，提前一两年的情况也差不多，但对于个人、家庭的生育决策乃至长期人口发展的影响却有很大不同。

总之，如果对以往历史出生数量低估，即低估每年的出生人口总量或总和生育率，那么将可能高估新政策出生堆积人口总量。如果出生人口规模低于目前估计值的下限，那么取消生育政策与全面二孩生育政策差别不大。

（王广州，中国社会科学院人口与劳动经济研究所。原文出处：
《学海》2016 年第 1 期，第 82—89 页）

全面两孩政策对未来中国人口的影响

翟振武　李　龙　陈佳鞠

中国人口发展具有高度的复杂性：一方面因其整体的规模十分突出，结构上的小变动也能转化为规模上的大问题；另一方面则因其颇具特色的生育政策。"单独两孩"政策拉开了生育政策新一轮调整完善的序幕，而全面两孩政策却是"重头戏"，其对未来人口发展趋势的影响明显超过"单独两孩"政策，既赢得了新机遇，也平添了新的挑战。

一　生育政策调整完善：从"单独两孩"到全面两孩

党的十八大以来，生育政策新一轮调整完善的步伐明显加大加快：十八届三中全会将"单独两孩"政策作为推动社会领域全面深化改革的重大举措，十八届五中全会又将全面两孩政策列入"十三五"时期经济社会发展的战略任务之中。其最根本的出发点都是为了统筹人口的规模与结构、促进人口长期均衡发展。生育政策调整完善首先需要关注人口规模与结构的变化特征。在20世纪70年代，以"晚、稀、少"为主要内容的计划生育政策基本确立并逐步落实，人口规模的增长速度出现了1949年以来第一次的明显下降：年度净增人口规模从1970年的2321万人大幅减少到1979年的1283万人，人口自然增长率则相应地从约26‰径直降低至约12‰。其后的出生高峰使得人口规模的增长速度出现波动和反弹，但到20世纪90年代，受到计划生育政策和经济社会发展的共同影响，人口规模的增长速度再次出现了明显下降：年度净增人口规模从1990年的1629万人减少到1999年的1025万人，人口自然增长率则相应地从约14‰降低至约8‰。进入21世纪，由于生育率基本稳定在较低的水平，人口规模的增长速度继续放缓，年度净增人口数量从近 900 万人减至最低时只有约 640 万人，人口自然增长率则从近 7‰降至最低时只有约 4.8‰。特别是在 2010 年及以后，人口规模呈现出低速惯性增长主导下的新常态，年度净增人口数量基本没有超过 670 万人，自然增长率维持在 5‰左右（这是 20 世纪 60 年代以来的最低水平）。在这个过程中，人口规模的压力相对有所缓和，而人口结构的问题则日益凸显出来，年龄结构的老化和性别结构的失衡在更大程度上困扰着人口的发展，进而深刻地影响着经济增长的持续性和社会发展的稳定性。

从"单独两孩"政策到全面两孩政策，这是在生育政策调整完善的路径中符合国情的选择，体现了生育政策调整完善目标明确性与过程渐进性的统一。作为全面两孩政策的先导、生育政策调整完善的过渡，"单独两孩"政策不仅可以提前释放部分累积的生育势能、达到生育高峰前错的政策效果，而且也可以形成应对出生堆积的实践经验、创造工作方式转变的缓冲条件、争取相关公共设施的建设时间，从而为目标人群规模更为庞大、累积生育势能更加严重的全面两孩政策更为平稳、更加有序的"落地"奠定坚实的基础。生育政策必然要在"单独两孩"的基础上走向全面两孩，这是其新一轮调整完善的既定路线。全面两孩昭示着中国生育政策的根本转向，赋予了生育政策崭新的时代内涵，具体表现在：第一，全面两孩政策的启动实施体现了生育政策从较为严格向相对宽松的转变。第二，全面两孩政策的启动实施反映了生育政策从群体分割向普遍统一的转变，全面两孩基本取消了生育政策在城乡和地区上的差别，让生育政策告别了"碎片化"的时代，有助于实现群体间的公平性和全国范围内的一体化。预测全面两孩政策对未来中国人口发展的影响，重点需要关注其对未来中国生育态势的影响、估计全面两孩政策下的生育水平是问题的核心。本研究按照分人群分要素回推预测方法对生育势能释放期的总和生育率进行测算，并以此为基础对生育势能释放后的总和生育率进行估计。

二　总人口规模与结构：迟来的拐点与不可逆转的老龄化

从总人口的规模来看，全面两孩政策在推迟人口拐点的同时也会拔高人口峰值，特别是在人口负增长的时代，其实施效果将更加充分地显现出来。预测结果显示，若是维持原来较严格的生育政策不变，总人口规模的惯性增长只会在 2015 年后延续大约 10 年，到 2025 年时达到峰值，约为 14.15 亿人。人口负增长的时代由此开启，总人口的缩减速度不断加快，到 21 世纪中叶，年均减少近 1000 万人，总人口规模随之降低到 13 亿人以下 (到 2050 年时，约为 12.85 亿人)。而在全面两孩政策下，总人口规模的峰值将在 2028 年前后出现，约为 14.50 亿人 (较之于维持原来较严格的生育政策不变高出 3500 万人)，人口负增长的时代被推迟了 3 年到来。此后，总人口的下降相对较为平缓，到 21 世纪中叶，基本能够维持在 14 亿人以上 (到 2050 年时，约为 13.83 亿人，较之于维持原来较严格的生育政策不变多出近 1 亿人)，彼时，年均减少人口约 600 万人，过快的负增长态势得到缓解。如果维持原来较严格的生育政策不变，由于第二次出生高峰 (20 世纪 60 年代以及 70 年代前期出生) 和第三次出生高峰 (20 世纪 80 年代出生) 形成的人口队列相继步入老年 (2030 年基本反映了第二次出生高峰形成的人口队列步入老年，造成顶部明显地凸起；2050 年则基本反映了第三次出生高峰形成的人口队列步入老年，造成顶部更为明显地凸起)，中国将会迎来老年人口比例加速上升而劳动年龄人口以及少儿人口比例迅猛下降的两个时期，到 21 世纪中叶，人口金字塔的底部和中部已经收缩得极为明显。

三　少儿人口：出生堆积改变其变动轨迹

少儿人口规模将于 2022 年左右达到峰值，约为 2.61 亿人。当全面两孩政策的生育堆积过后，少儿人口规模又将步入一个持续近 20 年的下降期，这期间，少儿人口规模将于 2037 年左右跌破 2 亿人，并将于 2041 年左右达到整个 21 世纪前半叶的最低值 (1.94 亿人)。预测结果显示，维持原来较严格的生育政策不变下的少儿人口规模早在 2031 年左右便会跌破 2 亿人，并将于 21 世纪中叶降至约 1.55 亿人。因为缺少生育政策调整完善带来的新增出生人口数量的补充，维持原来较严格的生育政策不变下的少儿人口规模将始终小于全面两孩政策下的少儿人口规模，在 21 世纪前半叶二者差距最大之时，前者将比后者少近 4800 万人。少儿人口比例将于 2020 年左右达到峰值，约为 18.2%。接下来，少儿人口比例将步入 "下行" 期，于 2034 年左右跌破 15%，并将于 2040 年左右降至整个 21 世纪前半叶的最低水平 (13.6%)。此后，少儿人口比例将迎来小幅回升，但直到 2050 年 (14.7%) 仍未回升到 15% 以上。

四　劳动年龄人口 : 能否创造新的 "人口红利"

(一) 劳动年龄人口规模下降趋势放缓

中国劳动年龄人口规模的下降趋势肇始于 2012 年 (峰值约为 9.4 亿人),自此之后的近 10 年间,劳动年龄人口规模减少的速度相对平缓。根据预测,到 "十三五" 时期末只会较峰值总体下降约 2000 万人。但是随着劳动年龄人口规模跌破 9 亿人 (2024 年前后),快速减少的态势在 21 世纪 20 年代中后期表现得尤为突出。预测结果显示,2026—2030 年,劳动年龄人口规模可以达到每年下降约 1 个百分点,年均减少约 870 万人,到 2030 年时,降至 8.5 亿人以下,较峰值总体减少约 9000 万人。实行全面两孩政策可使劳动年龄人口规模每年下降的幅度由维持原来较严格的生育政策不变条件下的 0.9—1.0 个百分点变为 0.3—0.4 个百分点,年均减少不到 300 万人 (若是维持原来较严格的生育政策不变,可达约 740 万人)。此后,受到生育政策调整完善的影响,劳动年龄人口规模快速减少的态势同样有所放缓,较之于维持原来较严格的生育政策不变,每年的下降幅度减少约 0.2 个百分点,年均减少劳动年龄人口约 180 万人。这一期间,劳动年龄人口规模将在 2042 年前后降至 8 亿人以下,到 21 世纪中叶约有 7.1 亿人。

(二) 最近 15 年 "人口红利" 加速消减

从全面两孩政策的实施效果来看,2032 年以前,劳动年龄人口比例低于维持原来较严格的生育政策不变的情况,其下降趋势将会变得更加迅速。总的来说,全面两孩政策尽管能够在中长期增加劳动年龄人口规模,但却几乎不会拉抬劳动年龄人口比例,据此可以认为全面两孩政策至少在 2050 年前基本没有可能创造新的 "人口红利"。

五　人口老龄化 : 趋势延缓伴随老年人口规模膨胀

(一) 未来 60 年老年人口规模不受影响

21 世纪中叶的老年人口总量将接近 5 亿人都是一个既定的事实。在老年人口总体规模持续扩大的同时,老年人口年龄结构的老化也比较严重。从 2015 年

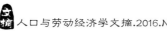

到 2050 年，老年人口金字塔的底部不断收缩，而顶部则不断扩大。其中，80 岁及以上高龄老年人口的数量明显增加，从 2015 年时约 2500 万人，攀升至 2032 年时超过 5000 万人，进一步于 2048 年时超过 1 亿人。

（二）老龄化程度加深进程有所放缓

老年人口比例将于 2024 年左右突破 20%，2031 年左右突破 25%，2041 年左右突破 30%，并于 2050 年攀升至约 34.0%。在全面两孩政策下，80 岁及以上高龄老年人口占总人口的比例将在 21 世纪中叶提高至约 7.9% 的水平。

（三）老龄化呈现波浪式的发展趋势

即将到来的"十三五"时期将会是老龄化速度的第一个放缓期。这一时期，20 世纪 50 年代后期出生的人口队列将逐渐步入老年，老年人口的增速相对缓慢，顶部老龄化快速发展的状况得到缓解。2036—2045 年间，由于每年新增的老年人口数量有所下降，因而老龄化进程将步入另一个放缓期。维持原来较严格的生育政策不变将会使老龄化程度年均提升约 0.4 个百分点，而实施全面两孩政策将使老龄化程度加深的速度降低约 0.1 个百分点。从 2046 年开始，随着第三次出生高峰形成的人口队列相继步入老年，每年新增的老年人口数量又将出现大幅增加，从而使老龄化迎来新一轮加速推进的时期。

六　社会抚养负担：少儿人口大幅增多加重总抚养负担

全面两孩政策实施后，伴随着少儿人口规模先大幅抬升、后快速下降、再小幅回升的变化趋势，少儿抚养比也将呈现先增后降再增的大体趋势。预测结果显示少儿抚养比将于 2027 年左右达到 21 世纪前半叶的最高峰，峰值少儿抚养比为 29.2%。此后，少儿抚养比开始持续下降，并于 2039 年左右达到 21 世纪前半叶的最低谷，为 24.0%。到 21 世纪中叶，少儿抚养比又将回升至约 28.5% 的水平。老年抚养比将呈现出持续大幅攀升之势，于 2023 年左右突破 30%，2029 年左右突破 40%，2036 年左右突破 50%，2047 年左右突破 60%，并于 21 世纪中叶抬升至 66.2% 的水平。在少儿抚养比和老年抚养比的双重影响下，总抚养比将处于不断抬升之中，于 2024 年左右超过 60%，2029 年左右超过 70%，2044 年左右超过 80%，很快又于 2049 年超过 90%，最终在 21 世纪中叶达到近 95% 的水平。由于全面两孩政策下少儿抚养比高出维持原来较严格的生育政策不变下少儿抚养比的程度大于其老年抚养比低于后者的程度，因此在整个 21 世纪前半叶，全面两孩政策下的总抚养比一直高于维持原来较严格的生育政策不变下的总抚养比。由此可见，全面两孩政策的实施虽然能在一定程度上遏制劳动年龄人口规模快速下降之势，进而减轻了老年抚养负担，但由于其作用甚微，而且还带来了相对更为沉重的少儿人口抚养负担，所以在总抚养负担上反而比维持原来较严格的生育政策不变的情况更大。

七　结语

从人口预测的结果来看，全面两孩的政策效应主要表现如下：总人口的规模达到峰值的时间得以推迟，过快负增长的态势得到一定程度的控制，但在结构方面，人口金字塔顶部膨胀、底部和中部收缩的进程虽有放缓但却不会扭转，未来中国的老龄化形势依旧严峻。全面两孩政策下大量新增出生人口的加入将显著提升少儿人口规模和比例，并将改变维持原来比较严格的生育政策下少儿人口规模和比例持续下降的局面，使其呈现出先明显抬升、后快速下降、再小幅回升的变动趋势。随着全面两孩政策新增出生人口逐渐步入劳动年龄，劳动年龄人口规模持续减少的趋势将会延缓，至少在 21 世纪中叶之前，依靠全面两孩政策创造新的"人口红利"基本无望。全面两孩政策的实施并不会改变未来 60 年内的老年人口规模，更不能扭转老年人口规模持续膨胀、老龄化程度不断加深以及老龄化形势日趋严峻的大趋势。但相比于维持原来比较严格的生育政策不变，实施全面两孩政策能在一定程度上减轻老龄化程度，放缓老龄化速度。不过，这种缓解作用到 21 世纪中叶仅能使老龄化程度降低约 2.6 个百分点。全面两孩政策的实施能小幅减轻老年抚养负担，但同时也会带来更为沉重的少儿人口抚养负担，因而总的来看，全面两孩政策的实施加重了整个社会的总抚养负担。

（翟振武、李龙、陈佳鞠，中国人民大学人口与发展研究中心。原文出处：《东岳论丛》2016 年第 2 期，第 77—88 页）

全面二孩政策与中国人口趋势

陈友华

党的十八届五中全会公报指出："促进人口均衡发展，坚持计划生育基本国策，完善人口发展战略，全面实施一对夫妇可生育两个孩子政策，积极开展应对人口老龄化行动。"这标志着1980年开始实施的独生子女政策的终结。在"单独二孩"政策实施两年时间后，十八届五中全会做出"普遍二孩"政策决定背后的考量是什么？"普遍二孩"政策实施从时机的把握上究竟是正当其时还是姗姗来迟？"普遍二孩"政策将对中国的人口与社会经济发展产生怎样的影响？"普遍二孩"政策能扭转中国人口发展的长期趋势吗？等等，诸如此类的问题已成为人们关注的热点。

一 全面二孩政策：恰逢其时还是姗姗来迟？

自1973年全面开展计划生育以来，妇女生育率出现持续快速下降，人口过快增长的势头早已得到有效遏制，自1992年以来妇女生育率下降并维持在更替水平以下。越来越多的迹象表明，中国妇女生育率进入低水平后并没有稳定下来，而是呈现出持续下降的趋势，目前已不足1.5，甚至已陷入低生育率陷阱。低生育率意味着人口内部已潜藏着负增长的，而这种正在加速集聚，2025年后将加速释放。届时，历时数十年甚至更长时间的人口负增长将不可避免。

目前，中国经济增速下行压力巨大，经济形势异常严峻。中国在经历快速少子老龄化的同时，劳动力内部结构老化也异常明显，劳动力的活力与创新能力因此下降，而产业结构的转型升级也非一蹴而就，全要素生产率的提高需要假以时日。这预示着在 2020 年前中国经济将经历一个非常困难的时期。

改革开放以来，中国在经济建设取得巨大成就的同时，其社会形势已发生了深刻的变化，目前正处在社会矛盾集中爆发期，各种社会问题与社会矛盾相互交织在一起，对社会的和谐与稳定构成了严重的威胁。在人口与计划生育方面，则突出地表现在如下几个方面：一是与独生子女政策密切相关的失独等负面效应加速显现。二是伴随着 20 世纪 70 年代初以来生育率的大幅度下降与 80 年代以来出生性别比例的严重失衡同方向叠加，使得严重的男性婚姻挤压及其与此相关的问题加速显现。三是中国的劳动力由无限供给向相对不足转变的刘易斯拐点已经来临，自 2012 年开始劳动力人口开始持续减少。四是少子老龄化向纵深发展。五是极端的独生子女政策导致党群干群关系长期处在紧张与对立的状态。所有这些对人口与计划生育的健康发展与家庭的和谐幸福构成了严重的负面影响。

由此可见，独生子女政策本身有欠周详考虑。始于 20 世纪 80 年代中期的生育政策调整，实际上是党中央对计划生育领域的"拨乱反正"。中国以独生子女为主要特征的生育政策始于 20 世纪 80 年代中期，除广东省外，一直延续至 2013 年党的十八届三中全会对生育政策做出重大调整。这期间，中国的人口形势早已发生了根本性的变化，作为社会政策的计划生育政策也应该与时俱进地根据人口与经济社会形势的变化而适时地做出必要的调整。考虑到生育率一旦下降就会形成惯性，一时很难刹住车。因此，生育政策的调整应从生育率下降至更替水平之前就应着手进行，而不是等到生育率下降至更替水平之下时才进行。因此，中国的生育政策调整绝非"恰逢其时"，而是"姗姗来迟"。"全面二孩"是"单独二孩"后党中央审时度势，排除各种影响与干扰而做出的又一个正确抉择。

二　中国的低生育机制已经形成

2014 年全国陆续实施"单独二孩"政策，然而却遭遇普遍"遇冷"。2013

年与2014年全国出生人数并未出现明显的回升。这充分表明，无论是生育政策的约束力，还是计划生育的影响力都已经式微，群众生育观念已然发生了根本性转变，少生优生甚至不生成为绝大多数人的自觉行动。较发达国家与地区的生育率在2000年前呈持续下降趋势，进入21世纪后多止跌回升（新加坡是一个例外）。欠发达国家与地区的生育率在1950—2015年间呈持续下降的趋势（中国似乎是一个例外）。中国的低生育率机制早已形成，且与西方发达国家有很大的不同，主要体现在如下几个方面：一是强制性的计划生育在中国妇女生育率下降过程中扮演了重要的角色。二是低生育率形成的文化背景不同。例如像非婚生子女更不被国家与社会所接受，致使中国的非婚生子女数量几乎可以忽略不计。三是低生育率形成的时代背景不同。中国的低生育率下降及低生育率机制形成时所处的经济社会环境已然发生了很大的变化。四是在世界上其他国家很少出现的某些现象加速了中国妇女生育率的下降。

中国的低生育率机制不仅早已形成，且在移动互联网时代被进一步强化，我们不得不承认中国目前已经陷入"低生育率陷阱"而短时间内难以自拔。全面二孩政策的实施，虽然会在短时间内促使出生人数的增加与生育率的回升，从而有助于减缓少子老龄化前进的步伐、增加未来劳动力供给、提高家庭抗风险能力，但中国人口发展的趋势不会因为全面二孩政策的实施而在短时期内得以逆转。由此可见，现在的生育政策调整本身就具有亡羊补牢的性质。

三　全面二孩政策之后的期许

从政治正确性、干部群众的可接受程度等角度考量，中国生育政策的渐次调整不失为一个可行的方案。中国生育政策的调整将分四步走，第一步"单独二孩"，第二步"全面二孩"，第三步"自由生育"，第四步"鼓励生育"。由此可见，全面二孩政策仅仅是中国生育政策调整迈出的第二步，伴随着人们思想认识的进一步转变，在"十三五"与"十四五"期间终将迈出生育政策调整的第三步与第四步。我们期待着这一天的早日到来。中国低生育率机制早已形成，"单独二孩"遇冷等都预示着即便实施全面二孩政策，如果没有与此相对应的配套政策的跟进，很难达到预期的效果，由"单独二孩"遇冷到"全面二孩"遇冷是完全可以预期的。因此，要努力消减生养给家庭所带来的从经济到精神方面的巨大压力，建立健全生育与养育成本的社会补偿机制，国家与社会在孩子生养方面应承担更多的责任。

（陈友华，南京大学社会学院。原文出处：《学海》2016 年第 1 期，第 62—66 页）

中国 1970 年以来二孩生育间隔变动及影响因素分析

张翠玲　刘鸿雁　王晓峰

生育间隔在我国生育政策的演变中具有重要地位，20 世纪 70 年代初"晚、稀、少"中的"稀"就体现了对生育间隔的直接倡导与要求，"晚"和"少"也会间接地对生育间隔产生影响。1978 年国家下发的 69 号文件，明确提出"提倡一对夫妇生育子女数最好一个，最多两个，生育间隔 3 年以上"。自 2002 年起，全国部分省份开始陆续取消对二孩生育间隔的要求。2013 年底国家启动实施一方是独生子女的夫妇可生育两个孩子的政策后，更多省份进行了生育间隔调整。截至 2014 年底，全国 31 个省（自治区、直辖市）中共有 23 个取消了二孩生育间隔的要求。

在计划生育政策实施以来的 30 多年间，我国生育政策历经演变，各省（自治区、直辖市）二孩生育间隔政策也经历了制定、调整乃至取消的历程，这为研究生育政策及生育间隔规定对生育行为的影响提供了基础条件和现实情境。该研究希望通过生育间隔规定对二孩生育间隔的影响分析，为"全面二孩政策"的落地及各省新一轮的人口与计划生育条例的修改提供有益借鉴，且能为提高未来年度新增出生人口预测的准确率提供二孩生育间隔方面的基础数据参考。

一　研究目的与数据来源

该研究使用大样本微观历时数据，力图探明 20 世纪 70 年代以来，尤其是 2000 年至 2015 年我国二孩生育间隔的变化趋势及其与生育间隔规定之间的关联，以补充目前国内相关实证研究的不足，同时考察地区、民族、户口、教育程度等个体因素对二孩生育间隔的影响差异。该文所用数据来自国家卫生计生委 121 个县人口监测系统 2013 年上报数据。

二　二孩生育间隔的差异分析

（一）二孩生育间隔的时期差异

总体来看，我国二孩生育间隔经历了 20 世纪 90 年代前的长期稳定、1990—2005 年间的持续上升及 2005 年至 2015 年的缓慢下降 3 个阶段。1970—1994 年间类似于自然生育间隔（2—3 年），其中 1970—1980 年间二孩生育间隔约为 2.6—2.8 年之间，20 世纪 80 年代生育间隔基本维持在 3 年左右。20 世纪 90 年代初期二孩生育间隔缓慢上升，1995 年达到规定的 4 年法定间隔，此后持续快速上升，10 年后达到峰值（2005 年平均二孩生育间隔为 7.1 年），然后逐渐下降，2015 年约为 5.9 年。

（二）地区差异

东部、中部、西部地区的平均二孩生育间隔趋势基本类似，均经历了 2005 年前的普遍上升及 2009 年后的逐渐下降。且东、中部地区平均二孩生育间隔总体呈明显的高低序列，东部地区二孩生育间隔始终高于其他地区，这说明经济社会发展水平越高的地区，人们自愿推迟生育的趋势更为明显和突出。

（三）城乡差异

城乡均经历了 20 世纪 90 年代前的二孩生育间隔在 3 年以下的稳定阶段，以及 20 世纪 90 年代到 21 世纪初的迅速上升，2005 年前后的逐渐下降。在没有生育间隔的规定前，无论是城市还是农村，1970—1990 年 20 年间二孩生育间隔不仅变动趋势一致，而且差异较小，基本均在 3 年以下。自 1990 年全国各地普遍制定省级计划生育条例并在其中设定法定生育间隔后，城乡生育间隔开始显现出差异，自 1995 年后基本保持半年左右的差异，2005 年后城乡生育间隔逐渐扩大，2010 年后差值稳定在 1 年左右。

（四）民族差异

与汉族相比，少数民族不仅生育政策更为宽松，对于生育二孩的间隔要求也短于汉族。例如云南、内蒙古和广西等省（自治区）计划生育条例规定，依法可生育二孩的汉族育龄人群，生育二孩需要与一孩间隔4年以上，而少数民族仅需要间隔3年。

（五）子女个体因素的二孩生育间隔差异

通过将一、二孩出生政策属性的配对考察发现，生育子女的政策属性不同，二孩生育间隔有一定差异。其中，一、二孩均符合政策的二孩生育间隔最长，其次为一孩不符合政策但二孩符合政策，再次为一孩符合政策但二孩不符合政策，一孩、二孩都不符合政策的二孩生育间隔最短。进一步分析不同出生健康状况的二孩生育间隔发现，出生时健康状况良好的一孩与二孩的间隔最短，为4.59年，接近全国水平，出生时为低体重儿和出生时肉眼可见残疾的一孩与第二个孩子的出生间隔都在6年以上，可能与现实生活中母亲和家庭会给予低体重儿和残疾儿更多的照顾，往往都推迟了二孩的生育有关。分析二孩生育年龄、文化程度和一、二孩期间的人工流产次数等妇女个体因素对二孩生育间隔的影响，取得了与其他研究相同的结论，即生育间隔随人工流产次数、文化程度升高、二孩生育年龄增加而逐渐延长。

三 生育间隔规定的动态变迁及其对二孩生育间隔的影响

（一）生育间隔规定的设立、调整及取消

分析各省（自治区、直辖市）最初规定生育间隔的内容发现，主要有3种不同方式对生育间隔做出规定:(1)仅规定生育二孩的最低间隔年限，大部分省份为4年以上，安徽、吉林、西藏和新疆规定为3年以上，甘肃、湖北和江西3省规定为5年；(2)直接规定育龄妇女生育二孩的最低年龄（如江苏、山东、辽宁等省），江苏省要求满27周岁，辽宁省要求为28周岁，山东省要求生育二孩女方年龄达到30周岁以上；(3)既规定生育间隔年限，并必须满足最低生育

年龄，如河北、河南、湖南 3 省均要求女方生育二孩的年龄满 28 周岁，且与一孩间隔 4 年。

（二）生育间隔规定对二孩生育间隔时期变化的影响

我国生育间隔规定的动态变化与二孩生育间隔的整体变化趋势较为一致：(1)1980 年前虽然计划生育已全面推行，但是生育政策较为宽松且各省尚无明确的生育间隔要求，全国的平均二孩生育间隔均在 2.7 年以下。(2) 随着 20 世纪 80 年代初《公开信》的发表，以及以 1980 年《广东省计划生育条例》为开端的地方条例制定，拉开了法定生育政策中对生育间隔提出具体时间要求的序幕。但由于 1988 年前全国仅 6 个省份提出生育间隔要求，因此 1980—1990 年间二孩生育间隔基本维持在 3 年左右，增长速率也相对缓慢。(3) 随着 1992 年几乎所有省份都通过立法确立了生育间隔的法定要求，二孩生育间隔逐渐加大，从 1990 年的 3.05 年持续升高到 2005 年的 7.12 年，说明期间严格的生育行为管理和计划生育政策较强的执行力度在拉长生育间隔方面显示出了强烈的政策效果。(4) 从 2005 年开始，二孩生育间隔缓慢下降。

（三）生育间隔设立、调整与取消前后二孩生育间隔差异

通过对比各省设立生育间隔要求前后的平均二孩生育间隔发现：(1) 没有生育间隔要求前，各省的二孩生育间隔差异较小且趋势基本一致，有微小的增加；(2)20 世纪 80 年代、90 年代初各省生育间隔规定的出台均普遍且明显提高了各省育龄妇女的二孩生育间隔。我们注意到，即使已经取消生育间隔且二孩生育间隔呈下降趋势的省（自治区、直辖市），育龄妇女实际二孩生育间隔仍然高于原先规定的 4 年法定间隔年限，提示我们育龄妇女已从计划生育初期的被动推迟生育转为主动推迟，在政策因素之外，还有更复杂的其他因素在影响人们的生育行为。

四　结论与建议

该研究利用 121 个县人口监测数据的二孩生育间隔分析，弥补了相关实证数据的不足，为我们展现了我国二孩生育间隔的变迁及多元差异，尤其是呈现

了生育间隔政策变迁与二孩生育间隔的关系，二孩生育间隔的这种历史性变迁与多元差异需要深层次的解读与思考。

1. 运用生育间隔调节生育行为是我国人口政策的重要内容之一，对生育间隔的规定主要有3种方式：（1）只设定最低间隔年限；（2）设定最低二孩生育年龄；（3）既设定间隔年限，同时需达到最低二孩生育年龄。

2. 生育间隔在调整生育行为、减缓人口增长中的历史性作用及这一政策手段的有效性已经得以证明，二孩生育间隔随生育间隔规定的变迁呈明显的历史性变化，两者之间存在动态关联。

3. 生育间隔的取消并不会立即导致实际生育间隔的下降，具有一定的滞后性。

4. 对初育年龄和二孩生育年龄的进一步分析发现，近年二孩生育间隔的逐年下降主要是初育年龄升高、二孩生育年龄缓慢下降共同作用的结果，是在我国城乡晚婚晚育趋于普遍，尤其初育更加推迟的背景下发生的，人们生育的时间区间缩短，近年二孩生育间隔的缩短更多具有生育时间的补偿性特征。

5. 二孩生育间隔呈现明显的城乡、民族、地区和个体差异，城市、汉族、东部地区、高文化程度的育龄妇女其二孩生育间隔均高于同类对照组。

6. 作为"晚、稀、少"人口政策的重要内容，我国出台生育间隔规定是针对当时"早、密、多"的生育模式而提出的一种政策调控，在当前人们自愿推迟生育、城乡晚婚晚育更加普遍、低生育水平已持续较长时期的大背景下，仍然延续长生育间隔政策的前提已经不复存在，各省（自治区、直辖市）执行生育间隔的必要性应被深入评估与综合审视。该文建议这些省份在新一轮条例修改时对生育间隔规定进行适当调整，通过降低最低二孩生育年龄和缩短与一孩的间隔年限，消除过长或过短出生间隔对新增人口健康的影响。对于生育模式仍以"早、密、多"为特点的局部地区则可以探讨生育间隔规定的恰当方式，以减少过早和过密生育，保障育龄妇女和新生胎儿的健康，即我们的出发点是保证人口的健康，而不是控制人口的出生。可以预见到全面二孩政策实施后，伴随尚未退出育龄期的60后和70后育龄人群进行再生育，大间隔生育将是我国近期内人口发展过程中不可忽视的一种生育特点，对生育间隔的关注更应纳入其对人口健康的影响的政策框架，建议从保障人口健康出发，强调生育间隔对于母婴健康、人口素质的影响，倡导最佳生育间隔 (至少 2—3 年)，对由于普遍二孩政策下过长间隔生育人群的需求应被重点关注并提供相应公共管理与服务。

（张翠玲，中国人口与发展研究中心、吉林大学东北亚研究院；刘鸿雁，中国人口与发展研究中心；王晓峰，吉林大学东北亚研究院。

原文出处 :《人口研究》2016 年第 1 期，第 69—86 页)

"单独二孩"与"全面二孩"政策家庭
生育意愿比较及启示

张晓青　黄彩虹　张　强　陈双双　范其鹏

自 2013 年底,"单独二孩"政策开始在全国范围内实施。第十二届全国人大常委会第十八次会议表决通过自 2016 年 1 月 1 日起实施"全面二孩"政策。正确评估和预测重大生育政策的调整效果,需要大量的经验数据和资料为相关研究提供参考和依据,其中生育意愿调查分析就是重要支撑之一。山东省于 2014 年 6 月初开始实施"单独二孩"政策,"单独二孩"目标人群占全国的8.7%,至 2015 年 7 月底"单独二孩"申请量达到 41.6 万,占全国同期申请量的 25%;同时,山东省作为全国人口大省,更是具有规模庞大的"全面二孩"政策目标人群。因此,山东省二孩生育意愿调查具有较强的代表性,该文作者希望通过意愿调查的定量分析为山东省及全国人口新政评估及预测提供重要决策参考。

一　调查实施及调查对象基本情况

山东省卫生计生委基层指导处联合山东师范大学于 2015 年 5 月下旬,组织开展了育龄夫妇二孩生育意愿及其影响因素抽样调查。调查对象为截止到2015 年 5 月底年龄为 20—49 周岁有配偶(包括初婚、再婚)、已育一孩和无孩的山东省户籍育龄夫妇。调查内容包括两部分:第一部分为基本情况,包括调查对象的姓名、性别、夫妻双方的年龄、结婚年龄、生育年龄、民族、户口性质、文化程度、兄弟姐妹数量、共同生育的孩子数量及孩子性别等;第二部分为二孩生育意愿及主观影响因素，询问调查对象是否打算生育第二个子女及生育计划、想生育或不想生育第二个子女的最主要原因、理想子女数、属相偏好等。具体抽样时以山东省卫生计生委全员信息管理库系统 (WIS) 为抽样框，采取分层、概率比例、整群抽样方法，其中群为"村级管理单位"，共抽取 111 个县市区 241 个群。由于调查对象是抽中"村级管理单位"范围内的全部符合调查条件的人口，因此，不需要事后加权，直接对调查数据进行汇总即可。

　　抽样调查由调查员采取面对面询问或电话访问等形式开展问卷调查。获得调查问卷 22189 份，经过反复剔除无效样本，最终获得有效样本 19236 份。该文从全部调查对象中抽取出符合"单独二孩"政策家庭 (以下简称"单独"家庭) 和未来符合"全面二孩"政策家庭 (由于该政策的主要受益人群是夫妻双方均为非独生子女的家庭，故以下简称"双非"家庭) 的样本，以期比较两类政策目标人群的生育意愿差别及其影响因素，进而为政策评估和出生堆积预测提供重要参数。通过汇总上述两类调查对象的人口学基本特征，可以看出，符合"单独二孩"政策育龄妇女 (以下简称"单独"育龄妇女) 和符合"全面二孩"政策育龄妇女 (以下简称"双非"育龄妇女) 存在显著差异，其中最突出的差异表现在年龄结构方面："单独"育龄妇女年龄集中在 25—34 岁，该年龄组占"单独"育龄妇女总量的 76.6%；"双非"育龄妇女年龄则以 35—49 岁为主，该年龄组占"双非"育龄妇女总量的 63.2%，25—34 岁年龄组占 34.5%。

二　"单独二孩"和"全面二孩"政策家庭的二孩生育意愿比较

（一）相同之处

1. 二孩生育意愿和理想子女数是基本一致的

　　"双非"家庭明确表示想生二孩的比例为 38.4%，似乎远远低于"单独"家庭明确表示想生二孩的比例 (62.8%)。但实际上，如果将分年龄组的"双非"育龄妇女生育意愿按照"单独"育龄妇女的年龄结构进行标准化，则"双非"育龄妇女明确表示想生二孩的比例为 60.6%, 即与"单独"育龄妇女想生二孩的比例仅相差 2.2 个百分点。进一步比较"单独"家庭和"双非"家庭的理想子女数，前者为 1.89 个孩子，比后者高出 0.09 个孩子；前者期望拥有两个孩子的比例为 85%，比后者高出 6.3 个百分点。这进一步说明二孩生育意愿在山东省不同生育政策家庭具有趋同性。与全国及其他省份相比较，山东省二孩生育意愿是非常强烈的。

2. 愿意生育二孩的主观因素基本相同

从愿意生育二孩的主要原因看，不论是"单独"家庭还是"双非"家庭，均表现为"两个孩子更利于孩子成长和家庭幸福"所占比例最高，其次是"将来年老有更好的保障"，再次为"想儿女双全"，排在第四位的是"考虑到一个孩子有一定的风险"。对"单独"家庭而言，上述四个原因所占比例依次为:54.7%、15.1%、12.6%、8.8%；对"双非"家庭而言，上述四个原因所占比例依次为:49%、20.5%、14.2%、10.1%。可见，近一半的育龄夫妇是为了两个孩子相伴成长和相互照应而愿意生育二孩，"养儿防老""儿女双全"等传统生育文化对生育观念的影响正在逐渐淡化。

3. 二孩生育意愿的地区差异同样显著

山东省是经济社会发展水平区域差异显著的人口大省。按照计划生育工作管理的区域划分，将 17 市划分为东部、中部、西部三大地区，其中东部 3 市、中部 8 市、西部 6 市分别为低生育水平地区、中生育水平地区和高生育水平地区。不论是"单独"家庭还是"双非"家庭，均表现为中部地区的二孩生育意愿和理想子女数是最高的。比如，东部地区"单独"家庭明确表示想生二孩的比例为 45%，中部地区则高达 73.1%；东部地区"单独"家庭的理想子女数为 1.77 个，比中部地区"单独"家庭低 0.19 个。东部地区"双非"家庭明确表示想生二孩的比例为 17.4%，中部地区则达到 43.1%；东部地区"双非"家庭的理想子女数为 1.63 个，比中部地区"双非"家庭低 0.24 个。

4. 户口性质、受教育水平、现有子女性别影响居民的生育意愿和理想子女数

不论是"单独"家庭还是"双非"家庭，均表现出农业户口家庭想生二孩的比例高于非农业户口家庭，农业户口家庭的理想子女数高于非农业户口家庭，具有大专文化程度者想生二孩的比例是最高的，现有 1 个男孩家庭的二孩生育意愿和理想子女数低于现有 1 个女孩家庭。

（二）不同之处

1.“双非”家庭女性的二孩生育意愿低于男性，“单独”家庭女性的二孩生育意愿高于男性

“双非”育龄妇女中明确表示想生二孩的占 37.9%，比男性低 3.7 个百分点；“双非”育龄妇女的理想子女数为 1.80 个，也略低于男性。不过，“单独”育龄妇女中明确表示想生二孩的占 63.8%，比男性高出 7.2 个百分点；“单独”育龄妇女的理想子女数为 1.89 个，同样略高于男性。差异通过了卡方检验。

2.“双非”家庭生育安排的迫切程度远远高于“单独”家庭

对比“双非”家庭与“单独”家庭的生育计划，在生育二孩的预期时间安排上存在巨大差异。现有 1 孩“双非”育龄妇女计划在政策实施当年就生育二孩的占 64.8%；而现有 1 孩“单独”育龄妇女正在怀孕（计划在政策实施当年生育二孩）的比例为 8.5%，计划在政策实施第二年生育二孩的占 53.3%。年龄是育龄妇女生育安排的主要原因。两类政策家庭在生育安排上的明显不同，预示着“单独二孩”政策实施造成的出生堆积可能出现在政策实施后的第 2—3 年，而“双非”政策将在实施当年及次年就出现显著的实施效果。

3.“单独”家庭不愿意生育二孩的最主要原因是育儿成本高，“双非”家庭不愿意生育二孩的最主要原因是身体因素

从不愿意生育二孩的最主要因素看，对“单独”家庭而言，排在前四位的依次为“家庭经济情况不允许”“怀孕、生孩子、养孩子很麻烦”“生一个孩子有利于孩子培养”“影响工作和事业发展”，分别占 27.8%、14.7%、14.2% 和 13.1%；对“双非”家庭而言，排在前四位的依次为“身体原因”“家庭经济情况不允许”“生一个孩子有利于孩子培养”“怀孕、生孩子、养孩子很麻烦”，分别占 49.8%、17.4%、9.9% 和 6.4%。经过卡方检验，两类家庭不愿意生育二孩的最主要因素存在显著性差异，即“单独”家庭不愿意生育二孩的最主要原因是育儿成本高，“双非”家庭不愿意生育二孩的最主要因素为身体原因，这再次说明年龄是多数“双非”育龄妇女做出二孩生育计划时首先考虑的因素。

4."单独"家庭中有属相偏好的比例要明显高于"双非"家庭

由于2015年是农历羊年,在设计问卷时充分考虑羊年对"单独二孩"政策实施后出生堆积的影响。汇总数据显示,"单独"家庭有属相偏好的占12.3%,"双非"家庭为7.2%。这说明属相偏好在山东省确实存在。对分析"双非"家庭属相偏好较低的原因,该文作者认为,主要在于"双非"家庭在将来政策实施时基本上碰不到羊年,故在回答问题时可能持无所谓的态度。这也从侧面说明了一些"单独"家庭已经有意避开了羊年,进一步影响"单独"二孩出生可能将在政策落地两年后(即2016年)出现峰值。

三 "单独二孩"和"全面二孩"政策家庭的二孩生育意愿影响因素模拟

哪些因素对二者异同的影响是显著的?该文借鉴Bongaarts提出的生育决策理论模型,综合考虑个体因素、家庭因素、主观因素、地区因素等对二孩生育意愿的共同影响,构建二孩生育意愿二元Logistic回归模型,进一步揭示导致两类政策家庭生育意愿存在显著差异的原因。

(一)二元Logistic回归模型设定

以调查样本所做出的二孩生育决策为因变量(明确表示"打算再要一个孩子"的,为1;表示"没想好"和"不想要",为0),个体因素(年龄、文化程度、户口性质、婚姻状况、现有一孩性别、生育第一孩的年龄等)、家庭因素(家庭男女分工、家庭结构)、主观因素(愿意生育二孩的最主要原因)、地区因素(地区虚拟变量)等为自变量,采用逐步回归分析方法筛选变量和进行多因素Logistic回归分析。需要解释的是,生育决策和抚养儿童在中国不仅取决于夫妻双方的观念和家庭经济状况,在很大程度上还受到其他家庭成员和家族观念的影响,需要关注家庭成员、规模及其相互关系,为此将有两个及以上兄弟姐妹的归并为大家庭结构,赋值为1;将没有或1个兄弟姐妹的归并为小家庭结构,赋值为0。

（二）模拟结果分析

第一，使用逐步回归分析方法筛选变量，以 0.05 作为变量的纳入和剔除概率，得到最后进入"单独"家庭二孩生育意愿模型的变量，包括地区分组、主观因素、年龄分组以及现有一孩性别；生育第一孩的年龄、户口性质、家庭男女分工、家庭结构、受教育程度等变量未进入模型，即对二孩生育意愿的影响不显著。进一步分析影响显著的变量，从地区分组看，东部地区打算生育二孩的可能性仅为西部地区的 44.1%，地区因素对中部地区打算生育二孩的影响不显著。从主观因素看，因"将来年老有更好的保障""想儿女双全"打算生育二孩的可能性分别是因"一个孩子有一定的风险"打算生育二孩可能性的 1.718 倍和 1.453 倍；因"父母（长辈）要求"打算生育二孩的可能性是因"一个孩子有一定的风险"打算生育二孩可能性的 51.7%；"两个孩子更有利于孩子成长和家庭幸福""周围二孩家庭影响"等原因对二孩生育愿意的影响在统计意义上不显著。从年龄分组变量看，20—24 岁、25—29 岁、30—34 岁、35—39 岁、40—44 岁年龄组愿意生育二孩的可能性分别是 45—49 岁年龄组的 15.674、17.308、17.887、12.848、12.339 倍，即 30—34 岁打算生育二孩的可能性是最大的，其次是 25—29 岁。从现有一孩性别看，现有 1 男孩的"单独"家庭打算生育二孩的可能性是现有 1 女孩打算生育二孩可能性的 75.4%。

第二，同样使用逐步回归分析方法筛选变量，以 0.05 作为变量的纳入和剔除概率，得到最后进入"双非"家庭二孩生育意愿模型的变量，包括现有孩子性别、受教育程度、地区分组、户口性质、主观因素、年龄分组等；生育第一孩的年龄、家庭男女分工、家庭结构等变量未进入模型，即对二孩生育意愿的影响是不显著的。进一步分析影响显著的变量，现有 1 男孩"双非"家庭打算生育二孩的可能性是现有 1 女孩打算生育二孩可能性的 79%。从受教育程度看，具有初中及以下文化程度、高中或中专文化程度、大专文化程度的"双非"家庭打算生育二孩的可能性分别是具有本科及以上文化程度者打算生育二孩可能性的 1.889、1.460、2.312 倍，即具有大专文化程度的"双非"家庭打算生育二孩的可能性是最高的，这与前文分析结果一致。从地区分组变量看，东部、中部地区打算生育二孩的可能性分别是西部打算生育二孩可能性的 42%、1.292

倍。从户口性质看，非农业户口的"双非"家庭打算生育二孩的可能性是农业户口的71.4%。从主观因素看，因"父母（长辈）要求""周围二孩家庭影响"打算生育二孩的可能性是因"一个孩子有一定的风险"打算生育二孩可能性的60.6%和50%；"将来年老有更好的保障""想儿女双全""两个孩子更有利于孩子成长和家庭幸福"等对"双非"家庭二孩生育意愿的影响在统计意义上不显著。从年龄分组变量看，20—24岁、25—29岁、30—34岁、35—39岁、40—44岁年龄组打算生育二孩的可能性分别是45—49岁年龄组打算生育二孩可能性的2.315、2.577、3.318、2.316、1.396倍，即30—34岁打算生育二孩的可能性是最大的，其次是25—29岁。

第三，进一步总结影响两类政策家庭二孩生育意愿的各种因素，现有1孩性别、年龄、地区等变量对"单独"家庭和"双非"家庭二孩生育意愿的影响是基本一致的，共同表现为现有1男孩打算生育二孩的可能性低于现有1女孩的家庭，30—34岁、25—29岁年龄组打算生育二孩的可能性是最高的，低生育水平的东部地区打算生育二孩的可能性是最低的。不同之处在于"双非"家庭更主要从一个孩子的风险性方面考虑二孩生育，而"单独"家庭则更多从自身养老和自身精神满足的角度进行二孩生育抉择。另外，户口性质、受教育程度对"双非"家庭的二孩生育意愿具有显著影响，但对"单独"家庭二孩生育意愿的影响不显著；家庭男女分工、家庭结构、婚姻状况、生育第1孩的年龄等对两类政策家庭的二孩生育意愿均不具有显著影响。

四　几点启示

第一，对于二孩生育意愿强烈的30—34岁和25—29岁年龄组育龄夫妇，在为他们提供各种计生卫生服务的同时，建议加大宣传和引导力度，引导他们合理安排二孩生育时间，避免造成较大规模的生育堆积。

第二，关注生育水平的地区差距对生育行为的影响，特别是中生育水平地区，二孩生育意愿最为强烈，是未来二孩出生监控的重点区域。

第三，重视生育性别偏好，山东省在"一孩半"政策下显示出强烈的第一孩生男选择，"单独二孩"政策和已经实施的"全面二孩"政策应该具有缓解出生人口性别比偏高的作用，谨防成为再次（第二孩）生男选择的途径。

　　第四，现实考虑隐含着未来实际生育行为，随着城镇化进程的不断加速和居民生活水平的逐步提高，可能越来越多的符合生育政策的育龄妇女因育儿成本高而放弃二孩生育。从人口长期均衡发展看，应鼓励育龄妇女按政策生育。

　　（张晓青、黄彩虹，山东师范大学地理与环境学院；张强，山东省统计局人口处；陈双双，山东师范大学地理与环境学院；范其鹏，山东省卫生计生委基层指导处。原文出处：《人口研究》2016 年第 1 期，第 87—97 页）

中国低生育水平下的生育意愿与生育行为差异研究

王 军 王广州

一 问题的提出

中国的总和生育率从 20 世纪 90 年代初开始就已下降到更替水平以下，正式进入低生育率时代。但与西方发达国家相比，中国的生育转变不仅有社会经济因素的作用，还有生育政策的影响。由于 20 世纪 80 年代初以来我国开始全面实行的计划生育政策对生育子女数量、生育间隔等都有明确规定，中国育龄人群的生育行为明显受到生育政策的限制和约束，即中国的生育意愿与生育行为的差异是在生育政策限定下的差异，而 Bongaarts 的低生育率影响因素模型则主要以西方发达国家的人口转变过程为基础建立，并没有考虑生育政策对生育意愿与生育水平差异的影响。因此，生育政策限制下的生育意愿与生育行为到底存在怎样的关系，其与西方发达国家是否存在差异，成为研究中国生育意愿与生育行为差异需要解决的关键问题。

由于中国历次人口普查和人口抽样调查都没有对生育意愿进行专门测量，因此只能使用全国性的抽样调查数据对中国育龄人群的生育意愿与生育行为差异进行分析。但目前国内关于生育意愿与生育行为差异的研究还主要依据地区性调查数据。陈卫等人的研究虽然利用了全国性抽样调查数据，但由于 2001 年全国生殖健康调查没有对育龄人群的终身生育水平进行测量，导致其分析对象仅限定为调查当年已基本完成生育的 40—49 周岁妇女。此外，中国生育政策正处于不断调整和完善中，生育政策调整后的育龄人群生育行为是否会发生改变，并进而对中国人口规模和结构产生影响，也是目前国内人口研究中关注的热点问题。

二　数据和测量

该研究使用的全国性抽样调查原始数据主要包括：2010 年中国综合社会调查、2011 年中国社会状况综合调查、2012 年中国家庭幸福感热点问题调查和 2013 年中国家庭幸福感热点问题调查。中国综合社会调查是中国第一个全国性、连续性的大型社会调查项目，2010 年在全国共调查了 480 个村 / 居委会，每个村 / 居委会调查 25 个家庭，每个家庭随机调查 1 人，获得有效样本 11783 份。2011 年中国社会状况综合调查采用概率抽样的入户访问方式，在全国的 128 个县（区）、256 个街道（乡、镇）和 512 个居（村）民委员会开展调查，获得有效样本 7036 份。2012 年和 2013 年两次中国家庭幸福感热点问题调查均采用实地入户调查的方式进行，抽取的省份、县（市、区）、社区、住户、住户中的接受调查者均严格按照多阶段概率抽样程序产生。2012 年和 2013 年调查分别获得 18 周岁及以上成年人有效样本 5547 份和 5400 份。

在生育意愿测量方面，该研究使用的四次全国性抽样调查基本采用"没有生育政策限制条件下的理想子女数量"来对生育意愿进行测量。具体来说，2010 年调查主要使用"如果没有政策限制的话，您希望有几个孩子？其中几个儿子，几个女儿"来测量生育意愿；2011 年调查主要通过询问"不考虑计划生育政策和经济、健康等条件，您认为一个家庭最理想孩子数"的方式进行测量；2012 年和 2013 年调查均通过询问"在您心目中，最理想的子女数量是几个，其中几个男孩，几个女孩"的方式对生育意愿进行测量。

在生育行为测量方面，2013 年调查通过"目前拥有子女数"加"考虑国家计划生育政策、个人健康和家庭经济条件等因素，您计划在现有子女基础上再生育几个孩子"的方式对生育政策条件下的终身生育行为进行间接测量；通过"目前拥有子女数"加"如果国家完全放开计划生育政策，对生育数量不再限制，并且考虑到个人健康、家庭经济条件等因素，您会在现有子女基础上再生育几个孩子"来间接测量被调查者在不受生育政策限制下的终身生育行为，以此作为生育政策调整对生育行为影响的上限。

三　主要发现

（一）中国目前意愿生育水平在 [1.82,1.88] 的区间范围内，其均值在 1.86 左右

四次全国性抽样调查的意愿生育水平结果基本一致：2010 年调查的意愿生育水平的平均值为 1.84，其中城镇为 1.73，农村为 1.95；2011 年调查的意愿生育水平为 1.84，其中城镇为 1.83，农村为 1.86；2012 年调查的意愿生育水平为 1.85，其中城镇为 1.79，农村为 1.91；2013 年调查的意愿生育水平为 1.86，其中城镇为 1.82，农村为 1.90。

由于 2010—2013 年这四次调查均为全国性抽样调查而非普查，存在抽样误差问题，其所得意愿生育水平严格来说应为区间范围，并且由于意愿生育水平最低的 2010 年调查在［1.82，1.86］的区间范围，而意愿生育水平最高的 2013 年调查在［1.84，1.88］的区间范围。因此综合上述重复测量结果，该文认为中国目前意愿生育水平在 1.82—1.88 的区间范围内，其点估计值在 1.86 左右。

需要指出，单纯使用意愿生育水平的点估计值，在人口预测应用中也存在很大问题。为了增强预测的有效性，尤其在对生育参数没有十足把握时，一般采用增大参数变化范围的方法。如联合国人口署进行人口预测时，一般将世界各国提供的生育水平作为中方案，在此基准之上各加减 0.5 作为高方案和低方案。根据该文作者 2013 年的研究，在育龄人群完全按照生育意愿进行生育的假设下，意愿生育水平每增加或减少 0.1，中国每年出生人数会相应增加或减少 100 万人，意愿生育水平的上下波动对出生人口规模存在较大影响。因此，在对未来人口形势进行预测，尤其在生育政策调整的背景下，需要使用区间范围的意愿生育水平，而不仅仅是一个点估计值。

（二）不同出生队列人群的意愿生育水平随年龄的减小呈递减趋势

全国 1951 年及以前出生队列人群的意愿生育水平均在更替水平以上，且年龄越大，意愿生育水平越高；1956—1965 年出生队列人群的意愿生育水平虽然已经开始低于更替水平，但是仍大致在更替水平附近；从 1966—1970 年出生队列开始，意愿生育水平已显著低于更替水平，并呈不断下降趋势，如 1966—

1979 年出生队列的意愿生育水平为 1.92，1976—1980 年出生队列下降到 1.84，1986 年以后出生队列仅为 1.68。在低年龄组出生队列人群的意愿生育水平将来不发生显著提高的情况下，中国未来的意愿生育水平还将可能进一步降低。

（三）从 1951—1955 年出生队列开始，意愿生育水平高于终身生育水平

1946 年及以前各出生队列人群终身生育水平要高于意愿生育水平，体现出发展中国家人口转变早期和中期的典型特征，但二者差异随出生队列大致呈减小趋势，1931—1935 年出生队列的差异为 0.76，1941—1945 年出生队列差异为 0.5，1946—1950 年出生队列差异仅为 0.12。从 1951—1955 年出生队列开始，生育意愿与生育行为差异的方向发生根本转变，意愿生育水平开始高于终身生育水平，体现出典型的人口转变后期特征。意愿生育水平高于终身生育水平的幅度随出生队列呈小幅递增趋势，1951—1955 年出生队列为 0.06，1961—1966 年出生队列的这一差异上升到 0.16。

（四）育龄人群生育意愿（1.86）要显著高于终身生育水平（1.59），意愿生育水平高于终身生育水平的幅度随年龄的减小呈递增趋势

不仅是意愿生育水平，而且育龄人群的终身生育水平也随出生队列呈显著下降趋势。如 1966—1970 年出生队列的终身生育水平最高（1.71），但仍显著低于已完成生育人群的最低终身生育水平（1961—1965 年出生队列为 1.84）；育龄人群意愿生育水平高于终身生育水平的幅度随年龄的减小呈递增趋势，1966—1970 年出生队列的意愿生育水平比终身生育水平高 0.21，1976—1985 年出生队列这一差异上升到 0.25，1986 年及以后出生队列已经达到 0.36。生育意愿和生育行为的这种队列差异可能导致了中国过去生育水平的快速下降，并预示着中国未来生育水平进一步走低的可能性。

（五）生育政策对当前育龄人群生育意愿与生育水平差异的贡献度在 33% 左右

即使没有生育政策，中国育龄人群的人口转变模式也不会发生大的改变，即意愿生育水平依然高于其终身生育水平（1.68），且终身生育水平仍然远低于

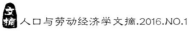

更替水平。生育政策对当前育龄人群生育意愿与生育水平差异的贡献度在33%左右。具体来说，在中国育龄人群意愿生育水平（1.86）与生育政策条件下终身生育水平（1.59）的差异（0.27）中，生育政策影响程度为0.09，占比33%，非政策性因素影响程度为0.18，占比67%。可以看出，当前中国终身生育水平低于意愿生育水平的程度，虽然有生育政策的影响，但是主要还是育龄人群自身健康、经济条件等非政策性因素的抑制作用，政策调整对生育水平的提升作用有限。

此外，该研究也存在一定局限性。首先，从方法上来说，生育意愿和生育行为差异的变迁研究最好使用长期追踪数据。但限于数据可得性，该研究只能采用变通的方法，使用出生队列差异来近似代替，所得研究结果需要谨慎加以解释和应用。其次，该研究所使用的对育龄人群终身生育行为的测量也仅是对个人生育计划的测量，其与真实生育行为可能会存在一定差异，在今后的研究中应尝试探讨其他能够改进育龄人群终身生育行为测量的方法和技术。最后，从生命历程的角度，个人婚前和婚后、生育前和生育后的生育意愿很可能会存在一定差异，如何对这种差异进行测量和分析也是今后研究的重要内容。

（王军，中山大学社会学与人类学学院；王广州，中国社会科学院人口与劳动经济研究所。原文出处：《人口学刊》2016年第2期，第5—17页）

生育率结构性变化与新生人口激增

——基于北京的 APC 模型实证研究

智冬晓　许晓娟

一　引言

自 1990 年以来中国人口的总和生育率水平已经降到了生育更替水平 2.1 以下，总和生育率始终徘徊在 1.5 左右。从生育率来看，北京市 1995 年人口总和生育率为 0.821，到 2000 年为 0.673，2005 年为 0.677，2010 年为 0.706，可以说，北京市生育率水平已经不足全国水平的一半。然而，从新生人口数量来看，北京市 1990 年新生人口数量为 14 万人，到 2005 年降低到不足 10 万人，降幅近 50%，而在 2005 年之后，新生人口数量却意外地出现了显著的增长，尤其是 2007 年新生人口数量较 2006 年增加了近 40%；2013 年新生人口数量为 18 万人，为 30 年来之最。北京新生人口变化显然不同于全国，这将导致依据全国人口数据所获得的认知难以满足北京相关政策制定和资源配置的需要。

该文采集了不同年龄段育龄妇女在不同时间段的生育统计数据，从以下三个层面探寻北京新生人口激增的深层次原因：第一，通过对分年龄育龄妇女生育率的分析发现，新生人口数量的激增与不同年龄组育龄妇女生育率变化直接相关，生育高峰年龄滞后以及 2005—2010 年 30 岁以上育龄妇女生育率的提高是造成新生人口数量激增的直接原因。第二，使用 APC 模型对影响生育率的年龄 (age)、时期 (period) 和队列 (cohort) 因素进行分析，据此对育龄妇女生育率结构性变化进行解释，并讨论未来新生人口数量可能的变化情况。该文基于按 5 岁分组的育龄妇女生育率建立的 APC 模型表明，队列效应是影响北京市育龄妇女生育率的关键因素，2005 年之后新生人口数量的快速增长与 1971—1975 年出生妇女生育高峰年龄和队列效应叠加造成了新生人口激增。第三，使用 2011—2013 年新生人口数据与 APC 模型的估计数据进行比较，发现 APC 模型对未来新生人口变化有较好的预测效果。

二 北京市新生人口及生育率演化特征

（一）北京市新生人口演化特征

在 2010 年之前的 10 年内，北京市人口生育率保持了较低的水平，但 2007 年前后新生人口数激增并不能从常住人口数的变化中得到解释，新生人口数量的突然变化一定与人口结构中的某些因素有重要关系。

（二）育龄妇女人口结构特征及生育率特征

从总量上看，2005 年以来育龄妇女人数增长较多，但各年增速有高有低。育龄妇女人数的增加并不能解释 2007 年新生人口数量的激增，导致其突然变化的因素就只能是生育率发生了变化。但近年来生育率水平始终徘徊在较低水平，说明育龄妇女生育率发生了结构性的变化。育龄妇女生育状况发生了结构性的变化，特别是 30 岁以上育龄妇女生育率显著提升，是造成 2005—2010 年新生人口数量激增的主要原因。

三 分年龄育龄妇女生育率

该文遵循人口指标分析中常用的方法，使用年龄、时期和队列这 3 个代理因素，对影响生育率的因素进行综合分析。年龄、时期和队列效应可以通过拟合 APC 模型进行分析，从结构上看，APC 模型属于广义线性模型的范畴，模型所要处理的数据来自于对变量按照年龄分组和时期汇总形成的二维表。使用 APC 模型对育龄妇女生育率进行分析，能够评估不同年龄、时期和队列对生育率的影响。模型估计结果显示，从生理角度看，育龄妇女最佳的生育年龄在 23—29 岁，模型对年龄效应的估计结果反映了这种生理特点。以 15—19 岁为参考基准，25—29 岁年龄效应估计值最大，其次分别是 20—24 岁和 30—34 岁，随着年龄的增加，效应不断减少，直到 45—49 岁效应相对为负。这个结果是剔除时期和队列因素影响之后，年龄因素对生育率的影响，它反映了育龄妇女的生理条件对生育率的约束。时期因素对生育率的影响不是很明确，这主要是由于数据时间跨度较短。队列效应反映了不同出生队列组对生育率的影响，在剔除年龄和时期影响之后，队列效应反映了不同队列人群不同的生育意愿。综合 APC 模型对生育率的分析结果可以清楚地看出，造成 2000—2010 年育龄妇女生育率结构性变化的主因是队列效应，1951—1975 年出生人群的队列效应不断提高，促使这些队列组育龄妇女的生育率水平不断提高，在 2000—2010 年期间，他们中大部分人都已经超过 30 岁但仍保持了较高的生育水平；同时，1975 年后出生人群的队列效应却不断降低，使得 30 岁以下妇女生育率不断下降，最终使得育龄妇女整体的生育高峰年龄出现了明显的推迟。我们可以判定，由队列效应所引发的生育高峰年龄推迟以及高龄育龄妇女生育水平提高导致了 2000—2010 年期间新生人口数量的激增。

四　新生人口和生育率未来变化情况

2011—2013 年实际新生人口数量较 2010 年有显著增加，这是因为 2010 年之后，育龄妇女的主要人群队列是"80 后"和"90 后"人群，是育龄妇女中人数占比最大、增长最快的人群。但实际出生人口数均没有超过对最大估计，因为对生育率最大估计使用的是 1971—1975 年队列结果，这表明"80 后"人群真实的生育率水平至少是低于该队列水平的，否则新生人口数还要更多。

五　结论

该文的研究表明，生育率结构性变化是北京新生人口激增的根本原因。第一，该文通过对新生人口和不同年龄段育龄妇女生育统计数据的分析发现，育龄妇女生育状况的结构性变化主要体现在两个方面，一是育龄妇女生育高峰年龄推迟，二是 30 岁以上育龄妇女生育率显著提升，这两个因素叠加使 2005—2010 年北京新生人口数量出现跳跃式增长。第二，该文基于 APC 模型对影响生育率的年龄、时期以及队列效应的分析进一步显示，年龄效应与育龄妇女生理条件基本保持一致；时期效应使生育率降低；队列效应从 1951—1955 年队列开始上升，到 1971—1975 年队列达到最大，之后不断下降。从整体看，造成生育率结构性变化的主因是队列效应。第三，该文基于 APC 模型对北京 2015 年前后新生人口数量可能达到的区间范围进行了估计，并与 2011—2013 年实际新生人口数量进行对比，结果显示，实际新生人口数量没有超出最大估计值，这说明尽管育龄妇女人数在增长，但生育率仍在缓慢下降，除非育龄妇女人数有大规模的增加，在 2015 年前后新生人口数量将不会突破 20 万人。北京新生人口激增可能是城镇化过程中的一类特殊现象，其背后的生育率结构性变化可能也难以代表其他城市育龄妇女的生育状况或意愿，由于区域层面数据的匮乏，我们很难将这一研究扩展至全国各省区市，因此，该文的研究具有一定的局限性。但是，该文的研究对于制定相关人口政策仍有重要的参考价值。首先，政府在进行公共投入时，应当考虑到生育率结构变化的影响。2010 年以来北京出现的"幼儿入园难"等问题，都与新生人口变化规律不同于育龄妇女或总人口变化规律有关，没有预见到生育率结构变化使得新生人口激增，导致相应的公共投入不足，是引发"入园难"问题出现的根本原因。其次，政府或学术研究中讨论全面放开二胎等重要的人口政策，不能忽略生育率结构变化的影响，特别是对于北京等外来人口比重较高的城市，由于外来人口规模变化的不确定性更高，生育率结构变化对人口规模波动带来的影响幅度会更大。

（智冬晓，北京交通大学中国产业安全研究中心；许晓娟，对外经济贸易大学国际商学院。原文出处：《统计研究》2016 年第 3 期，第106—112 页）

中国近年来的生育水平估计

陈 卫

中国在 20 世纪 90 年代初生育率降到更替水平以下时，就有是否大大低于更替水平的讨论。2000 年和 2010 年人口普查得到极低生育率后，更是引发了广泛争论。特别是与生育政策调整相联系，学术的和非学术的研究和议论轰轰烈烈。一个极端认为目前的生育率就如普查得到的那么低，也有另一个极端的估计接近 1.8；有的认为在 1.5—1.6 之间，也有的估计结果在 1.6—1.7 之间，还有人认为在 1.5 以下或者略高于普查结果。从国家统计局的人口普查和抽样调查的结果看，20 世纪 90 年代中期以来，中国的生育率始终低于 1.5，20 多年来处于如此低下的生育率，显然符合"低生育率陷阱"的标准。但是令人费解的是，一些学者就是认为中国的生育率已处于极低水平，否认普查和抽样调查数据中存在的漏报现象，大肆渲染中国早已深深陷入了"低生育率陷阱"。因此，该研究将对中国近年来的生育水平做进一步估计。出生人口是估计生育水平的关键，该研究将使用广义稳定人口模型，利用 2000 年和 2010 年两次人口普查的年龄分布数据估计这两次普查间的平均出生人数，进而估计平均总和生育率。然后利用户籍统计中的低年龄人口数据，估计近年来的总和生育率。户籍统计的低年龄人口数据往往是不完整的，基于此的生育率估计应该是生育水平的下限值。

一 数据与方法

尽管人口普查的生育数据和低年龄人口数据存在漏报，由此估计的生育率会偏低，但是人口普查年龄分布中的其他年龄人口数据是相对较为准确的，利用这些年龄的数据也可以对两次普查间的平均出生人数进行估计，进而估计总和生育率。这种方法得益于广义稳定人口模型的发展。但是，除了需要两次人口普查的年龄分布数据（基于此计算分年龄人口增长率），还需要普查间的生命表存活概率。国家统计局虽然公布每次人口普查的平均预期寿命，但是没有公布相应的生命表。因此，我们以国家统计局公布的平均预期寿命，从 Coale-Demeny 的西区模型生命表中生成相应的生命表。我们需要的是普查间的生命表，就以 2000 年和 2010 年的平均预期寿命的均值去生成相应的生命表。由于对我国死亡水平的估计也存在差异和争议，因此我们对 2000—2010 年的普查间平均预期寿命设置了 3 个值，即 71 岁、73 岁和 75 岁。71 岁相当于 2000 年普查的平均预期寿命，75 岁相当于 2010 年普查的平均预期寿命，而 73 岁则是这两者的均值。使用 2000 年和 2010 年两次人口普查数据对普查间的平均生育水平进行估计。对于近年来生育水平的估计，我们得益于 2015 年户籍统计数据。也就是说，利用 2015 年户籍统计中的低年龄人口数，估计近年来的出生人数和生育水平。

二　生育水平的估计

该文使用 2000 年和 2010 年两次人口普查的出生人数年龄结构的均值来分解估计的出生人数，用两次人口普查的育龄妇女分年龄人数的均值作为分母，计算分年龄生育率和总和生育率。结果显示，对应预期寿命 73 岁的总和生育率为 1.54，在我们设定的预期寿命范围内，总和生育率为 1.50—1.58。也就是说，2000—2010 年普查间的平均总和生育率不低于 1.50。虽然我们估计了 2000—2010 年普查间的平均生育水平，但是从 2010 年普查 0—10 岁的年龄分布数据看，2000—2010 年间各年的生育率存在着前期较低而后期较高的特征。中国近年来的生育率存在着升高的趋势。这其实是人口的周期性变化的结果，中国 20 世纪 80 年代中后期的出生高峰导致了近年来的出生人数上升，未来的出生人数会因"全面二孩"生育政策的实行而可能进一步上升。

为了估计近年来的出生人数，该文考察了 2010 年普查中 0—2 岁人口在

2011—2014 年人口变动抽样调查中所记录下的数量。使用各自的抽样比对 2011—2014 年相应年龄人口数进行推算，发现 2010 年 0 岁人口在 2011—2014 年间的 1—4 岁上都一直在增加，2014 年 4 岁人口达到了 1721 万人，比 2010 年 0 岁时增加了 343 万人。对于 2010 年普查中 0 岁人口在 2011—2014 年抽样调查中表现出的持续大幅度增长情况，很好地说明了 2010 年普查中 0 岁人口的严重漏报。

近年来我国的生育水平在 1.60 左右，2008 年以来除了 2011 年略低于 1.60，其他年份都高于 1.60，并且 2008—2011 年在下降，而 2011—2014 年又在上升。实际上，生育率的这种变化趋势是可以预期的，因为追溯到二十五六年前，中国的生育率也有类似的变化，只是生育水平要高许多。也就是说，2008—2014 年出生人口的父母基本上是 20 世纪 80 年代的出生人口。2011 年以来中国出生人数和生育率的上升，可以对应于 20 世纪 80 年代中后期中国出现的第三次出生高峰。由于她们中的多数人还处于生育旺盛期，加上"全面二孩"生育政策的实行，在未来几年我国的生育率还会继续上升。但是，随着 20 世纪 90 年代生育率大幅度下降时期的出生人口进入生育期，中国的生育率又会出现下降。而"全面二孩"生育政策将有助于避免生育率走向过低。

三　结论与讨论

该研究首先利用 2000 年和 2010 年的两次人口普查数据，对普查间的平均生育水平进行了估计。得益于广义稳定人口模型，通过两次人口普查的年龄分布数据，就可以估计普查间的生育水平。而且广义稳定人口模型可以应用于任何状态下的人口，基本上不存在假设条件。只要两次普查的年龄分布数据具有相同的完整性，就可以估计普查间生育率。估计结果表明，中国 2000—2010 年间平均的总和生育率不低于 1.5。但是从 2010 年普查的分年龄人口变化看，2000—2010 年间存在前期生育率更低，后期生育率上升的趋势。那么，近年来中国的生育率处于什么水平？该研究利用户籍统计数据，对 2008—2014 年我国的生育水平进行了估计。

2015 年的户籍统计数据表明，即使低年龄人口数不完整，3—7 岁人口数也基本上都在 1700 万人以上，2 岁人口也达到 1660 万。根据户籍统计的这些低年龄人口数,该文作者估计出 2008—2014 年的出生人数。该文作者对户籍统计中的 3—7 岁人口数,不做任何调整,而对于 1—2 岁人口,按照国家统计局公布的 2012—2014 年出生人数的上升趋势加以调整。也就是说,假设国家统计局公布的 2012—2014 年出生人数的上升趋势是准确的,然后利用每年的增量加到户籍统计的 3 岁人口数中,形成 1—2 岁人口数的估计。然后基于这些 1—7 岁人口数,推算出 2008—2014 年的出生人口,进而估计出近年来的生育水平。估计结果表明,近年来我国的总和生育率在 1.6 左右,基本上在 1.6 以上。近年来我国生育率的上升主要是 20 世纪 80 年代出生高峰的周期性反映。由于 20 世纪 80 年代后期的出生人口目前多数还处于生育旺盛年龄,同时我国开始实行"全面二孩"生育政策,因此,未来几年我国的生育率还可能继续上升。

如果我国是在总和生育率 1.6 的基础上实行"全面二孩"生育政策,那么政策的影响将可能是有限的,因为多数人实际上是在生育二孩。根据 2014 年人口变动抽样调查数据,50 岁的妇女平均活产子女数达到 1.74 个,45—49 岁的妇女平均有 1.69 个活产子女,40—44 岁组的平均活产子女数为 1.59 个,35—39 岁组平均生育子女数也超过 1.5 个。无论从终身生育率还是时期生育率看,我国目前的生育水平不会低于 1.5。那么,即使"全面二孩"政策的影响可能是有限的,但是也要尽可能地进一步提升生育率,越接近更替水平越好。接近更替水平的生育率将长期有利于人口均衡发展。

从该文作者估计的生育水平与趋势看,"极低生育率派"渲染的"低生育率陷阱"并非事实。长期以来中国生育率在 1.5—1.6,而近年来生育率在上升。即使生育率偶尔降到 1.5 以下,也不能认为是跌入了"低生育率陷阱"。"低生育率陷阱"理论是在欧洲及东亚一些国家和地区生育率持续下降并长期处于很低生育水平的背景下提出的,但是近年来世界范围内生育率的普遍回升现象,直接挑战了其结论和假设。"低生育率陷阱"可能只是对短期内生育率现象的总结,还不能得到长期事实的验证,也许不能上升到规律的高度。实际上在全球视野下,有些生育率现象远比极低生育率现象更为长久。比如,非洲国家的高生育率。有不少非洲国家 1950 年以来一直处于总和生育率高达 6 或 7 的高生育水平上,为什么不说他们深陷"高生育率陷阱"?再比如,美国 1970 年以来生育率一直处于更替水平左右,那美国是不是处于"更替水平生育率陷阱"?中国的出生性别比失衡现象已经有 30 年了,中国成为性别失衡程度最严重、失衡时间最长久的国家，是否可以说中国深陷"高性别失衡陷阱"？因此，"低生育率陷阱"作为一种理论或规律，还充满了不确定性且缺乏科学性，而中国处于"低生育率陷阱"之中的观点也是缺乏说服力的。

（陈卫，中国人民大学人口与发展研究中心。原文出处：《学海》2016年第1期，第67—75页）

20世纪以来国际生育水平变迁历程及影响机制分析

该文对20世纪以来国际生育水平变迁的具体历程分阶段进行梳理和描述，尝试归纳其中的规律，并在此基础上，着重关注人类在20世纪后半期经历的"很低"或"极低"的生育水平现象，从经济社会发展、婚育文化观念等角度探讨导致生育水平低迷的原因。最后，结合从国际生育水平变迁历程及影响机制分析中获得的启迪，对中国生育水平的现状和未来短期内的走势进行分析和判断。

一　20世纪以来国际生育水平的变迁历程

（一）"战间时期"的低生育水平（第一次世界大战结束到第二次世界大战爆发期间）

大多数西方国家在"一战"结束后出现过一个生育小高峰，但进入20世纪20年代后，生育高峰逐渐消失，大部分国家的生育水平开始持续下降，特别是欧洲超过半数人口的生育水平降至更替水平以下，并于30年代中期达到"战间时期"的最低水平。直到20世纪30年代末，这些国家的生育水平才开始出现小幅回升。

（二）"二战"后生育水平的"一波三折"

1. 20世纪30年代末至50年代末的"婴儿潮"

20世纪四五十年代，绝大多数发达国家经历了"婴儿激增"的过程，出生率迅速回升，明显高于"战间时期"的水平。截至50年代末，西欧和北欧大部分国家的平均时期总和生育率回升到更替水平之上，达到 2.7，北美洲和大洋洲发达国家的平均时期总和生育率更是一度高达 3.7，东欧的社会主义国家及苏联的生育水平也有所回升，但幅度相对较小，且时间短暂。由于此次生育水平回升发生在"二战"后，故通常被视为对战争造成的人口损失的补偿性生育。

2.20 世纪 60 年代至 90 年代生育水平的大幅下降

从 20 世纪 60 年代开始一直到 90 年代末，全世界生育水平变动的主流趋势就是总和生育率的持续下降。以欧美为代表的发达国家的总和生育率更是从 70 年代末开始纷纷降到更替水平以下，还有相当数量的国家总和生育率一度下降到比"二战"前还低的水平。除了欧洲的生育水平集中发生大幅度下降并达到创纪录的极低点外，亚洲一些发达国家和地区的生育水平也出现类似波动。韩国和新加坡的总和生育率曾一度低于 1.2，中国香港和澳门地区的总和生育率更是曾一度低于 1.0。

3.21 世纪以来生育水平的再次回升

进入 21 世纪后，全球范围内众多曾历经生育水平大幅下降的同家生育水平普遍回升，这一逆转在生育水平"很低"和"极低"的国家表现得更为突出。欧亚许多曾在 20 世纪八九十年代陷入"低生育陷阱"的国家或地区的总和生育率纷纷回升至 1.4 或 1.5 及以上的水平，这一新趋势在一定程度上质疑了 21 世纪初风靡一时的"低生育陷阱"理论。

纵览 20 世纪以来国际上代表性国家生育水平的变迁历程，可归纳出以下四点认识：第一，在较长的历史时期内，人类的生育水平并非一直沿着某一特定方向发展，也没有稳定在某一特定水平上，而是始终处于幅度不同的波动之中，表现为阶段性的有升有降。因此，学界关于人类生育水平变动规律的概括和解释也处在不断更新、被事实质疑、再度更新的发展完善之中。第二，到目前为止，人类的生育水平经历了 3 次较为明显的下降历程，人类至今为止所经历的最低的生育水平正是出现在第三次下降阶段。第三，在人类生育水平的三次下降历程中，除第一次下降阶段的尾声正值"二战"期间，生育水平没有出现明显回升外，后两次下降阶段均紧接着一个生育水平的回升时期。其中，第二次下降阶段后的"婴儿潮"，使大部分人口再生产降到更替水平以下的发达国家的生育水平重新回升到更替水平之上，第三次下降阶段后的生育水平回升，使大部分一度陷入"低生育陷阱"的国家迈出"陷阱",总和生育率纷纷上升到1.4及以上的水平。由于目前正处于第三次下降阶段后的总和生育率回升时期,因而对于这次生育水平回升将持续多长时间,以及总和生育率最终会回升到什么水平尚不明确。第四,由于不同国家的历史背景、政策环境、人口特征和经济社会发展状况各不相同,因而不同国家的生育水平变迁历程存在着或大或小的差异,并非每个国家都经历了上述3次生育水平下降历程。总体来看,3次生育水平下降历程的主角都是工业化、现代化进程开始较早,经济社会发展水平较高的发达国家,大部分发展中国家仅经历了生育水平的第三个下降阶段,且目前的生育水平均在更替水平之上,至少尚无发展中国家的总和生育率跌到1.5以下(中国除外)。发达国家的生育水平变迁并不具有必然的规律性,简单地依据欧、美、亚发达国家和地区生育水平变迁的"历史"去预测或断定其他国家或地区生育水平变迁的"未来"不够妥当。

二 经济社会发展与生育水平变迁

经济社会发展与生育水平变动之间的关系一直是学界关注和热议的话题,如马尔萨斯理论、人口转变理论、"低生育陷阱"的猜想等。但是这些理论都无法解释21世纪以来生育水平反转回升的现象。这一经济社会发展状况与生育水平变迁的新现象刺激了学界新一轮的探索热情。

纵观经济社会发展与生育水平变迁的历程,以及前人对于二者关系的探讨,可以发现,经济社会发展与生育水平变迁之间的确存在密切联系,而且从较长的历史时期来看,二者之间的联系并非某种简单的、既定的单向相关关系,而是处于不断变化之中的复杂关系。人类的生育水平会因经济社会发展程度与阶段的不同而表现出不同的变动方向。

该文借鉴周长洪提及的方法绘制了现阶段人口在500万人以上的国家或地区的人类发展指数(HDI)和总和生育率(TFR)的散点图,并采用多种曲线拟合HDI与TFR之间的数量关系。可以发现,随着一个国家或地区的HDI越来越高,TFR先是逐渐下降到较低水平,然后当HDI达到0.8以后,TFR基本稳定在1.67以上;当HDI超过0.9以后,TFR会有一定程度的回升和上扬。从观测值和拟合曲线之间的关系能够看出,现阶段欧美很多HDI达到0.8以上的发达国家的 TFR 实际值都近似甚至高于这一拟合曲线的拟合值。然而，亚洲一些高度发达的国家或地区（如日本、韩国、新加坡）却出现了 TFR 实际值偏离曲线较远的现象。这说明，除了经济社会发展状况之外，还存在着其他影响生育水平的关键因素，而文化便是其中非常重要的一个方面。

三　婚育文化观念与生育水平变迁

所谓婚育文化是指人们在长期生产生活过程中逐渐形成的关于婚姻、生育、家庭等问题上的共同观念认知和行为指南，它具有较强的稳定性、约束力和传承性。

（一）欧美文化圈的现代型婚育伦理观念对生育水平的影响

欧美现代型婚育伦理观念的核心特点就在于婚姻与生育之间的关系更为松散，甚至完全断裂，婚姻不再是生育的必要前提，"先婚后育"仅是一种选择而非伦理道德或法理要求上的必然。与此同时，非婚同居、婚外生育乃至丁克家庭、同性家庭、代孕、收养等一系列行为全都被社会认可为个人生活方式的自由选择，而非上升到伦理道德层面的"不伦之事"或扰乱正常社会和家庭秩序的变异行为。个人意愿在生育方式选择中的作用越来越重要，个人生育权的实现形式也呈现出多样化特征，诸如单身女子人工授精生育、同性家庭通过代孕方式实现"生育"、非婚同居生育等，都被认为是婚内生育的有效补充形式。在现代型婚育伦理观念的影响下，大部分欧美发达国家的婚育模式表现出以下 3 个特征：第一，越来越多的人处于非婚状态，非婚同居日益普遍化。第二，非婚生育比例不断攀升，成为婚内生育的有力补充。在欧美大部分国家，非婚状态，特别是其中的同居状态已成为生育及抚养后代的重要背景，非婚同居逐渐脱离与婚姻的联系，成为一种独立的生育模式和家庭生活方式。第三，"非常规"婚育模式被整个社会普遍接受，且获法律认可。总之，在现代型婚育伦理观念影响下的欧美发达国家，婚姻不再是生育的垄断性基础，非婚在一定程度上也不再是生育的阻碍，大量的生育得以在非婚状态下实现，婚外生育有力地补充了婚内生育的缺乏，所以欧美发达国家的生育水平不至于过低。

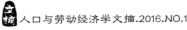

（二）东亚文化圈的传统型婚育伦理观念对生育水平的影响

东亚传统型婚育伦理观念的核心特点在于婚姻与生育之间关系密切，即使没有法律层面的"明文规定"，但在伦理道德层面的共识是婚姻为生育"合法化"的不可或缺的前提，生育权属于身份权的范畴，必须基于婚姻这一行为才能获得，失去婚姻大背景的生育是被社会舆论所唾弃和歧视的。非婚同居、婚外生育、丁克家庭、同性家庭、代孕等一系列行为不易被社会接受为个人生活方式的自由选择，而被视为是与传统婚姻制度及社会伦理观念相背离的。传统型婚育伦理观念对亚洲发达国家或地区婚育模式及生育水平的影响体现在以下两个方面：一方面，传统型婚育伦理观念下婚姻与生育之间的"强关系"导致一个人群的婚姻实现状态（如结婚比例、婚姻推迟等）会对整个人群的生育水平产生直接且有力的影响。在现代化进程的影响之下，亚洲发达国家或地区同欧美发达国家一样出现越来越多的晚婚及不婚现象，高比例的不婚及晚婚现象都对亚洲发达国家或地区的生育水平产生负面影响。另一方面，传统型婚育伦理观念导致亚洲发达国家或地区的民众对诸如非婚同居、婚外生育等"非常规"婚育行为持较强的排斥态度。由于婚育观念相对传统，对"非常规"婚育行为接受程度很低，再加上近年来晚婚和不婚现象日益增多，导致日本、韩国、新加坡虽然也属于经济社会高度发达的国家，但却经历了比欧美发达国家更低、更极端的生育水平。考尔曼借助实证数据证实了奉行"自由主义"的发达国家拥有比相对传统保守的发达国家更高的生育水平这一现象，发现在现代工业社会，那些以婚内生育为主的国家大多经历着较低的生育水平，而那些能够广泛包容非婚生育的国家则拥有相对较高的生育水平。

四　对判断中国生育水平现状及未来走势的启示

从国际生育水平的变迁历程来看，中国的生育水平也有可能将在波动中发展。如前所述，人类到现在为止所经历过的最低的生育水平出现在第三次下降阶段，日本、韩国、新加坡等国，以及中国香港等地区曾经历过极端低生育水平。其共同之处在于整体面积较小，且基本上属于城市社会，城市化率达到90%以上，内部同质性极高的中国的情况则完全不同，直到2011年，中国的城镇化水平才刚刚过半，广大农村地区与城镇之间，不同区域（省份）之间的经济社会发展水平参差不齐，差异明显，长期以来的二元分割体制导致中国的生育模式也具有鲜明的二元特征。一方面，城市地区和部分经济发达省份的生育水平已经非常之低；另一方面，农村地区和经济落后省份民众的生育意愿依旧旺盛，即使有计划生育政策的限制，早婚和多育现象仍频频出现，生育水平并不低迷。也就是说，生育模式的二元特征使中国的生育水平在短期内不太可能降到像生育模式单一的日本、韩国、新加坡那么低的水平。

从经济社会发展对生育水平变迁的影响来看，随着经济社会发展水平不断提升，它与生育水平之间的关系会经历一个由负向转变为正向的过程。中国现阶段的人类发展指数为 0.715，根据拟合函数推算所对应的总和生育率拟合值应在 2.3 左右，中国目前的总和生育率实际值之所以与拟合值之间存在较大差距，部分原因在于计划生育政策长期以来对民众生育行为的人为限制。随着经济的不断发展、社会的持续进步及生育政策的放开，当中国的人类发展指数超过 0.8以后，如果按照拟合函数所展现的趋势发展，中国的总和生育率也将有可能维持在 1.67 及以上的水平。

从婚育文化观念对生育水平的影响来看，一方面，中国的婚育文化属于东亚文化圈的传统型婚育文化，结婚与否对生育与否有较强的影响"非常规"婚育行为在中国尚未像在欧美发达国家那样普遍发生。另一方面，近年来，晚婚和不婚现象在中国虽有逐渐扩大的趋势，但婚姻推迟程度及不婚比例尚且不高。中国绝大多数妇女选择在 20 多岁结婚，仅有极少的女性（不到 10%）在 30 岁时还保持单身。中国目前依旧是一个普婚制国家，普婚制的婚姻形式在今后较长一段时间内仍占主流。较高的结婚比例和较早进入婚姻，都对中国保持相对较高的生育水平有正向影响。在普婚制的条件下，中国的总和生育率也有可能不会低于日本目前的低水平。

综上所述，推断中国未来生育水平的变化趋势，既要充分认识中国经济社会的发展状况，又要准确把握中国民众特殊的婚育文化观念，还要考虑到生育政策的调整完善。在中国的现代化进程中，经济社会发展水平将不断提升，这就意味着未来中国的总和生育率不可能再重返 20 世纪五六十年代时的高水平，而将在较低的水平上下降或波动。然而，中国特殊的婚育文化传统，使短期内中国将一直保持着"普婚"的状态，这意味着随着现代化进程的持续推进，中国的总和生育率虽然处于较低的水平并仍有可能下降，但是不太可能会降到部分欧洲国家和日本、韩国曾达到的"很低"或"极低"的水平。此外，随着生育政策的调整完善，短期内中国陷入"低生育陷阱"的可能性并不大。

（陈佳鞠、翟振武，中国人民大学人口与发展研究中心。原文出处：《中国人口科学》2016 年第 2 期，第 12—25 页）

国际计划生育发展回顾及 2015 年后展望

梁 颖

一 国际计划生育发展路径的回顾

（一）20 世纪 50 至 80 年代：计划生育与控制人口增长相结合

国际社会普遍认为，过高的生育率和人口快速增长不利于经济发展，尤其会阻碍贫困国家的经济发展，而计划生育得以蓬勃发展正是基于这样的理论和实践基础。20 世纪 50 年代，国际计划生育兴起的原因是对全球人口快速增长的关注，尤其是对发展中国家过高的人口增长率的关注。其中，联合国人口基金于 1969 年创立，并成为支持计划生育的主要阵地。计划生育的国际化以及新的避孕措施的发展，如避孕药、宫内节育器和新的绝育技术，为在发展中国家推广计划生育提供了技术保障，使得这一时期发展中国家的生育水平明显下降。

（二）20 世纪 80 至 90 年代：计划生育与艾滋病防治相结合

1982 年艾滋病病毒被确认并迅速在全球蔓延。从 20 世纪 80 年代以来，到 90 年代针对艾滋病高效的治疗方法——抗反转录病毒药物问世之前，在发展中国家，避孕套一直是限制艾滋病病毒传播的最有效方法，也是预防艾滋病病毒和性传播疾病以及非意愿妊娠的唯一方法。因此，人们在推广避孕套的广泛使用和接受上做出了巨大努力。目前，艾滋病已经从一种致死性疾病变为一种可控的慢性病，但其仍然是全世界威胁人类健康和死亡的主要原因之一。

（三）20世纪90年代：计划生育向生殖健康方向发展

1994年开罗国际人口与发展大会是国际计划生育发展进程中一个重要转折点，计划生育自此逐步成为生殖健康的一部分。提供高质量的计划生育服务将会满足大部分生殖健康需求，而有效的计划生育方法可以避免非意愿妊娠和人工流产。尽管如此，计划生育在生殖健康领域显然不是最重要的一个组成部分。而且，自国际人口与发展大会以来一段时期内，计划生育似乎迷失了方向。生殖健康和权利逐步成为人口与发展政策的核心，特别强调生殖健康和权利以及妇女赋权和性别平等是经济和社会发展的基础，而且这种趋势越来越明显。

（四）21世纪以来：计划生育渗透于千年发展目标之中

2000年9月，在联合国千年首脑会议上，189个国家就消除贫穷、饥饿、疾病、文盲、环境恶化和对妇女的歧视等方面签署《联合国千年宣言》，确立了八项千年发展目标。虽然计划生育和生殖健康最初未能列入其中，但是有三项（促进两性平等并赋予妇女权力、改善产妇保健、对抗艾滋病病毒）都与计划生育有关。可见，计划生育越来越成为人口发展的基础性的因素，但与此同时所带来的负面影响使计划生育正逐步丧失其主导地位。进入21世纪以来，国际社会在计划生育领域的导向明显有所转变，更多地集中在生殖健康和权利，更强调计划生育是最基本的人权，但却与计划生育优质服务的理念偏离得越来越远。

二　国际计划生育发展的反思

（一）成功的困境：生育水平的大幅降低标志着计划生育运动的胜利

计划生育对于降低生育率发挥了积极作用，20世纪80年代中期以来，越来越多的发展中国家开始经历生育率下降。根据《世界人口展望（2015年修订版）》，全球总和生育率从1950—1955年的4.96下降到2010—2015年的2.51。其中，发展中国家总和生育率从1950—1955年的6.08下降到2010—2015年的2.65；最不发达国家从1950—1955年的6.56下降到2010—2015年的4.27。

计划生育在降低生育率和减缓全球人口增长方面所取得的成功或许促使人们认为，计划生育已经取得了成功。现在许多欧洲和亚洲国家处于超低生育水平，更加促进了这样一种观点的形成。在这种情况下，一些国家反而关注如何鼓励生育，提高超低的生育水平。根据《世界人口政策 2013 年》，1996 年以来，采取降低生育率政策的国家所占比例没有太大变化，2013 年，这一比例为 43%；但是采取鼓励生育率政策的国家所占比例有较大的增长，从 1996 年的 14% 提高至 2013 年的 27%。此外，30% 的国家 2013 年采取维持目前生育水平或不干预的政策，这意味着关于人口过快增长及其后果的紧迫感减轻。而计划生育的紧迫感下降可能源于捐助疲劳和"事情已经做完了"的错误看法，计划生育陷入了"成功的困境"。

（二）发展的困境：计划生育所处地位的重要性和优先权逐步消失

1994 年后，随着人口政策和计划生育项目的重心转向由生殖健康领域进而纳入更宽泛的健康领域之中，计划生育不再作为一个独立的关注焦点领域，其重要性已经逐渐消失。从目前来看，计划生育仍然缺乏明确的目标，其关注度依然呈下降趋势，因为在健康领域有太多的关注焦点与之竞争优先权。

令人欣慰的是，尽管计划生育的重要性在不断下降，但计划生育服务却广泛存在，特别是在发展中国家。根据《世界人口政策 2013 年》，在 197 个国家和地区中，2013 年为计划生育提供直接支持的仍有 160 个国家和地区，占 81%（1976 年为 63%），通过私营部门或非政府组织提供间接支持的还有 19 个国家和地区，未提供支持的仅有 18 个国家和地区。自 20 世纪 90 年代中期以后，直接为计划生育提供支持的发展中国家数量继续增长，从 1996 年的 82% 上升至 2013 年的 93%；而发达国家提供直接支持所占比例则从 1996 年的 58% 下降到 2005 年的 38%，2013 年回升至约 45%。更令人期待的是，《联合国人口基金年度工作报告》2012 年和 2013 年在其重点领域支出的分类已经做了一些改变，广泛的生殖健康援助进行了细化，计划生育成为其中一个独立的领域。而且，与 2012 年相比，2013 年在计划生育领域支出所占比例大幅增长。

（三）终结的困惑：计划生育未竟的事业和永不改变的基础

1. 计划生育和生殖健康发展极不均衡

联合国千年发展目标的第五项（改善孕产妇保健）目标中的子目标：普遍获得生殖健康服务，目标实施进展缓慢且各国进展情况参差不齐。按照世界卫生组织划分的区域分布，在全球不同区域、各国内部、贫富之间及城乡之间，计划生育和生殖健康服务的可及性仍然存在巨大的差异。贫困人口（尤其是生活在非洲和南亚地区的贫困人口）的性健康和生殖健康状况仍然是最差的。

据统计，全球15—49岁妇女的避孕普及率由1990年的55%上升到2013年的64%，相比较而言，非洲2013年的避孕普及率仅为28%。因此，消除不平等、普遍获得计划生育和生殖健康服务仍然是今后的重要目标，而缩小现有计划生育和生殖健康服务的巨大差距，迅速地扩大计划生育服务，提供更多的避孕药具则是重要的任务。

2. 计划生育总需求并未下降

计划生育总需求包括避孕普及率和未满足的计划生育需求。当前，无论是发达国家、发展中国家，还是最不发达国家，对计划生育总需求仍然有缓慢增长的趋势，还会继续发展下去。尤其在发展中国家，妇女们控制自己生育率的动机仍然是很强的，可见，计划生育的社会根基依然十分扎实。因此，无论计划生育项目发生什么变化，避孕措施的使用仍然会继续增加，尽管更加缓慢。另外，事实证明，由于计划生育的投入较大，也不能将计划生育交给私有部门，仍然需要政府的干预。

据世界卫生组织估计，约2.2亿发展中国家的女性对现代避孕方法的需求未得到满足，其中包括最弱势的群体，如穷人、艾滋病病毒携带者以及因冲突或其他原因流离失所的女性。指南建议为妇女和女孩提供性与生殖卫生服务，包括计划生育信息和避孕方法，获得避孕服务问题再次被提到政治议程上。

3. 降低孕产妇死亡率仍是未来健康发展的核心领域之一

孕产是发展中国家年轻妇女（15—44岁）最主要的健康问题，且各国在孕产妇死亡率方面的差异要比在其他公共健康指标上的差异大得多。按照目前的趋势，多数国家仍将无法实现1990—2015年孕产妇死亡率降低75%的千年发展目标。根据世界卫生组织估计，如今平均每天仍然有800名妇女死于分娩，估计每年约有1600万名15—19岁的女孩分娩，约870万15—24岁的少女采取不安全的流产措施，所有这些情况几乎都出现在中低收入国家。而计划生育、产科保健是降低孕产妇死亡率的主要措施。近些年来，国际社会开始呼吁各国政府及卫生部门决策者在关注引起孕产妇死亡直接因素的同时，注重社会影响因素对孕产妇死亡造成的影响，并对此采取措施。计划生育/生殖健康对于降低孕产妇死亡的影响是潜在的，也是深远的，特别是在生育率较高的发展中国家。因此，确保孕产妇保健的普遍获得性和平等地享有计划生育和生殖健康服务成为未来发展议程的核心内容之一。

4. 计划生育今后发展需重视的两个人群：青少年和老年妇女

对于富裕国家和贫困国家来说，青少年都是 2015 年后发展议程的核心，但对于发展中国家的可持续发展而言，青少年是基础。目前，全球青少年人数比历史上任何一个时期都要多。在非洲，超过 30% 的人口是 10—24 岁的青少年。世界卫生组织称，"青少年妊娠和分娩的并发症是导致许多年轻女孩死亡和发病的原因，这是一个很大的健康负担"。青少年怀孕会产生一些负面结果，包括大出血、产科瘘、艾滋病和其他性传播疾病以及精神疾病，如抑郁症等。目前，在全世界范围内，每年仍有超过 1500 万女孩在 15—19 岁就已生育，占18 岁以下女孩人口的 1/5。因此，如何满足青少年需求，支持他们实现愿望将会决定这个世界的未来。与此同时，全球人口老龄化的趋势愈加明显。因此，老年人的性与生殖健康无疑是服务的重点之一，尤其是老年妇女人群的生殖健康需求。

5. 计划生育仍然是非洲国家控制人口增长的重要手段

计划生育今后的发展将会越来越偏离控制人口的轨道，只有非洲例外。根据联合国公布的《世界人口展望（2015 年修订版）》，虽然全球的总和生育率从 1950—1955 年的 4.96 下降至 2010—2015 年的 2.51，但同期非洲的总和生育率从 6.60 下降至 4.71，拥有全球最高的人口增长率。另根据《世界人口政策2013 年》，1976 年只有 25% 的非洲国家采取降低生育率的政策，1996 年提高至68%，2005 年提高至 74%，2013 年达到 83%。同时，有 53 个国家（其中 1 个提供了间接支持）对计划生育提供了支持。因此，今后一段时间，计划生育仍然是非洲国家降低人口增长的重要手段。

三　国际计划生育 2015 年后发展展望

（一）人权、性别平等仍是计划生育得以发展的保障和前提

在计划生育到生殖健康、再到健康的发展演变的同时，发展的侧重点也从以健康和福利为基础到以人权、平等原则为基础，这一趋势现在变得更加明显。自《联合国宪章》及之后的《世界人权宣言》发布以来，许多条约、协定都将

基本人权纳入其中，包括1994年的《行动纲领》。《行动纲领》建立在人权原则基础之上，提出了生殖健康和权利以及妇女赋权和性别平等是经济和社会发展的基础。自由决定孩子的数量和生育间隔的权利是生殖权和其他基本人权，包括健康权，特别是性与生殖健康、隐私、平等和非歧视、自由和人身安全权利的不可或缺的组成部分。

实践表明，以权利为基础的性与生殖健康的成果较为显著，数以百万计的女性通过赋权减少了生育子女的数量，推迟初育年龄，有机会完成学业，获得了更好的生活和摆脱贫困的机会。而且，当性和生殖健康被纳入更广泛的经济和社会发展计划时，就会对整个国家的可持续发展和福祉产生积极的乘数效应。

2015年后全球可持续发展议程建立在平等、权利和尊严的原则之上，而实现目前关于健康的新的可持续发展目标需要支持健康权，但可持续发展目标框架未强调健康权，也未将生殖健康权利纳入生殖健康的子目标，而是更为强调性和生殖健康服务的普及性，这或许意味着计划生育和生殖健康重点的转移，但生殖健康权利、健康权上升至性别平等、人权仍是确保计划生育发展的前提。

（二）未满足的计划生育需求是未来计划生育发展的推动力

对于避孕的需求，特别是未满足的计划生育需求预示着计划生育还会有进一步发展。随着社会经济的发展、城市化的推进和伴随而来的文化转变，包括晚婚和晚育，我们可以期望看到更多的计划生育需求，特别是生育率较高的非洲国家。对于计划生育发展来说，我们在重视人权和平等原则的同时，也不能忽略促进计划生育发展的另一个核心问题，即满足人们对于避孕服务和生殖健康服务的未满足的需求。而且，我们不能脱离服务的可及性和普遍性去谈论人权和平等。

（三）完善计划生育的定义和定位，完善计划生育相关服务，重新凝聚和调动在过去十年间进入该领域的政策和项目决策者的支持

在2015年后可持续发展目标框架中，计划生育不是明确谈到的目标，这意味着其关注焦点和重要性的丧失。因此，我们需要完善计划生育的核心内涵，主要围绕以下几个方面：强调未满足的计划生育需求；突出计划生育在减低孕产妇死亡率和改善妇女地位和健康方面的益处；强调公平、平等、可及的计划

生育服务是社会经济发展的基础，有助于减少社会的不平等；完善计划生育的定义和定位还应与普遍建立初级保健制度相结合，为年龄适合的所有人提供计划生育和生殖保健服务；过去，已经形成了一个由国家政府主导和支持、国际性组织和当地非政府组织参与的广泛计划生育的阵地，未来应该巩固和加强这一阵地，重新凝聚和调动曾在计划生育领域支持者的力量。

（四）计划生育项目的发展趋势是人口、健康和环境相结合

人口、健康和环境结合发展方法是指在一个单独的干预措施中融合了人口、健康和环境内容的项目，这种项目通常以社区为基础。项目实施的实践表明，这种整合的项目比同时运行多个关注单个目标的孤立项目更有效果，也更有效率。从计划生育发展的轨迹来看，也验证了这种整合方法的有效性，如果一个共同的任务包括计划生育、HIV/AIDS 防治或其他领域服务中的任务，那么计划生育运动便会与其他拥有类似目标的社会运动相重叠并融合在一起。因此，我们需要找到计划生育与其他拥有共同目标的社会运动的结合点，如将计划生育和孕产妇健康项目融入初级保健系统，提供生殖健康服务，提升男性在性和生殖健康中的责任，提供低成本、安全和有效的避孕措施。

（五）尽管越来越多的国家已经放松堕胎政策，堕胎仍然使计划生育在政治领域最具争议

由于道德、宗教、生命权和女性权益等问题，堕胎一直以来颇具争议，特别是在西方国家，而关于堕胎的争议使计划生育更是成为政治领域的关注点。当前，发展中国家的堕胎政策比发达国家更为严格。例如，2013 年，86% 的发达国家允许因强奸或乱伦而怀孕的女性堕胎，而这一比例在发展中国家仅为40%。此外，堕胎与生育水平相关。2013 年，严格控制堕胎国家的平均总和生育率为 3.22，明显高于采取宽松堕胎政策国家的平均总和生育率（1.97）。这也是一些国家虽然推动了计划生育运动却没有取得应有效果的原因，特别是在宗教、生命权和女性权益等问题上，计划生育今后仍然在政治领域中存在争议。

（梁颖，中国人口与发展研究中心。原文出处：《人口学刊》2016年第 3 期，第 5—17 页）

人口分布与人口结构

中国人口迁移分布的顽健性与胡焕庸线

王桂新　潘泽瀚

著名人口地理学家胡焕庸于 1935 年在《地理学报》上发表的文章《论中国人口之分布》，提出了一条连接黑龙江瑷珲和云南腾冲、刻画这种人口分布东西差异的人口地理分界线。之后，虽历经民国时期的动荡战乱，新中国成立后计划经济体制下的生产力布局由东向西推进的均衡发展，以及改革开放以来高度活跃的中西部较落后地区人口向较发达的东部沿海地区的频繁迁移，八十年的时代变迁都未能影响和明显改变中国人口分布的基本地理格局和胡焕庸线的稳定性。这一现象引起学术界的关注和研究。该文试图通过考察中国人口迁移分布及其变化特征，探讨中国人口迁移为什么不能影响其人口分布的基本地理格局和胡焕庸线的稳定性。

一　研究背景

（一）关于中国人口分布及胡焕庸线的研究

20 世纪 30 年代初期，胡焕庸通过考察中国人口的地理分布，发现中国人口分布呈东南稠密、西北稀疏的特征，并从黑龙江瑷珲（现称黑河）向云南腾冲画一条直线，把中国分为东南、西北两大半壁。许多学者的研究表明，中国人口分布的基本空间十分稳定，胡焕庸线仍然是体现中国人口分布地区差异的一条最基本的分界线。同时，这种人口的区域分布具有很大的惰性。在 2010 年全国人口普查之后，一些学者利用新的数据对中国人口分布及胡焕庸线进行研究。如有学者发现，在现有行政区划框架下，中国人口分布的空间差异依然显著，全国尺度下人口地理分界线的空间位置仍与胡焕庸线趋向基本一致，或者说胡焕庸线仍然是中国 2010 年人口分布的地理分界基线。

（二）关于中国人口迁移分布的研究

影响人口地理分布的直接因素是人口的出生、死亡和迁移，其中人口迁移是最活跃、对人口分布影响最大的直接因素。所以，人口迁移特别是人口迁移的空间分布一直被视为最重要的人口变动现象；以人口迁移分布变化考察其对人口地理分布稳定性的影响也最有说服力。大量研究表明，随着政策、体制及社会经济的巨大变化，中国省际人口迁移的宏观流向已快速逆转为由西向东、由内陆向沿海等人口稠密地区集聚。省际人口迁移的主要迁入地分布在东部经济较发达地区特别是京津冀、长三角和珠三角三大城市群，近 20 多年来中西部地区人口向东部沿海地区迁移仍然是中国省际人口迁移的主流。

（三）该文的研究目的

中国人口迁移分布具有什么属性特征？为什么改革开放 30 余年来频繁、持续发生的人口迁移都未能明显改变中国人口分布的宏观格局，胡焕庸线依然稳定不变？作为人口变动最活跃、对人口分布影响最大的人口迁移与人口分布有什么关系？未来人口迁移能否改变中国人口分布的宏观格局和胡焕庸线？该文拟以省为基本地域单元，利用改革开放以来中国历次人口普查和人口抽样调查数据，力求比较系统地分析与回答上述问题。

二　人口迁移分布的顽健性

按中文顾名思义，所谓顽健性是指系统（如人口迁移分布）受到驱动或干扰时也不易变化，仍趋向恢复和保持原有形态的特性。其比较接近的概念是稳健性或稳定性。

（一）人口迁移规模分布的顽健性

改革开放以来，中国不同时期省际人口迁出规模和迁入规模及其变化态势呈现出以下特点：（1）不同时期省际人口迁出规模和迁入规模存在明显的地区差异，胡焕庸线以东省份迁出、迁入规模均大于该线以西省份。（2）改革开放以来，中国各省不同时期省际人口迁出规模分布与迁入人口规模分布形态相对稳定。（3）改革开放以来，各省不同时期省际人口迁出和迁入规模分布形态的相对稳定性及相邻时期省际人口迁出和迁入规模分布形态的高度相似性，显示中国省际人口迁移规模的分布具有明显的不易发生变化、维持原来形态的顽健性特征。

（二）人口迁移强度分布的顽健性

该文以迁移率表示人口迁移强度。将改革开放以来中国不同时期省际人口迁出与迁入强度进行相关分析，结果表明：（1）与省际人口迁出规模分布不同，各省省际人口迁出强度只有相邻时期的分布保持一定的相关性。随着时间的推移，相邻两个时期省际人口迁出强度分布的相关性呈增强趋势。（2）各省不同时期省际人口迁入强度分布的顽健性比省际人口迁出强度分布更强，而且随时间推移的顽健性变化与各省省际人口迁出规模和迁入规模分布十分接近。

（三）人口迁移流分布的顽健性

以上从不考虑迁移方向的省际人口迁移规模与迁移强度两个方面考察，发现中国人口迁移分布具有明显的顽健性。如果从考虑迁移方向的省际人口迁移流来看，中国人口迁移分布是否也具有顽健性特征呢？所谓考虑方向的人口迁移流，就是指一个地区（如上海）的省际人口迁移流分布，包括由上海分别迁向其他省份的省际人口迁出流分布和从其他各省迁入上海的省际人口迁入流分布。该文拟从改革开放以来各省不同时期省际人口迁出流和省际人口迁入流两个方面，进一步考察中国人口迁移分布的顽健性特征。分别将各省不同时期省际人口迁出流分布与省际人口迁入流分布进行相关分析，结果显示：（1）绝大多数省份不同时期人口迁出流分布与人口迁入流分布均表现出顽健性特征。各省不同时期省际人口迁入流分布的相关性普遍更强一些。（2）改革开放以来各省省际人口迁出和迁入流分布维持相似不变的顽健性呈增强趋势，而且由吸引力作用主导形成的不同时期的人口迁入流的分布具有相对更强的顽健性。（3）西部地区各省主要由推斥力作用主导形成的省际人口迁出流趋向相对"多极化"，且使其分布较易发生变化，顽健性相对较弱；而东部地区主要由吸引力作用主导形成的省际人口迁出流逐步趋强的集中化，使其分布更容易保持稳定，形成更强的顽健性。（4）各省份省际人口迁出流分布模式的顽健性易受动力作用机制的转换而弱化。

三　人口迁移分布顽健性的决定要因

中国人口迁移分布为什么具有顽健性，中国人口迁移分布的顽健性主要是由哪些因素决定的？

（一）人口迁移与人口分布及"两个自然"的关系

1."两个自然"与人口分布的顽健性

哲学上通常把未经人类改造或人类难以改造的自然称为"第一自然"，把经过人类改造的自然称为"第二自然"。中国人口分布的惰性或顽健性，完全是由中国具有地理（空间）位置固定性或不可变性的第一自然要素所决定的。

2.人口迁移规模与人口分布的关系

考察改革开放以来中国人口迁移与人口分布的关系，可以发现人口迁移规模与人口分布之间具有密切的关系，即一个地区的人口迁出规模与其人口规模之间存在一定的比例关系。换句话说，中国省际人口迁出规模明显依赖其人口规模。

（二）两个自然与人口迁移流分布的关系

研究发现，改革开放以来各省不同时期人口规模、收入水平及空间距离等因素与省际人口迁移流分布的关系，具有如下特点：（1）迁出地人口规模越大迁出人口越多，迁入地城镇人均可支配收入越高对人口迁入吸引力越大、吸引迁入人口越多，迁入地人口规模也同样是影响迁入人口的重要因素；地区相邻、交通距离越近，迁移人口越多。（2）第一自然、第二自然要素对人口迁移流分布的作用是相互叠加、十分复杂的，人类活动对其作用的大小也具有重要影响。（3）迁入地的吸引作用（拉力）大于迁出地的排斥作用（推力），迁入地城镇人均可支配收入是形成"拉力"的主要因素，也是决定省际人口迁移流分布的主要因素，而迁出地的人口规模也逐步成为"推力"中影响最大的变量。

（三）人口迁移逆流与迁出主流的关系

改革开放以来中国不同时期的省际人口迁移，也符合拉文斯坦的这一人口迁移规律，即一个地区人口向另一个地区迁移时，另一个地区也将有人口迁向该地区，形成人口迁移主流与逆流的互补关系。人口迁移逆流的形成在一定程度上相对弱化了人口迁出对人口规模减少的影响，这样不仅有利于维持原有人口规模的相对稳定性，而且还进一步增强了人口分布及人口迁移分布的顽健性。

四　主要结论与讨论

（一）主要结论

第一，人口迁移虽然是生产要素及三大人口变动中最活跃的，但改革开放以来中国不同时期的省际人口迁移分布仍表现出明显的不易发生变化、维持原有形态的顽健性特征。顽健性是改革开放以来中国人口迁移分布的基本属性之一。

第二，中国人口分布比人口迁移分布更具顽健性。

第三，中国的第一自然，在很大程度上决定了中国人口分布的顽健性；中国的第二自然同样也具有稳定性。第一自然与第二自然要素的综合及其交互作用，形成了十分稳定的省域尺度的动力作用空间，并在很大程度上又决定了中国省际人口迁移分布的顽健性。

第四，胡焕庸线是一条体现中国人口分布东西差异的基本地理分界线，自然也主要由第一自然要素决定，具有人口分布的顽健性和高度稳定性；人口迁移分布的顽健性在很大程度甚至在根本上与人口分布一样，主要由第一自然要素决定。

（二）需要说明和讨论的问题

第一，人口分布具有顽健性和胡焕庸线高度稳定都是相对的，而在绝对意义上，人口迁移分布、人口分布及胡焕庸线都应该是在变化的。

第二，该文揭示和论证人口迁移分布具有明显的顽健性，只有相对于宏观省区尺度的省际人口迁移才成立。

第三，该文认为胡焕庸线高度稳定是相对的，同样也与其考察的空间尺度密切相关。

第四，判断胡焕庸线是否稳定，探讨胡焕庸线能否打破一定要坚持辩证的、相对的科学态度，一定不能绝对化。

（王桂新，复旦大学人口研究所；潘泽瀚，加拿大莱斯桥大学地理系与人口研究中心。原文出处：《中国人口科学》2016 年第 1 期，第 2—13 页）

中国人口的非均衡分布与胡焕庸线的稳定性

吴瑞君　　朱宝树

"胡焕庸线"是中国人口分布的重要基线。该文基于全国人口普查资料和相关统计数据，通过对"胡焕庸线"两侧，以及东、中、西部三大经济区人口迁移和分布变动的分析比较，考察人口非均衡分布变化呈现出的新特点。

一 "胡焕庸线"的学术意义和实践价值

"胡焕庸线"的意义不仅在于揭示了人口分布的空间差异，还在于解释了中国资源环境基础的区域差异特征，更重要的是反映了人地关系。21世纪是中国城市化的世纪，中国的城市化格局也将打上"胡焕庸线"的烙印，"胡焕庸线"的学术意义和实践价值有待进一步的深入探索。该文通过挖掘历次人口普查资料及相关统计数据，基于"胡焕庸线"的地理基线和东、中、西部经济区域区划分别考察中国人口分布的变化态势，探讨中国人口的非均衡分布和"胡焕庸线"的稳定性问题。

该文主要分析改革开放以来，尤其是1999年实施西部大开发战略以来区域人口分布变化及"胡焕庸线"的稳定性。

二 "胡焕庸线"两侧与三大经济区的人口分布变动

（一）"胡焕庸线"两侧人口比例基本稳定

1990—2014年，东南半壁人口所占比例从93.78%降至93.43%，24年仅降低 0.35 个百分点，年均降低 0.14 个千分点。从发展趋势看，东南半壁人口占比呈下降态势，西北半壁人口占比呈上升趋势。1990—2014 年中国总人口从 11.43 亿增至 13.76 亿，省际人口迁移流动日趋活跃，东南和西北半壁的分布比例变化甚微，显示了"胡焕庸线"的稳固性。

依据各省区市相应年份统计年鉴数据推算，20 世纪 90 年代，西北半壁人口自然增长率较高，省际净迁入增长规模较大。1990—2000 年，西北半壁 6 个省份的人口自然增长率均超过或接近 15‰，较东南半壁平均高出约 3 个千分点。基于"五普"5 岁及以上人口的现住地和普查时 5 年前常住地的分布数据的分析结果显示，1995—2000 年西北半壁净迁入人口约 50 万人，进而导致 20 世纪 90 年代西北半壁人口增长速度略快，其人口占比增加 0.2 个百分点。进入 21 世纪后，西北半壁人口继续保持增长态势，但增速放缓。2000 年以来，西北半壁人口自然增长率快速下降，与东部地区的差距不断缩小，至 2014 年，西北半壁人口平均自然增长率为 12.83‰，东南半壁为 12.43‰，相差不到 0.5 个千分点。基于"六普"5 岁及以上人口的现住地和普查时 5 年前常住地的推算结果表明，西北半壁净迁入量约为 10 万人，与基于 2000 年全国人口普查资料推算结果相比，迁入速度明显减缓。2000—2010 年，西北半壁人口占比仅增加 0.1 个百分点。

从总体上看，东西两个半壁人口在中国人口总量中的占比，都非常接近国内生产总值的占比。从发展趋势看，西北半壁地区 GDP 的占比逐年缓慢上升，与人口占比上升的趋势保持一致，也就是说，"胡焕庸线"的稳定性，既反映了中国东西两个半壁人口分布比例的稳定性，也反映了经济总量分布比例的稳定性，这两个稳定性之间有着密切的关联性。

从城镇化发展进程考察，过去长时期内城镇化明显滞后于经济增长。改革开放以来，城镇化速度明显加快，从而也会影响到人口区域分布的变化。进入 21 世纪以后，西北半壁 GDP 占比转降为升，但城镇化水平仍然低于东南半壁，一定程度上消除了因 GDP 占比上升的人口增长效应，从而维护了"胡焕庸线"的稳定性。但最新资料显示，2013—2014 年，西北半壁城镇化率增加了 1.36 个百分点，比东南半壁的增幅高 0.3 个百分点，揭示了"胡焕庸线"两侧人均 GDP 与城镇化率的变化趋势，进一步说明东南半壁与西北半壁发展的关联性。这种变化如果继续，可能会对人口分布变化产生新的影响。

（二）中国人口分布和迁移出现新变化

1. 中西部地区人口向东部沿海地区持续高强度集聚的趋势有所转变

中国幅员辽阔，区域人口分布存在较大差异。与"胡焕庸线"的稳定有所不同，改革开放以来，中国东、中、西三大经济区域的人口占比构成变动相对较大。东部沿海地区的人口占比由 1990 年的 37.68% 上升至 2014 年的 41.51%，上升了 3.83 个百分点，中部和西部地区的人口占比则有所下降。值得注意的是，2000—2010 年，东部地区的人口占比年均上升 0.26 个百分点，而 2010—2014 年年均仅上升 0.06 个百分点，增速明显减缓。2010—2014 年中西部地区人口占比的下降速度也比过去 10 年明显减缓。该文认为，如果继续保持这种趋势，今后东部地区人口占比转升为降，中西部人口占比转降为升，并非没有可能。这种新变化与区域经济增长的差别变化有一定的关系。从总量指标考察，统计资料显示东部国内生产总值占全国的比重在 2000—2010 年年均下降 0.09 个百分点，2010—2014 年年均下降 0.49 个百分点；而中部国内生产总值占全国的比重由 2000—2010 年年均下降 0.12 个百分点逆转为 2010—2014 年年均上升 0.11 个百分点，西部则由年均上升 0.11 个百分点变为年均上升 0.39 个百分点。

2. "胡焕庸线"两侧的"中间地带"成为中国人口东西分流不对称的"分水岭"

全国第六次人口普查的数据表明，省际人口迁移的空间格局有所改变。"六普"时 5 岁及以上人口在"六普"前 5 年（2005—2010 年），东部沿海地区共净迁入 3319 万人，中部和西部地区分别净迁出 2234 万人和 1085 万人。从省际迁移流向分析，不同区域存在明显的差异。按东、中、西部划分，中部和西部省份人口向东部净迁出。中部分别向东部和西部净迁出 2133 万人和 101 万人，西部向东部净迁出 1186 万人。"胡焕庸线"两侧的"中间地带"在一定程度上成为人口东西分流不对称的"分水岭"。与中西部人口向东部沿海地区大量迁移的"一江春水向东流"的趋势相比，东南半壁向西北半壁的净迁移量只是"涓涓细流"，对两半壁人口占比变化的影响微乎其微，似乎在悄悄地维护着"胡焕庸线"的稳定性。

3. 人口迁移变动引发区域人口年龄结构的差别变化

按东、中、西部划分，1990—2000 年，东部地区 0—14 岁少儿人口比例由 26.29% 下降到 20.64%，减少了 6 个百分点，2010 年又下降为 14.47%；中部和西部地区的少儿人口比例也呈现持续下降的态势，但仍高于东部地区。整体而言，15—59 岁人口占总人口的比例都趋于提高，但东部地区的增幅大于中西部地区。60 岁及以上老年人口所占比重，1990 年第四次人口普查时东、中、西部各相差 0.5 个百分点左右，但至 2010 年，差距不断缩小，已十分接近。由于自然增长变动与迁移增长变动的区域差异，"胡焕庸线"两侧的人口年龄结构差异相对较大，东南半壁人口少子老龄化严重，西北半壁的人口年龄结构较为年轻。

（三）中心南部的人口空心化和东部的人口空间极化

1. 中部地区人口"空心化"趋势明显，西南和西北地区人口分布严重分化

第六次全国人口普查数据显示，中国人口的地理分布出现了东部和西部省份人口高增长、中部省份人口"空心化"的趋势。区域人口迁移的城镇化差别效应正在逐渐显现。

2. 东部沿海地区"增长极"，以及大城市的人口极化效应将有所减弱

当前，全国人口已形成"三极一带"的增长态势。所谓"三极"，一是东北部形成以哈尔滨为中心的"松嫩平原增长极"；二是以北京、天津等大城市为核心的"大京津冀增长极"，包括北京、天津、河北、山东、山西和内蒙古东部等区域；三是以乌鲁木齐、伊犁、石河子等为核心的"北疆增长极"。"一带"是由长三角经济圈起、往南至防城港、南宁的"沿海人口增长带"。

三 结论与启示

（一）"胡焕庸线"的稳定性充分反映了中国人口非均衡分布的基本特征，体现了人口均衡分布"均而不衡，衡而不均"的要义

中国人口空间分布不均的状况最突出地反映在"胡焕庸线"划分的东西两大半壁之间。然而，"不均而衡"的奥妙也恰恰深藏其中。因此可以说，"胡焕庸线"的稳定性充分体现了人口分布的均衡与非均衡的矛盾统一。

（二）中西南部地区人口"空心化"严重，须适当调整三大经济区发展战略，防止中部地区"教育塌陷"等负面效应的加剧

中西南部地区人口"空心化"严重，劳动力抚养负担较重，加上原有发展基础薄弱，在周边极化地区的吸引下，人才和年轻劳动力不断流失，已出现"经济塌陷"现象。近年来，"教育塌陷"现象也有所蔓延，主要出现在中部省份。随着人们对子女接受高质量教育的需求增加，"教育塌陷"如得不到解决，将有可能进一步推动当地人口外迁，导致人口"空心化"加剧。

（三）"胡焕庸线"的稳定对人口均衡分布有重要影响，要重点关注人口迁移的区域和城乡差别效应，大力推进区域和城乡统筹的新型城镇化

"胡焕庸线"的稳定性，一方面有助于我们更好地认知经济、社会、文化的空间格局，另一方面在一定程度上也掩饰了西部地区其他省份人口剧烈变动背后的影响机理。流动人口回流与产业转移带来的东西部的双向提升效应必然会对不同区域的人口和产业发展产生各种差别效应。因此，要特别关注人口迁移和产业转移的区域和城乡差别效应，大力推进区域和城乡统筹的新型城镇化。

（吴瑞君，华东师范大学社会发展学院；朱宝树，华东师范大学人口研究所。原文出处：《中国人口科学》2016 年第 1 期，第 14—24 页）

从六十五年发展看胡焕庸线

尹文耀　尹星星　颜　卉

李克强总理提出的胡焕庸线怎么破的问题，引起学术界相关学科的积极讨论。目前关于打破胡焕庸线的讨论还有几个问题需要探讨：一是打破胡焕庸线的内涵是什么？要打破什么？打破的标志是什么？二是现实中胡焕庸线是否正在被打破？三是什么因素导致胡焕庸线不会被打破或正在被打破？该文试图通过考察 1949—2014 年胡焕庸线两侧人口分布变动情况及其影响因素，对相关问题进行初步探讨。

一　定义、方法和数据

（一）准胡焕庸线的提出

胡焕庸线是以县为单位，分为东南半壁和西北半壁，部分省份被胡焕庸线分成了两部分。为了提高数据的可获得性和研究的方便，该文在保持省级区域完整性的情况下，以省为单位，对两侧进行分割。一个省级区域横跨胡焕庸线两侧时，以面积较大的一侧区分归属，在东南面积较大的省放入东南半壁，在西北面积较大的省放入西北半壁。四川较为特殊，在胡焕庸线西北面积较大，但经济的发展程度、人口所占比重都是东南半壁大于西北半壁，故划入东南半壁。这样划分后，东南半壁和西北半壁的分界就不再是一条直线，而是以省界为基础的曲线，也就不再是严格意义上的胡焕庸线，因此称之为"准胡焕庸线"。

准胡焕庸线的走向是：内蒙古与黑龙江、吉林、辽宁、河北、山西、陕西的交界—宁夏、甘肃与陕西的交界—甘肃、青海、西藏与四川的交界—西藏与云南的交界。准胡焕庸线东南部有：黑龙江、吉林、辽宁、北京、天津、河北、山西、上海、江苏、浙江、福建、安徽、江西、山东、河南、湖北、湖南、广东、广西、海南、重庆、四川、云南、贵州、陕西25个省份，西北部有内蒙古、甘肃、青海、宁夏、新疆、西藏6个省份。

（二）准胡焕庸线分析的基础数据

该文所用数据主要来自《新中国六十年统计资料汇编》和历年《中国统计年鉴》。这些资料中有总人口、出生率、死亡率、自然增长率等，没有出生人口和迁移人口或机械变动人口。为了分析自然增长和机械增长对线两侧人口分布的影响，该文用总人口和出生率估计出生人口，再用"当年年末总人口＝上半年末总人口＋当年自然变动人口＋当年迁移及其他变动人口"的公式，推算迁移及其他变动人口。在这里迁移及其他变动包括人口的迁移流动、行政区划变动（如赤峰地区由辽宁省划入内蒙古自治区）、人口统计误差（每年迁移流动人口的统计及普查年对这些统计的修正和补充）和统计口径差异造成的人口统计量的变化等，该文将之称为"机械变动"。

二　准胡焕庸线两侧总人口分布变动分析

（一）准胡焕庸线两侧人口分布变动的时间维分析

1951—2014年，全国31个省份人口由1951年的54923万增至2014年的136520万，同期准胡焕庸线东南部人口由52301万增至127290万，西北部由2582万增至8957万。东南部与西北部人口比由1951年的95:5变为2014年的93:7。东南部大致减少2个百分点，西北部大致增加2个百分点。这表明准胡焕庸线虽然基本维持稳定，但是也在发生缓慢变化，即东南部在微弱减少，西北部在微弱增加。

准胡焕庸线两侧人口占比变动情况可以分为两大时期4个阶段。

1. 第一阶段 (1952—1962 年)：人口向西北部流动显著，东南部人口自然增长影响显现

东南部人口占比由 1952 年的 95.22% 下降到 94.43%，降低 0.79 个百分点，年均降低 0.073 个百分点。人口自然增长占全国总人口的比重年均为 1.60%，人口机械增长占全国总人口比重年均为 0.015%。西北部人口占比由 1952 年的 4.74% 上升到 5.44%，提高 0.7 个百分点，年均提高 0.067 个百分点。

2. 第二阶段 (1963—1977 年)：人口向西北部流动强化，自然增长影响不显著

东南部人口占比由 94.43% 降到 93.75%，降低 0.68 个百分点，年均降低 0.045 个百分点，自然增长占全国总人口的比重年平均为 2.13%，机械增长占全国总人口比重年平均为 -0.030%。西北部人口占比由 5.44% 上升到 6.05%，升高 0.61 个百分点，年均升高 0.041 个百分点，自然增长占全国总人口的比重年平均为 0.148%，机械增长占全国总人口比重年平均为 0.023%。

3. 第三阶段 (1978—1999 年)：人口向东南部流动明显，西北部人口自然增长影响显现

这个阶段是自改革开放开始的 1978 年至西部大开发战略实施前夕的 1999 年。东南部人口占比由 93.75% 下降到 93.40%，降低 0.35 个百分点，年均降低 0.016 个百分点，人口自然增长占全国总人口的比重年平均为 1.023%，机械增长占全国总人口比重年平均为 0.121%。西北部人口占比由 6.05% 上升到 6.41%，升高 0.36 个百分点，年均升高 0.016 个百分点，人口自然增长占全国总人口的比重年平均为 0.082%，机械增长占全国总人口比重年平均为 0.010%。

4. 第四阶段 (2000—2014 年)：人口向东南部流动减弱，西北部自然增长影响稳定

自西部大开发战略开始实施的 2000—2014 年。东南部人口占比由 93.40% 降到 93.24%，降低 0.16 个百分点，年均降低 0.010 个百分点，自然增长占全国总人口的比重年平均由 1.023% 降为 0.470%，机械增长占全国总人口比重年平均由 0.121% 降为 0.083%。西北部人口占比由 6.41% 上升到 6.56%，升高 0.14 个百分点，年均升高由 0.016 个百分点降为 0.010 个百分点，自然增长占全国总人口的比重年均由 0.082% 降为 0.049%，机械增长占全国总人口比重年均由 0.010% 降为 0.001%。东南、西北部人口占比年均变动量继续下降。

（二）胡焕庸线两侧人口分布变动的空间维度分析

通过上述分析，我们可以分别对两侧人口分布及总体趋势变动特点概括如下。

1. 东南部人口占比：机械增长影响显著，自然增长影响时隐时现，时强时弱

东南部人口自身自然增长影响时隐时现，自改革开放和西部大开发以来，东南部人口机械增长影响显著。西北部人口机械变动和自然增长始终是影响东南部人口占比的显著因素。

2. 西北部人口占比：机械增长影响始终显著，自然增长影响有加大趋势

西北部人口自身的机械增长始终是影响西北人口占比的显著因素，以1963—1977年西北部人口机械变动影响最大。

3. 总体趋势：西北部上升、东南部下降，升降幅度缩小，两侧分布趋稳

东南部人口占比下降、西北人口占比上升具有一种客观必然性，不是偶然的波动或人为的干扰。

在得出以上结论的同时，必须认识到依据多元回归分析这一问题的局限性。首先，统计量显著性的相对性。把全国31个省份视为一个整体，两侧四种因素增长与全国的关系是部分与总体的关系。各个部分占总体的比重，是此消彼长的关系。每一种因素占比的增长都会影响到其他因素占比的变化。其次，统计误差和统计口径的影响。国家统计系统对自然增长有系统的统计数据公布，对迁移流动却没有。

三　两侧人口分布变动因素与理论模型

自然变动和机械变动只是两侧人口分布变动的直接原因。在自然变动和机械变动的背后还有更深层次的经济、社会和自然环境的原因。在既定的自然环境下，变动的原因主要有以下几点。

（一）工业化、非农化、城镇化是两侧人口分布变动的基本推动力

新中国成立以来，人口向西北部地区的迁移流动，提高了西北部人口占全国人口的比重，除了边疆建设需要、行政力量推动外，工业化、城市化发展

是长期起作用的基本推动力。在不同阶段，显著推动力存在差异。第一阶段（1950—1962 年）最显著推动力是城镇人口比重的上升。该阶段人口向西北流动是一个突出特征。可以推测，这些人口主要流入了城镇，提高了城镇人口的比重，也提高了西北部人口占比。第二阶段（1963—1977 年）最显著推动力是第一产业产值所占比重的降低。第三阶段（1978—1999 年）最显著推动力是第二、三产业产值所占比重的提高。第四阶段则为非农产值比重的提高，第二产业和第三产业的发展是推动人口占比提高的显著因素。

（二）人口转变阶段性差异是两侧人口分布变动重要的客观基础

该研究表明，准胡焕庸线两侧人口转变的阶段性差异是两侧人口占比 65 年变动态势的重要客观基础。生育政策的差别，与人口转变的客观阶段性相比处于次要地位。

（三）宏观社会政策可在短期内造成两侧人口分布剧烈波动

准胡焕庸线两侧总人口占比的变动并不是平滑的曲线。除了统计误差和口径变动以外，这些波动的背后都能找到相应的宏观社会背景。

四　准胡焕庸线两侧主要发展指标的差距

该文评估的指标主要有两侧人均 GDP、城镇人口比重、家庭人均收入等。区域比较有两项指标，一项是反映两侧相对差距的"相对差距指数"（西北部÷东南部×100），另一项指标是反映两侧绝对差距的东南部减西北部的差值。重点考察的时间段为 1978—2014 年。

（一）人均 GDP：现阶段相对差距缩小，绝对差距扩大

改革开放至西部大开发战略实施前，两侧相对差距一直在扩大，西部大开发战略实施的第四年开始，两侧相对差距开始逐步缩小。两侧绝对差距，除1983、1985、2010 和 2011 年外，其他年份都在扩大。

（二）城镇人口比重：西北部 4 个拐点显示新型城镇化潜力与条件

西北部城镇人口比重变动有 4 个拐点，拐点后都呈上升趋势。第一个拐点是 1983—1984 年，城镇人口比重大幅提高。第二个拐点是 1989—1990 年，城镇人口比重下降 3.26 个百分点。第三个拐点是 1999—2000 年，城镇人口比重下降 3.26 个百分点。第四个拐点是 2009—2010 年，城镇人口比重上升 2.78 个百分点。新疆、内蒙古、甘肃对西北部城镇人口比重提高都有突出贡献。

（三）家庭人均可支配收入：相对差距由扩大转为缩小，绝对差距初显缩小征兆

1988 年以前西北部人均可支配收入与东南部的差距较小。此后西北部与东南部的绝对差距持续扩大，绝对差距每增加 1000 元所需要的时间也越来越短。西北部与东南部的相对差距，2006 年达到最大，西北部只是东南部的 69%。此后相对差距缓慢减小，人均可支配收入的相对差距指数 2009 年超过 70%，2012 年超过 71%，2013 年超过 72%，2014 年达到 77%。

（四）相对差距综合指数：缩小两侧人民生活水平的差距既是可能的又是艰巨的

为了总体上比较两侧经济社会发展的差距，该文构建了相对差距综合指数，它等于各单项指标相对差距指数的算术平均值。1978—2014 年两侧人口分布变动的两个阶段（1978—1999 年和 2000—2014 年），也是两侧主要社会经济指标相对差距变动的两个阶段。第一个阶段两侧主要社会经济指标相对差距由小变大，第二个阶段则是相对差距由扩大变稳定或略有回升。虽然人均 GDP 差距缩小明显，但是转化为城镇化的推动力，进而转化为人民生活水平和质量的提高，缩小两侧人民生活的差距，还需要较大的努力。

五　准胡焕庸线两侧经济社会发展差距与人口分布的关系

西北部人口占比每提高 1 个百分点，家庭人均可支配收入的相对差距将扩大 53 个百分点，人均 GDP 的相对差距将扩大 17 个百分点，城镇人口比重的相对差距将扩大 77 个百分点，相对差距综合指数将扩大 49 个百分点。这表明提

高西北部人口占比，降低东南部人口占比，可能会进一步扩大西北部经济社会和人民生活水平与东南部的差距，为西北部人民与东南部人民共享现代化成果增添新的障碍。

六 结语

判断两侧经济社会发展和人口数量对比关系变与不变取决于设定的标准。1990 年胡焕庸用 1982 年人口普查数字计算结果与 1933 年的数据比较后发现二者仅有 1.6 个百分点的差别，因此认为它们之间的比例虽然经过半个世纪，但没有多大的变化。该文准胡焕庸线两侧人口由 1951 年的 95:5 变为 2014 年的 93:7，大致变动 2 个百分点，按照胡焕庸提出的标准也是有变化的，但没有多大的变化或者说是相对稳定的。未来能否打破胡焕庸线，标准不同判断也会不同。

该文研究表明，两侧人口分布在不断变化，它符合胡焕庸的判断，未来随着西部经济的逐步开发，东西部的人口差别会逐渐减少。这种变动具有可能性、有限性、阶段性三大特征。胡焕庸线和准胡焕庸线两侧人口分布有限度的阶段性变动是一个自然的历史过程。两侧人口分布变动取决于两侧人民生活环境、水平、质量、保障四方面的差别程度，而这种差别由两侧自然、经济和社会发展状况共同决定。促进自然、经济和社会协调和可持续发展，努力破除各种障碍，缩小两侧人民生活差别，应该是在两侧人口分布上破或不破胡焕庸线和准胡焕庸线的主旨。为此，需要正确处理工业化、非农化、城镇化推动西北部人口占比升高与西北部人口占比升高可能会扩大西北部人民生活与东南部的差距这对矛盾。现阶段应鼓励西北发展所需人才、技术、资金向西北流动，不宜鼓励一般意义上的人口向西北迁移，不应该把提高西北部人口占比作为研究的目的、内容和操作手段。

（尹文耀、尹星星，浙江大学人口与发展研究所；颜卉，上海大学管理学院。原文出处：《中国人口科学》2016 年第 1 期，第 25—40 页）

中国人口格局的转变和新人口发展战略的构造

任 远

人口变动和经济社会发展具有很强的内生关系。人口构成国家发展的核心资源，也构成发展的基础环境，同时人口的就业和创新、人民的生活福利也是发展的目的。经济和社会发展通过决定人口生育率、死亡率和空间变动影响人口动态。合理的经济政策和社会发展战略需要适应人口状况的基本国情、适应人口格局的变化，并将人口总量和结构转化成为发展的动力，实现人口动态和经济发展方式和社会生活模式的内在统一。改革开放以来的国家发展成就，是基于人口变动格局和与之相适应的劳动密集型经济发展方式。我国未来将面临人口格局的巨大转变，迫切要求经济发展方式和社会生活模式重新进行调整，要求人口发展战略的调整和相关政策体系的整体改革。

一 未来人口发展格局的大转变

20 世纪 70 年代以来我国人口的基本格局是，人口总量的快速增长、劳动力数量和劳动力比重的快速提高为经济发展提供了充足的低成本劳动力，社会抚养水平持续下降增强了储蓄投资的能力，相对缓慢的老龄化水平促进了经济积累，而不断下降的生育率和死亡率推动完成人口格局的转变，构造出一种人口红利的效应，伴随着沿海工业化的大规模人口迁移流动激活了劳动力资源和城镇化发展。但是，从"十三五"和"十四五"这十年间，整个中国人口格局处于大转折的时期。这个大转折的标志就是：（1）人口总量性转折，中国人口总量将逐步到顶实现零增长，然后开始长期的负增长。（2）人口结构性转折，劳动适龄人口比重和总量已经开始下降，农村剩余劳动力在当前农业生产率水平下将很快吸纳干净。（3）人口城乡结构转折，未来的十年特别是2016—2020年的"十三五"期间是城镇化继续深化的时期，城镇化将从农村人口进入城市的非农化阶段过渡到迁移流动人口市民化的阶段，也就是中国需要完成从城乡二元结构向城乡一体化结构的转变。（4）人口老龄结构深化，"十三五"期间老龄化程度将快速"起飞式"提高，使得原来适应大量劳动力人口的"生产型经济体系"需要过渡到更加适应老龄社会的"生产—消费混合型经济社会体系"。（5）人口转变的转折，也就是以降低生育率和降低死亡率为主要特点的人口转变已经完成，国家发展过渡到如何应对长期低生育率、长期低死亡率的后人口转变时期的经济社会生活。重要的是，这样的人口格局的大转折，使得原来适应20世纪80年代以来的支撑人口发展战略的核心支柱显得不适应了。

二　人口发展战略调整和政策改革

　　未来的人口发展战略调整和政策改革，第一，是需要使国家的生育政策回归常态。党的十八届五中全会已经确定了"全面实施一对夫妇可生育二个孩子的政策"，在"十三五"期间的生育政策改革是呼之欲出和迫在眉睫的，并将会成为人口发展战略改革的突破口。通过生育政策改革着眼于长远的人口和发展均衡，着眼于家庭的发展能力和稳定性，以及着眼于鼓励维持合理的生育率水平对经济内需和国家未来发展提供支撑，将根本转变20世纪70年代以来（特别是20世纪80年代以来）生育政策方向、目的和执行方式。第二，是从重视劳动力数量开发利用和汲取"人口红利"的发展战略，过渡到重视发挥人力资本作用的"人力资本红利"发展战略。人力资本蕴含着更高的生产率、更强的创新精神和人口消费率的提高，都能够为未来的国家经济社会发展提供动力。第三，加快户籍改革，推动实现迁移流动人口的市民化和社会融合。在未来5年中，如果不考虑农业劳动生产率的进步，我国农村剩余劳动力基本上很快就会吸纳干净。因此，如何使非农化的人口实现市民化和社会融合，是城镇化发展的新的任务，这个任务也就是要不仅实现"人口的城镇化"，而且是要使人口融入城市，实现人的城镇化。第四，国家发展要积极应对老龄化，逐步通过制度建设和社会体制建设，将老龄社会构造成为新的经济和社会形态。第五，强化家庭的发展能力。人口转变完成、长期的低生育率、人口迁移流动的加剧，以及相关联的婚姻模式的变化、城市生活方式的扩散，造成的直接后果是家庭规模减小、家庭的功能弱化、家庭支撑家庭再生产和社会生活的能力都显著下降。家庭能力的弱化削弱了社会稳定的能力和经济持续繁荣的基础，家庭作为消费的基本社会单位，构成了中产阶级社会的消费基础。现代社会仍然需要在家庭的基础上建构社会秩序、提供劳动力的培养和再生产，并创造经济发展的生活需求。因此，未来的人口发展战略需要从重视生育率的下降，逐步过渡到重视提供对家庭的支持服务，重视增强对家庭的发展能力。当前的人口政策有着若干对失独家庭、贫困家庭的特殊性政策，但是还缺乏完整系统的家庭政策的设计。家庭政策的发展需要在我们的收入税收体系中不是以个人来考虑，更要考虑家庭福利和利益的均等化，在补贴政策、税收政策等方面以家庭为单位来提高人口的福利。家庭政策的强化，通过家庭政策提供家庭生活事务的支持，引导家庭生活模式的变化，结合家庭生命周期提供系统的保健生育、幼托和养老服务等，将成为人口政策未来的发展方向，这也能够使得人口政策真正回归家庭计划，提高家庭福利，通过提高家庭实现家庭生活和工作的平衡。

三　创造出人口发展的新红利

人口红利从人口结构性变化的角度来解释中国经济增长，以及论述未来人口变动对经济社会发展带来挑战。这些讨论对于理解国家发展和预判未来趋势有一定的启发意义。但是过分强调人口结构变动对经济增长的积极作用或者对未来国家发展带来威胁，也容易陷入"人口决定论"的错误认识。

实际上，从人口结构转变来看，我国从 20 世纪 60 年代已经开始出现了劳动适龄人口比重的逐步提高和社会抚养系数的下降，但也只是到了 20 世纪 70 年代末期以后"人口红利"才真正开始实现。只是到了 20 世纪 80 年代以后从东部沿海地区开始的资本投资和工业化发展，才使得人口结构变动的"人口红利"推动经济增长成为现实可能。在这个意义上说，"人口红利"确实对经济增长、对投资率的提高有积极作用，但与其强调"人口红利"推动经济社会发展，不如说是经济发展方式的转变和改革开放的制度变动，才是 20 世纪 80 年代经济奇迹的真实力量。从这个角度来历史地分析"人口红利"和国家发展关系的目的在于说明，人口结构性转变的"红利"对于经济社会发展的影响是一种潜在性的影响，这样的"潜在性的红利"需要通过劳动力市场的发展和教育的发展，通过制度改革，才能够转化成为现实的人口红利。

同样，当前我们确实面临着国家人口结构变化带来"人口红利"减弱或者逐步消失的挑战。我们看到劳动适龄人口的比重从2011年开始已经下降，而劳动适龄人口总量从2012年开始也已经下降，老龄化的速度在加快，社会抚养系数也开始转头向上不断提高。人口红利减弱对于发展带来的不利影响是值得警惕的，但如果我们意识到人口结构性变化对于经济社会发展并不具有决定性的影响，可能也没必要对人口红利的逐步减弱而惊慌失措。实际上与其考虑如何避免"人口红利"的消失，还不如深入思考促进经济发展模式和制度安排进行新的调整，从而应对人口变动和人口结构的转变，反而能够开辟出适应未来中长期人口变动的新的发展机遇。"传统的人口红利"逐步减弱带来发展的挑战，但也同时创造出一些新的发展机遇，或者可以说是创造出"新的人口红利"。

第一种新的人口红利是"人力资本红利"。人口生育率下降推动教育水平的提高，而人口死亡率下降带来预期寿命的提高和健康预期寿命的提高。教育水平的提高和健康寿命的延长，共同增加了劳动者的人力资本。劳动者人力资本的提高使得人力资本替代劳动力数量得以可能。只要人力资本对于经济增长的贡献率超过劳动力数量对于经济增长的贡献率，人口结构转变过程中出现的"人口红利消失"就可以转而被新生成的"人力资本红利"所替代，并创造出新的发展动力。因此，在人口结构性转变背景下新生成的"人力资本红利"实际上有可能替代"传统的人口红利"的下降，并构造成为经济社会可持续发展和创新发展的新动力。在这个意义上，当前每年700万左右的大学毕业生引发就业压力的另一个积极意义，就是如何将这些优质人力资本应用转化，从而成为推动产业转型升级的动力。

第二种新的人口红利是"消费和服务红利"。传统的人口红利的典型特点是劳动适龄人口比重提高和社会抚养系数下降，在此人口结构变动下带动了投资率的提高，这也在一定程度上可以解释改革开放以来形成的投资驱动的经济发展方式。人口结构转变带来的老年人口比重提高和社会抚养系数下降会造成人口红利的减弱，进而导致投资率的下降，但在另一面则相应带来消费率和服务需求的提高。这种消费和服务的增加，甚至在某些方面表现为养老、护理等社会的负担，或者是对非劳动力人口教育、健康等等家庭社会开支，但这些包括了各种服务和消费的消费率提高，也有可能构成人口红利减弱以后的新的发展动力。这意味着一个推论，如果消费和服务提高对于经济增长的贡献率快于投资率下降对于经济增长的影响，这样的"传统人口红利"的减弱也就能够被增加着的"消费和服务红利"所替代。同时，这样增加着的"消费人口红利"本身意味着提高居民的生活福利，并且形成一种以服务为导向的、以福利幸福为追求的经济社会模式，避免了过分重视 GDP 对发展本质的扭曲和对民生幸福的不利影响。人口结构转变所带来的服务消费的提高，才真正为产业结构转型提供了人口基础，结合人口结构变化和人们经济收入增长，能够构造出服务消费的巨大发展潜力。

　　第三种新的人口红利是"老年人口红利"。通常的看法是老龄化水平提高正是被广泛讨论的人口红利的减弱和社会负担提高的原因。但实际上，老年人口预期寿命延长和健康预期寿命在延长，老年人口数量和比重的提高意味着可以利用的老年人力资源和老年人力资本的存量也在增加。其实，无论采取什么样的人口政策，老龄化的总体趋势仍然是不可避免的。老龄化过程客观上不是一个悲观的现象，实际上意味着人类社会的进步，因为预期寿命的提高正是人类自身的发展能力、人类自身生命成长的表现。因此，在充分认识老龄化过程对经济社会确实带来诸多挑战和不利影响的同时，我们也需要有另一种颠倒过来的思路。就是生产性老龄社会建设本身就蕴含着解决"老龄化"挑战的对策思路，并为开辟新的人口红利提供可能。传统的人口红利正在减弱和消失，并不必然对未来国家发展带来决定性的不利影响，人口结构转变过程中会形成一些"新的人口红利"，则可能孕育出新的发展机会和发展模式，并可能有着更大的推动经济社会发展的能力。但是应该特别强调的是，这样的新人口红利和 20 世纪 60 年代出现的人口红利一样，并不必然地就会实现。如果经济发展模式和制度安排不适应未来人口变动和结构性转变，人口红利减弱才真正对国家长远发展带来威胁。

　　要实现这些新的人口红利，要求加快推进经济发展方式转变和实行一系列包括教育制度、人才制度、创新制度、收入分配制度和社会保障制度等改革，使国民经济和社会发展尽快向创新经济转变、尽快向消费服务经济转变、尽快向生产性老龄化社会转变。要加快转变的速度，才能够适应人口结构正在发生的快速转变，适应传统人口红利的下降，在这样的过程中人力资本红利、消费和服务红利、老年人口红利才可能内嵌成为经济社会成长的积极力量。因此，传统人口红利正在减弱对经济社会发展的影响未必是悲观的结果。国家发展面临重要的人口结构转变时期，也必然要求面临重要的发展模式转型和制度变革，才能在人口结构转变的转型中孕育出更加强大的经济社会发展动力。

（任远，复旦大学社会发展与公共政策学院。原文出处：《学海》2016 年第 1 期，第 77—81 页）

中国出生性别比水平估计及形势判断

王　军　王广州　高凌斐　张　央

一　研究问题

目前中国已成为世界上出生性别比偏高的人口大国，同时也是发展中人口大国在人口转变过程中出生性别结构失衡最严重的国家。鉴于国家政府部门通常将人口普查结果作为出生性别比治理工作的主要决策依据，普查数据出生性别比数据质量的好坏变得至关重要。如果出生性别比数据质量本身并不可靠，则势必给国家决策造成很大误导。

目前出生性别比的质量评估主要局限于人口普查和人口抽样调查数据范围内，且基本采用历次人口普查和抽样调查数据相同出生队列人群的一致性评估来对某次普查的出生人口数据质量进行分析。该方法存在的一个主要问题，就是无法确定到底是哪次普查不存在问题或者存在问题较小，从而无法确定相同出生队列人群特征在不同普查中的不一致是由于待评估普查数据质量不好，还是作为评价基准的普查数据质量不好所导致。

部分学者引入了人口系统之外的教育统计数据。但使用教育统计数据来评估普查数据存在的一个主要问题，就是教育统计数据本身的可靠性如何保证？如果教育统计数据本身存在问题，如存在鼓励虚报（高报）入学人数的激励机制，则通过教育统计数据来断定普查数据的生育水平存在低估以及出生性别比存在高估，其结论的可靠性值得怀疑。

通过以往研究可以看出，要正确判断中国出生性别比的变化趋势，把握出生性别比变动的基本规律，需要使用多种口径数据进行综合判断。只有通过不同来源数据的多角度、多层次比较，才能判断哪种数据的出生性别比更有可能接近真实水平，从而评估各类数据估计出生性别比的可靠性，进而对中国目前出生性别比水平及未来变化趋势进行估计。

二　方法与数据

在已有研究基础上，该研究将主要使用 2010 年全国第六次人口普查的全国汇总数据、分县汇总数据，2010—2013 年户籍登记的分年龄的分省汇总数据、分县汇总数据，2010—2013 年住院分娩系统数据，对 2010 年以来的中国出生性别比真实水平区间范围、出生性别比的变化趋势等进行重复测量和多口径数据评估。

在研究方法上，该研究主要使用时期比较和队列比较方法。具体来说，时期比较主要指相同年份出生性别比总体水平、分年龄出生性别比的多数据口径比较，得出各个指标在不同数据中的一致性和差异性，并分析具体原因；队列比较方法主要指比较同一出生队列人群的性别比随时间的变化情况，如可以分析 2010 年出生队列在 2011、2012 和 2013 年户籍登记中的性别比变化情况。

三　出生性别比数据质量评估

目前的出生性别比研究和政策评估一般使用人口普查和历年人口抽样调查数据，由于缺乏其他口径数据的相互验证，因此无法准确判定普查数据中的出生性别比是否可靠。虽然普查中会存在低年龄组，尤其是出生人口的漏报问题，但是漏报是否存在显著的性别差异，则直接关系到普查数据中的出生性别比是否可靠。换句话说，即使有证据表明，普查中出生人口存在显著的漏报、重报等问题，但只要漏报、重报没有显著的性别差异，则出生性别比指标不会受到明显影响。因此，与总和生育率等出生水平指标的测量相比，出生性别比指标要更为稳健，当然由于其只能通过群组或总体才能计算得出，一般要求较高的样本规模。

为找到一个客观衡量标准，该研究将利用 2010—2013 年全国及分省的户籍登记数据，对 2010 年出生队列的性别比变化情况进行追踪分析，并与 2010 年人口普查和住院分娩数据进行对比。结果显示，户籍登记中 2010 年出生队列 2010—2013 年登记的男孩数和女孩数呈递增趋势。其中，2010—2011 年男孩数的增加速度快于女孩增加速度，导致该队列性别比从 2010 年的 122.32 上升到 2011 年的 123.32，2011—2013 年女孩数增加速度反超男孩增加速度，且 2011—2013 年女孩与男孩增加速度之差高于 2010—2011 年男孩与女孩增加速度之差，从而导致 2012 年和 2013 年该队列性别比分别下降到 121.77 和 119.65。户籍登记数据与人口普查出生性别比的差异方面，户籍登记 2010 年出生队列性别比与 2010 年普查的差异从 2010 年的 4.36 下降到 2013 年 1.69 的差异，明显减小。

通过对山东和广东两省 2010 年人口普查和户籍登记分年龄组的性别比差异可以看出，性别比差异从 0—4 岁呈快速下降趋势，5—14 岁区间人口普查和户籍登记性别比基本一致，其他省份也基本呈现类似规律。由此可以推断，户籍登记数据当年的出生性别比由于漏登户籍孩子存在显著的性别差异，即户籍登记数据当年申报中漏登的女孩数明显高于男孩，因此户籍登记数据当年的出生性别比要明显高于真实出生性别比水平。但由于户籍漏登中的这种性别差异随子女年龄的增长逐渐缩小，而且一般到 5 岁以后趋于稳定，因此如果按照 0—3 岁户籍登记数据性别比的减小速度，则真实出生性别比应该略低于 2013 年时的 2010 年出生队列性别比水平（119.65）。如果按照每年大约 0.89 的减少速度，则 2010 年出生队列 5 岁时的性别比约为 117.87，与 2010 年普查数据的 117.96 基本吻合。通过对 2010 年出生队列普查数据和户籍数据的一致性分析，可以比较有信心地推断，2010 年人口普查得到的全国出生性别比具有较高数据可靠性。

鉴于以上评估结果，可以得出以下结论：1.2010 年普查全国出生性别比具有较高数据质量，中国 2010 年的出生性别比很可能在 118 左右的水平范围内。2010 年普查出生人口虽然存在漏报问题，但是其所得出生性别比具有较高可靠性，即女婴漏报与男婴漏报的差异不大。2. 出生当年的户籍登记数据存在一定程度上的高估。这主要由于未登记女婴比例高于男婴，导致出生当年的户籍登记出生性别比要比真实水平高一些，一般到 5 岁以后户籍登记性别比接近真实性别比。3. 住院分娩数据存在低估，但偏低幅度逐年显著减少，数据可靠性不断提高。户籍登记与住院分娩数据的出生性别比差异从 2010 年的 8.29，下降到 2011 年的 6.89，2012 年二者差异仅为 5.67，如果认为出生性别比真实水

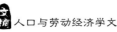

平比户籍登记低 3 左右，则 2012 年住院分娩数据的出生性别比与真实水平差距在 3 以内。

四　出生性别比形势判断

（一）中国出生性别比 2010 年以来存在下降的可能性

估计了 2010 年全国及各省的出生性别比水平后，还存在一个问题需要解决：出生性别比的基本状况判断，即 2010 年以来的出生性别比形势是否发生了好转。首先，全国 2010—2013 年变化趋势从人口普查和人口抽样调查数据来看，变化幅度不大，增减趋势由于抽样误差的影响还无法判断；从户籍登记数据来看，则存在显著下降趋势，从 2010 年的 122.32，分别下降到 2011 年和 2012 年的 120.10 和 118.48，2013 年进一步下降为 116.73，3 年间下降了 5.6，年均下降 1.9；从住院分娩数据看，出生性别比呈小幅下降趋势，从 2010 年的 114.03，下降到 2012 年的 112.81，2 年间下降了 1.22，年均下降 0.61。

（二）单独二孩政策对城镇出生性别比有显著影响

由于"单独二孩"主要集中于中国城镇地区，"单独二孩"生育政策放开也主要影响城镇地区的生育水平和生育性别结构。根据"单独二孩"政策调整时中国城镇出生性别此影响的估计结果显示，"单独二孩"政策调整对城镇出生性别比有显著影响，即因"单独二孩"政策调整新增人口规模越大，城镇出生性别比下降程度越明显。当 2014 年单独二孩一年内新增人口分别为 50 万、100万、200 万、300 万时，中国城镇出生性别比将从 2013 年的 116.21 分别下降到 2014 年的 115.51、114.91、113.94、113.18，下降区间范围在 0.70 和 3.03 之间。

（三）全面两孩政策有利于出生性别比的下降

评估结果表明，全面两孩政策全面放开导致的一年内新增人口不断增加时，全国出生性别比将呈显著下降趋势，一年内新增人口区间范围为 500 万—1000万时，出生性别比将从 2013 年的 117.60 分别下降到 2014 年 115.30—113.46 的区间范围内，下降的区间在 2.57—4.14 之间。可见，全面两孩政策导致的出生性别比的降低幅度要显著高于"单独二孩"政策调整。

同时，全面两孩政策对城镇和农村的出生性别比均有显著影响。一年内因全面放开两孩政策导致的新增人口变化区间在 500 万—1000 万时，中国城镇出生性别比将从 2013 年的 116.21 下降到 2014 年的 113.54—112.11 的区间范围，下降区间在 2.67 和 4.14 之间；而农村的出生性别比将从 2013 年的 119.09 下降到 2014 年的 116.57—114.91 的区间范围，下降区间在 2.53 和 4.18 之间。可以看出，中国城镇和农村因全面两孩政策导致的出生性别比降低水平比较接近。

（四）中国出生性别比恢复正常需要 15 年左右时间

虽然中国出生性别比自 2010 年以来有可能处于稳步下降趋势，并且"单独二孩"及全面两孩政策对出生性别比的下降可能起到一定的积极作用，但是综合各方面因素考虑，即使采取更强有力的措施，我国出生性别比恢复正常至少还需要 15 年左右的时间。该研究做出上述判断主要有两个依据，一是韩国的出生性别比治理经验；二是低生育水平下生育性别偏好必然导致出生性别比偏高。

五　政策建议

针对当前出生性别比特点及其发展趋势，对当前专项治理政策和做法应进行必要改进，作者提出以下政策建议：

一是坚持依法治理，加大打击"两非"违法行为力度。加强国家和地方立法工作，为查处"两非"提供法律依据。在法律依据方面，还要制定或修改相关法律法规，保障妇女的各项基本权利和有关权益。

二是建立出生性别比治理联动机制，强化全过程管理。加强卫生计生、药监、公安等部门合作，形成上下互动、内外结合、联防群治的综合治理出生性别比偏高问题"全国一盘棋"格局。强化出生性别比治理和考核工作的全过程管理，不仅评估各地区出生性别比数据的高低，更要注重以动态化管理原则对综合治理全过程进行考核评估，注重各地区出生性别比治理工作的实际成效。

三是搭建数据共享平台，建立出生性别比预警机制。要强化统计监测在综合治理工作中的基础地位，明确卫生、公安、统计、教育、民政等部门的数据统计职责。推广出生登记实名制度，以出生医学证明和住院分娩为切入点，建立出生人口基础信息收集机制，最终实现人口数据的跨部门共享。在出生性别比监测和评估中，应建立人口普查、户籍登记和住院分娩等在内的多数据比较和评估机制。同时应发挥大数据优势，注重预警监测的前瞻性和有效性，逐步实现出生性别比治理工作从被动应对到积极预防的转变。

（王军，中山大学社会学与人类学学院；王广州，中国社会科学院人口与劳动经济研究所；高凌斐，集美大学文学院；张央，中山大学社会学与人类学学院。原文出处：《学习与实践》2016 年第 3 期，第 82—91 页）

当前中国高等教育人口现状及发展趋势分析

张银锋　　侯佳伟

伴随中国高等教育的普及化与大众化，高等教育人口已成为人口学和教育学的研究对象。该文关注高等教育人口的现状及变化情况，不仅关注数量和规模上的变化，同时还关注结构的变化。该研究所采用的数据以国务院人口普查办公室和国家统计局联合进行的"中国第六次人口普查"数据为主，辅之历次人口普查数据。分析内容包括受过高等教育学历人口的人口学特征和地区分布等方面，既对比受过高等教育和未受过高等教育的人口组间的差异，也比较大学专科、大学本科、研究生三级高等教育组内的差异。其中，未受过高等教育的人口涵盖的范围包括：未上学、小学、初中、高中、中专等文化程度的群体。

一　人口学特征

（一）规模

中国受过高等教育的人口规模一直处于快速增长期。1964 年第二次人口普查时，中国受过高等教育的人口为 288 万人。在 1982 年第三次人口普查时，全国受过高等教育的人口增至 443 万人；1990 年时达到了 1576 万人，是 1982 年的 3.6 倍；2000 年进一步增加至 4402 万人。到 2010 年时，中国受过高等教育人口多达 1.18 亿人，这几乎相当于当时一个墨西哥的全国人口，两个英国的人口，三个西班牙的人口，或四个加拿大的人口。

20 世纪 80 年代至 2010 年，中国的人口处于快速高知化的进程中。1982 年每 1 万人中受过高等教育的人口数仅为 43 人，1990 年增加到 139 人，2000 年达到 354 人，2010 年进一步增至 888 人。随着高等教育学历层次的升高，相对应的人口规模减少，其所占的比例也相对降低。大体上，大学专科是主体，其次是大学本科，再次是研究生，2010 年时三者的比例依次为 58.0%、38.5% 和 3.5%。无论是大学专科，还是大学本科，抑或是研究生，2010 年的人口规模均在 2000 年基础上翻倍增长，2010 年大学专科、大学本科、研究生人数依次是 2000 年的 2.4 倍、3.2 倍和 4.7 倍。

（二）性别

1990 年受过高等教育的人口以男性为主体，占 69.7%，女性仅占 30.3%，性别比高达 229.7。2000 年男性比例降至 61.7%，女性比例升至 38.3%，性别比下降至 160.9。2010 年，男性占 54.4%，女性占 45.6%，性别比降至 119.5。总的说来，随着高等教育规模的扩大，我国女性受高等教育的机会正逐步增加，高等教育人口的性别比可能还将进一步下降。

随着受教育水平的升高，性别比呈现增加态势。2000 年，大学专科人口性别比为 148.5，大学本科升至 186.3，研究生则高达 231.5。到 2010 年，三者的性别比均显著下降，但是趋势依然保持不变，大学专科、大学本科和研究生的性别比分别降至 116.2、123.6 和 131.6。

（三）年龄

2010 年，中国人口普查数据显示，受过高等教育人口以 80 后人口（1980—1989 年出生，20—29 岁）为主体，占 44.8%；其次是 70 后人口（1970—1979 年出生，30—39 岁），占 23.1%；再次是 60 后人口（1960—1969 年出生，40—49 岁），占 14.4%，三者累计占 82.3%。6 岁以上人口，受过高等教育人口的平均年龄为 32.7 岁，比未受过高等教育人口的平均年龄 38.6 岁少 5.9 岁。

二　社会经济特征

（一）婚姻状况

2000 年，受过高等教育人口与未受过高等教育人口婚姻状况构成相似，均是以有配偶为主体，分别占 67.1% 和 73.6%；其次是未婚，前者比后者多

11.4%，离婚和丧偶比例都非常低。到2010年时，受过高等教育人口的未婚比例增至42.7%，有配偶比例则降至55.4%。其中，大学本科未婚比例最高，达到47.4%；其次是研究生，为43.4%；再次是大学专科，为39.4%。对于未受过高等教育的人口而言，无论是在2000年还是2010年，女性未婚比例少于男性7%左右。而受过高等教育的人口中，情况正好相反，女性未婚比例多于男性，2000年和2010年均相差5%左右。随着受教育程度提升，女性和男性未婚比例差距越来越大。2010年，大学专科女性未婚比例仅比男性多4.0%，大学本科则多5.6%，研究生的差距最大，女性未婚比例比男性多10.1%。

客观上，接受高等教育会在无形中推迟年轻群体的初婚年龄。该研究发现，2010年，未受过高等教育人口的平均初婚年龄为22.5岁，而受过高等教育人口的平均初婚年龄为25.0岁，后者比前者多2.5岁。男性平均初婚年龄大于女性，但是，受过高等教育的女性比男性推迟得更多，分别推迟2.6岁和2.2岁。每增加一个高等教育层次，平均初婚年龄增加1岁。大学专科为24.7岁，大学本科增加到25.6岁，研究生进一步增加到26.6岁。

（二）就业状况

2010年，未受过高等教育与受过高等教育正在工作的就业人口均占绝大多数，且比例相近，分别为94.6%和94.3%。高等教育层次越高，获取就业岗位的可能性越大，失业的可能性越小。高等教育层次每增加一级，正在工作的就业人口比例增加2%，失业人口比例减少2%。具体而言，处在就业状态的比例，大学专科者为93.5%，大学本科者达到了95.4%，而研究生者则增高至97.0%；而处在未工作状态的比例，大学专科者为5.7%，大学本科者减少至4.0%，研究生者仅为2.2%。

受过高等教育与未受过高等教育人口所从事的产业迥然不同。未受过高等教育人口大多数从事第一产业，2010年时的比例为53.4%，其次是第二产业（27.8%），再次是第三产业（18.8%）。受过高等教育人口正好与之相反，69.8%的人口从事第三产业，27.4%从事第二产业，仅有2.9%从事第一产业。在第三产业中，受过高等教育人口从业人数最多、比例最高的前5种行业依次是教育业、公共管理和社会组织、批发和零售业、卫生社会保障和社会福利业、金融业。2010年，这5种行业聚集了54.2%的高等教育人口。

（三）住房状况

2010年，未受过高等教育人口比受过高等教育人口的平均每户住房间数略多，分别为3.16间/户和2.56间/户，前者比后者多0.6间/户，而人均住房建筑面积二者分别为29.94平方米/人和35.91平方米/人，前者比后者少5.97平方米/人。但在城市地区，无论是住房间数或住房面积，受过高等教育人口均优于未受过高等教育人口。受过高等教育人口平均每户住房间数为2.45间/户，未受过高等教育人口为2.36间/户，前者比后者多0.09间/户。在人均住房建筑面积上，前者为35.62平方米/人，后者为27.38平方米/人，二者相差8.23平方米/人，前者是后者的1.3倍。人均住房间数方面，前者为0.95间/人，后者为0.85间/人，前者比后者多0.10间/人。比较而言，学历层次越高，住房状况越好，具体表现为住房间数越多、面积越大。

从住房来源看，受过高等教育人口多选择购买住房，未受过高等教育人口多为自建住房。2010年，在未受过高等教育人口中，66.6%的人自建住房，18.7%的人购买住房；而在受过高等教育人口中，自建住房的比例仅为8.9%，购买住房的则多达71.1%。在城市地区，未受过高等教育人口购买住房的比例提高至46.6%，受过高等教育人口的比例则高至77.3%，后者几乎是前者的2倍。值得注意的是，从2000—2010年，受过高等教育人口租赁廉租房的比例大幅减少，由16.1%减至1.6%，缩减了10倍，而租赁其他住房的比例则大幅增加，从2.8%增加到12.7%，将近翻了4.5倍。受物价上涨以及租赁房屋类型变化等因素的影响，2010年的月租房费用比2000年时明显增加。受过高等教育人口月均费用从2000年的122.79元涨到2010年的709.03元，城市地区已达到了月均793.15元。受教育程度越高，支付的月租房费越多，相应地，住房条件也越好。

三 地区分布状况

（一）城乡分布

城市是高等教育人口主要的聚集地。2010年，8260.9万高等教育人口分布在城市地区，占总数的69.8%；其次是镇，占19.6%；再次是乡村，占10.6%。

未受过高等教育人口与受过高等教育人口的城乡分布情况恰好相反。与 2000 年相比较，2010 年受过高等教育的人口出现了由城市向镇、乡村分散的趋势。城市人口比例从 2000 年的 73.8% 减少到 2010 年的 69.8%，镇与乡村人口的比例都有所增加，分别从 17.6% 增加到 19.6%、从 8.6% 增加到 10.6%。

从学历层次来看，高学历易集中在城市的规律表现得更为明显。2010 年，就城市高等教育人口而言，从大学专科到大学本科，再到研究生的比例呈逐步递增，依次为 63.8%、76.9% 和 91.3%。这与其他一些调查得到的结果相类似。这种趋势与我国经济发展不平衡，城乡收入差异较大有关。

（二）区域分布

2000 年，广东省受过高等教育的人口规模最大，为 303.1 万人，占受过高等教育总人口的 6.9%；其次是山东，为 300.1 万人，占 6.8%；再次是江苏，为 286.2 万人，占 6.5%。其后依次是辽宁、河南、湖北和北京。这 7 省份受过高等教育人口数均占全部受过高等教育人口数的 5% 以上，7 省份聚集了 42.1% 的受过高等教育的人口。之后的 10 年，高等教育人口呈现分散趋势。2010 年，除前三名广东（7.5%）、江苏（7.2%）和山东（7.0%）比例升高，北京（5.2%）保持不变之外，2000 年时比例在 5% 以上的另 3 个省均呈减少态势，仅有河南（5.1%）还在 5% 以上。辽宁减少幅度最大，从 5.9% 降至 4.4%，减少了 1.5%。湖北也从 5.3% 减至 4.6%。此外，黑龙江、吉林、天津、湖北、新疆、四川、广西等地区的受过高等教育人口比例从 2000 年到 2010 年呈现出下降趋势，而浙江、上海、福建、安徽、江西、河北、山东、云南、重庆、山西、内蒙古、甘肃、西藏、青海等地区的高等教育人口比例则呈现增长趋势。这 10 年间，高等教育人口表现出向极少数地区集中、在东部和中部地区分散的态势。

从各地区每万人高等教育人口数看，2000 年以北京为最多，有 1684 人，其次是上海 1094 人，再次是天津 900 人，在 500 人以上的还有辽宁（618 人）和新疆（513 人），其他省份均不足 500 人，西藏最少，仅有 128 人，其次是贵州 191 人。到 2010 年时，所有地区每万人高等教育人口数都在 500 人以上，最少的是贵州，为 533 人；最多的是北京，多达 3150 人，即 3 个人中就有 1 个人受过高等教育，相当于美国 2000 年的水平。其次是上海（2189 人），再次是天津（1748 人），辽宁、江苏、新疆、陕西、内蒙古等地区均超过 1000 人。

学历越高越趋向于集中，学历越低越趋向于分散。计算结果显示，82.4%的大学专科人口分布在东中部的19个地区中。相比于大学专科人口，大学本科人口地区分布更为集中，北京、上海、江苏、广东和山东等5个地区聚集了33.4%的大学本科人口，这5个地区还会聚了47.9%的研究生人口。

从每万人中大学专科、大学本科、研究生的人口数方面来看，学历越高越易集中的"马太效应"趋势更为明显。2010年，每万人大学专科人口数最多的是北京1212人，其次是上海963人，再次是天津842人，在500人以上的地区由多到少依次是新疆、内蒙古、辽宁、陕西、江苏、宁夏、山西、湖北、青海、黑龙江、浙江、吉林、山东和广东等。而每万人大学本科人口数在500人以上的地区仅有4个，它们是北京（1585人）、上海（1043人）、天津（827人）和辽宁（511人）。每万人研究生人口数最多的是北京，也仅为352人，其次是上海183人，其余地区均不足100人，最少的贵州仅为8人。

四　启示

综合以上结论，我们可以得到一些启示：第一，高等教育的发展并不仅仅是量或规模的增长，同时蕴含着结构的变化，而这些结构的变化与国家政治经济整体发展所带来的外部环境因素的变化有关。例如，高等教育人口中性别比的下降，可能与教育机会均等化水平的提高以及社会对女性学历的期望变化存在关联。再比如，相比10年前，2010年受过高等教育人口存在向镇、乡村分散的趋势，这可能是受大城市就业及生活压力增大及乡镇快速发展的影响。第二，高等教育在快速发展的过程中仍然存在一些问题，如高等教育人口占比和部分发达国家仍然存在较大差距、高等教育人口分布的地域不均衡性问题依然突出等，但这也从另一方面说明，高等教育的发展仍有很大的提升空间，在招生规模增速放缓、大学数量及规模的增长的边际效益递减的情况下，挖掘高教系统内部潜力，以优化结构促进发展显得尤为重要。党的十八大针对高等教育提出了"走以提高质量为核心的内涵式发展道路"，这一方针思路应当深入贯彻到具体实践中去。

新中国成立60多年以来，我国的高等教育事业取得了举世瞩目的长足发展。1998—2006年是我国高等教育实现跨越式增长的时期。1999年以来，我国高等教育规模以平均 32.7% 的速度扩展，这在我国高等教育史甚至在世界高等教育史上都是较为罕见的。虽然这一阶段的快速增长伴随着诸如学生学费偏高、基建投资缺乏、生均经费较低、部分院校和学科缺乏师资、办学条件改善步履缓慢等问题，但是在促进高校平均规模扩大、经费综合利用率大幅度提高、专门人才储备和大学毕业生激增及教育结构扁平化方面仍产生了诸多正面效益。同时，高等教育的快速增长所引发的并不仅仅是教育产业内部的规模扩张和条件优化，同时也对社会经济发展有着积极的促进作用。有关高等教育发展与地方乃至全国经济增长的关系研究都证明，高等教育的投入能够促进社会人力资本的提高，进而促进社会经济发展。

（张银锋，天津社会科学院社会学研究所；侯佳伟，中央财经大学社会发展学院。原文出处：《中国青年研究》2016 年第 2 期，第 52—59 页）

死亡与健康

1991—2014年我国婴儿死亡率变化及其影响因素

黄润龙

婴儿死亡率指不到周岁的死亡婴儿数和当年新生婴儿人数之比。婴儿死亡率是衡量人类发展情况的核心指标，是计算出生时预期寿命的重要依据。同时婴儿死亡率也是人口发展、生活质量评估、医疗卫生发展水平评估的重要指标。我国婴儿死亡率指标来源有两个，一是国家卫生和计划生育委员会监测点的统计汇总，是分城乡逐年连续性统计资料；一是统计局的人口普查和每年人口抽样调查资料，是分性别分地区的统计资料。两者数据来源不一，前者以登记为主，后者以实地调查为主，有时数据相差大。

一　我国婴儿死亡率的时间变化规律

（一）人口普查资料的婴儿死亡率

我国男女婴死亡率和世界大多数国家相比不同之处在于，女婴死亡率明显大于男婴死亡率。这种情况大致出现在1981年以后，这可能与我国计划生育政策有关。1981年以后，我国男婴死亡率比女婴低4.5—5.3个千分点，但近期这种差异开始缩小。据国务院人口普查办出版的《中国2010年人口普查资料》，2010年我国婴儿死亡率为3.82‰，其中男婴、女婴死亡率分别为3.73‰、3.92‰。通过订正以后，六普颁布的《我国人口平均预期寿命》中认为，我国婴儿死亡率为13.93‰，其中男婴、女婴死亡率分别为13.62‰、14.30‰（见表1）。其中差异分别达到10.1、9.9和10.4个千分点。但是，关于死亡率订正的理由和依据没有任何说明或交代。

表1　　　　　　　　人口普查和人口抽样调查中的婴儿死亡率

单位：‰

年度	1981	1990	1996	2000	2001	2002	2010*	2010**
全国	34.68	32.89	33.03	28.41	22.21	20.20	3.82	13.93
男婴	35.56	32.36	30.45	23.92	18.68	18.51	3.73	13.62
女婴	33.72	33.48	36.04	33.75	26.35	22.26	3.92	14.30

说明：1981—2002 年资料源于庄亚尔、张丽萍的《1990 年以来中国常用人口数据集》，中国人口出
版社 2003 年版。

*资料源于国务院人口普查办、国家统计局人口就业统计司的《中国 2010 年人口普查资
料》，中国统计出版社 2013 年版。

**资料源于国务院第六次人口普查领导小组办公室 2012 年 9 月 21 日在中华人民共和国国
家统计局网站上发布的《我国人口平均预期寿命达到 74.83 岁》一文。

（二）卫生部监测资料的婴儿死亡率

1990—1995 年我国婴儿死亡率、5 岁以下儿童死亡率源于（原卫生部在 30
个省、自治区、直辖市）妇幼卫生监测网 81 个监测点，1996—2006 年全国妇
幼卫生监测网增加到 116 个监测点，2007 年后继续增加到 336 个监测点。国家
统计局人口普查和人口抽样调查中的婴儿死亡率与卫生部监测点数据比较发现，
统计局的婴儿死亡率明显低于卫生部数据 3—18 个千分点。差异最大的是在
1990 年普查与 1991 年卫生部数据差 18 个千分点，而 2000 年最小，仅为 3.8 个
千分点，2010 年经过订正以后，差异进一步降低为 0.8 个千分点（见表 2）。显
然，与这两份资料相互借鉴有关。然而，卫生部的婴儿死亡率稳定性、连续性
和准确性似乎都要优于人口普查和人口抽样调查资料。相比而言，尽管卫生部
监测点的资料没有分性别、分地区婴儿死亡率数据，但数据可靠程度相对较高。

表2　　　　　　　　1991—2014 年卫生部提供的婴儿死亡率

单位：‰

年度	合计	城市	农村	年度	合计	城市	农村
1991	50.2	17.3	58.0	2003	25.5	11.3	28.7
1992	46.7	18.4	53.2	2004	21.5	10.1	24.5

年度	合计	城市	农村	年度	合计	城市	农村
1993	43.6	15.9	50.0	2005	19.0	9.1	21.6
1994	39.9	15.5	45.6	2006	17.2	8.0	19.7
1995	36.4	14.2	41.6	2007	15.3	7.7	18.6
1996	36.0	14.8	40.9	2008	14.9	6.5	18.4
1997	33.1	13.1	37.7	2009	13.8	6.2	17.0
1998	33.2	13.5	37.7	2010	13.1	5.8	16.1
1999	33.3	11.9	38.2	2011	12.1	5.8	14.7
2000	32.2	11.8	37.0	2012	10.3	5.2	12.4
2001	30.0	13.6	33.8	2013	9.5	5.2	11.3
2002	29.2	12.2	33.1	2014	8.9	4.8	10.7

说明：1991—2013 年资料源于国家卫生和计划生育委员会的《2013 年中国卫生和计划生育统计年鉴》；2014 年资料源于国家卫生和计划生育委员会官网 2015 年 11 月 5 日发布的《2014 年我国卫生和计划生育事业发展统计公报》。

原卫生部资料给出了城乡婴儿死亡率随时间变化情况。分析表明，1991—2014 年近 24 年间，我国婴儿死亡率是不断下降的，平均每年下降 1.76 个千分点，而城市、农村的婴儿死亡率分别每年下降 0.59 个千分点、1.97 个千分点。由于我国城市化发展和农村医疗卫生条件的改善，我国农村婴儿死亡率下降速度明显快于城市。其次，我国城市婴儿死亡率大致低于当年婴儿死亡率的 45%—66%，平均低 56.5%，近年为 50% 左右；农村婴儿死亡率比当年水平高 13%—24%，平均高 16.5%，近年农村婴儿死亡率比平均水平高 20% 左右。再次，城乡婴儿死亡率的下降与全国婴儿死亡率的下降是一致的，当全国婴儿死亡率下降 1 个千分点，则城市、乡村婴儿死亡率分别下降 0.33 个、1.12 个千分点。

假如我国婴儿死亡率呈几何级数下降，由 1991—2014 年资料分析可见，我国婴儿死亡率以平均每年 7.25% 的速度降低，而城市、农村婴儿死亡率则以平均每年 5.42%、7.09% 的速度降低。由此估计，2010 年我国婴儿死亡率 12.37‰，城市、农村的婴儿死亡率分别为 6.00‰、14.34‰；而男婴、女婴死亡率分别为 12.5‰ 和 14.8‰。

二　我国婴儿死亡率随经济社会发展的变化情况

（一）时间维度：我国各年度婴儿死亡率随经济社会变化情况

我国婴儿死亡率下降伴随着我国生活水平提高、社会保障逐步完善和卫生医疗水平的提高，具体表现为城市化水平的提高以及人均 GDP 提高，他们之间具体关系如何，我们作如下分析。

1. 我国婴儿死亡率随城市化水平的变化

1991—2014 年我国婴儿死亡率随着城市化水平而迅速下降，呈现明显的负相关。严格地讲，其间关系是随城市化水平增加呈现指数曲线下降，该因素可以解释我国各年度婴儿死亡率变动的 97.23%。当我国城市化水平分别到达 60%、70%、80% 时，我国婴儿死亡率将进一步分别下降到 7.06‰、3.95‰ 和 2.21‰，和实际情况相符程度较高。2010 年我国城市化水平为 49.68%—49.90%(国家统计局登记数据和人口普查数据)，则我国 2010 年婴儿死亡率应该为 12.68‰—12.85‰。

2. 我国婴儿死亡率随人均 GDP 的变化

1991—2014 年我国婴儿死亡率随人均 GDP 上升而呈现明显下降趋势，这种下降趋势与其说是直线，更准确地说是呈现对数曲线或乘幂曲线下降趋势。对数曲线拟合得好一些，而乘幂曲线预后更准确一些。若按照对数回归曲线，则当人均 GDP 分别为 5 万、6 万、7 万元人民币时，婴儿死亡率分别为 5.65‰、3.20‰、1.13‰，而 2010 年人均 GDP 为 29992 元人民币，则我国婴儿死亡率估计为 12.52‰；若按照乘幂曲线变化时，人均 GDP 分别为 5 万、6 万、7 万元人民币时，婴儿死亡率分别为 9.63‰、8.68‰ 和 7.95‰，2010 年我国 GDP 为 29 992 元人民币，则婴儿死亡率为 12.89‰。显然，乘幂曲线随人均 GDP 下降速度更缓慢，与实际更接近。

（二）空间维度：2000 年我国各地区婴儿死亡率随经济社会变化情况

由于 2000 年人口普查和卫生部的监测数据比较接近，2000 年人口普查资料有比较完整的省区直辖市婴儿死亡率资料。故这里以 2000 年人口普查数据中各地区婴儿死亡率及相应的人均 GDP、城市化水平作为样本，研究各地区婴儿死亡率的变化并用以估算 2010 年我国各地区的婴儿死亡率。

1.2000 年我国各地婴儿死亡率随城市化水平的变化

分析表明，我国大陆 31 个省自治区直辖市婴儿死亡率同样随着城市化水平上升而下降，但是离散程度较高。当某地城市化水平分别到达 60%、70%、80% 时，我国婴儿死亡率将进一步分别下降到 9.78‰、6.62‰ 和 4.48‰，略高于前文全国各不同时间婴儿死亡率随城市化水平的变化结果 (7.06‰、3.95‰ 和 2.21‰)，2010 年我国全国城市化水平为 49.68%—49.90%，按此估算，则婴儿死亡率应为 14.50‰—14.63‰，和实际情况较为相符。

2.2000 年我国各地区婴儿死亡率随人均 GDP 的变化规律

2000 年我国 31 个省自治区直辖市婴儿死亡率和当地人均 GDP 也呈现较高的乘幂曲线相关关系。按照该乘幂曲线，人均 GDP 为 5 万、6 万、7 万元 (远高于 2000 年的最高值 3.5 万元) 时，婴儿死亡率为 2.30‰、1.86‰ 和 1.55‰，远低于前文的 9.63‰、8.68‰ 和 7.95‰。而当 2010 年人均 GDP 为 29992 元时，我国婴儿死亡率为 4.15‰。然而，我国经济发展很快，2010 年我国很多地区的人均 GDP 都超过 4 万元人民币，该模型已经难以使用。

比较发现，婴儿死亡率与城市化水平的关系比其与人均 GDP 的关系更为紧密，偏差相对小。分析其原因在于，首先，人均 GDP 是货币，随着时间变化可能会贬值；其次，人均 GDP 有按常住人口和按户籍人口两种统计方式；再次，我国经济发展很快，2010 年人均 GDP 远超过 2000 年水平，相关模型已经丧失了预测模拟功能。用城市化水平对婴儿死亡率进行模拟和预测虽然更为准确，但是也有不适当之处，因为 2000 年我国统计的是常住人口城市化水平，而 2010 年调查的是现有人口城市化水平。

三 2010 年我国各地区婴儿死亡率的估计

该文使用趋势预测方法，以城市化水平、人均 GDP 为参数，进行 2010 年我国各地区婴儿死亡率的估计。首先，具体假定在 2000 年第五次人口普查中，我国各省自治区直辖市婴儿死亡率基本准确；其次，考虑婴儿死亡率按照某一固定比例连续下降。2000 年我国婴儿死亡率为 24.35‰，2010 年为 12.37‰ $(24.35‰ \times (1-0.072457)^9)$，由此可知 2010 年婴儿死亡率是 2000 年的

50.8%(12.37/24.35)。由此得到，城市和农村 10 年婴儿死亡率下降的比例，这些数值作为各地区预测的重要参数可以得见，我国婴儿死亡率漏报程度为 68%，在我国农村及西部地区尤为严重。

该研究与 2013 年黄荣清的研究结果 (78%) 类似。不同的是，黄荣清是通过对 1—4 岁幼儿死亡率进行估算，进而间接得知婴儿死亡率的；其次，黄荣清估算的北京、天津、黑龙江、辽宁、上海、浙江、山东、广东和海南等东部地区的婴儿死亡率，高于 2000 年五普水平，而同期云南、贵州、江西、内蒙古、甘肃和陕西等中西部地区婴儿死亡率 10 年内下降了 10 个千分点。考虑到学术界对于 2000 年我国婴儿死亡率数据质量争论不多，该文认为，没有理由认为我国东部地区婴儿死亡率不减反增。所以，该研究结果可信程度更高。

（黄润龙，南京师范大学社会发展学院。原文出处：《人口与社会》2016 年第 3 期，第 67—75 页）

中国人口的死亡水平及预期寿命评估

——基于第六次人口普查数据的分析

张文娟　魏　蒙

随着人口预期寿命的延长，婴幼儿、青少年和成年人群的死亡率在经历大幅下降后已经在低水平上呈现出稳定态势，越来越多的人口得以存活至老年甚至是高龄老年人阶段，衰老和各种慢性疾病成为人类健康的主要威胁，导致死亡的力量因此发生改变，人口的死亡水平和模式也有可能随之发生变化。在这一新旧交替的关键时期，对中国人口的死亡水平及其发展趋势的分析显得尤为重要。然而，由于 2000 年以来的人口普查中死亡数据的漏报问题日益突出，对于中国人口死亡水平估计的难度在不断加大，对于 2010 年第六次人口普查数据的分析更多地集中于对生育、迁移以及人口结构的分析，而对于死亡数据的探索涉及较少，已有研究中对于中国人口的死亡水平和死亡模式仍旧存在很大的争议。基于以上原因，该文将结合已有研究中对第六次人口普查中的人口死亡水平的初步分析结果，对死亡数据进行评估和必要的修正，并对中国人口的死亡水平和预期寿命进行测算，揭示中国人口的死亡模式及其变化趋势。

一　数据质量评估和修正

（一）对死亡数据质量的评估

在利用 2010 年人口数据进行死亡分析之前，需要对死亡数据进行必要的修正和调整，低龄人口和老年人口将是进行数据修正的重点。

（二）对死亡数据的修正

该文将使用布拉斯罗吉特生命表法，以 1981 年全国分性别和分年龄的生命表为标准生命表，对 2010 年的死亡数据进行必要的调整，修正 2010 年的 0—4 岁学龄前儿童和 60 岁及以上老年人口的死亡概率，并重新构建生命表。在 0 岁婴儿死亡率既定的情况下，采用 1981 年的男女两性死亡生命表，对 1—4 岁和 60 岁以上的年龄组人群的死亡率进行分阶段的布拉斯罗吉特模拟转换。具体方法如下：

第一步，以 1981 年全国分性别和分年龄的生命表分别作为标准生命表，采用布拉斯罗吉特生命表系统，以 1981 年分性别的 5—59 岁各年龄段死亡概率的布拉斯罗吉特转换值为自变量；

第二步，以 2010 年分性别 5—59 岁各年龄段死亡概率的布拉斯罗吉特转换值为因变量；

第三步，在 0 岁死亡率既定的情况下，以 5—14 岁组人群的死亡率的基础，采用最小二乘法进行参数估计，建立布拉斯罗吉特相关生命表，分别对 2010 年的男性和女性 1—4 岁的学龄前儿童的死亡率进行调整；

第四步，以 35—59 岁组人群的死亡率为基础，采用最小二乘法进行参数估计，建立布拉斯罗吉特相关生命表，分别对 2010 年 60 岁以上的男性和女性的死亡概率进行修正；

第五步，对调整后的死亡率的相连接年龄段的死亡率进行适当的平滑调整，获得最终的按龄死亡风险率。

二　人口的死亡率

（一）未经修正的人口粗死亡率

2010 年农村人口的粗死亡率为 7.3‰，远远高于总人口的平均死亡水平，农村人口面临的死亡风险是城市人群的 2 倍，这表明农村人口的健康状况远远不及城镇人口。

（二）婴儿死亡率

自 20 世纪 80 年代以来，中国人口的婴儿死亡率呈稳定下降态势，从 1981

年的 35.13‰降至 2010 年的 13.93‰，年平均下降速度约为 3.14%。其中，男婴死亡率从 36.07‰下降至 13.62‰，年平均下降幅度为 3.30%；女婴死亡率从 34.18‰降为 14.30‰，年平均下降速度接近 2.96%。然而，在婴儿死亡率快速下降的过程中也暴露出了其他社会问题。男女婴在死亡率下降速度方面并不均衡，男婴死亡率的下降速度快于女婴，1981—2010 年婴儿死亡的性别模式发生了明显转变。1982 年的普查数据中婴儿的死亡仍旧遵循自然的传统模式，男性在婴儿期的死亡风险高于女性。但是，在 1990 年第四次人口普查数据中，女婴的死亡率开始超过男婴，这表明 20 世纪 90 年代婴儿的死亡模式发生改变，到 2000 年第五次人口普查时，男性在婴儿期的生存优势进一步扩大。已有研究揭示了这一有悖于自然现象的事实之所以存在的原因在于，随着中国社会、经济、文化和人口的快速转型，生育水平已逐渐过渡到更替水平之下，男孩偏好程度有逐渐上升的趋势，造成了女婴的死亡风险明显增加。然而，到 2010 年第六次人口普查时，男婴和女婴在死亡率这一指标上的性别差异由 2000 年的 9.83 个百分点急剧缩小至 2010 年的 0.84 个百分点。最近 10 年间婴儿死亡率上的性别差异的缩小一方面反映了中国政府在提高女性家庭和社会地位、倡导婚育新风及性别比综合治理方面所取得的进展；同时也存在偏高的婴儿死亡性别比向偏高的出生性别比转化的因素。

（三）老年人口的死亡率

比较第五次和第六次人口普查数据中老年人口的粗死亡率可以发现，2010 年老年人口的粗死亡率较 2000 年降低了 7.09 个千分点，其中男性老年人口死亡率的下降幅度为 7.49 个千分点，略高于女性的 6.77 个千分点。男女两性在死亡率下降幅度上的性别差异在一定程度上反映出女性的生存优势在不断弱化，但是考虑男女两性在年龄结构中存在的差异，上述结论还需进一步验证。

三　人口的预期寿命

（一）2010 年的人口预期寿命

利用修正前的死亡数据计算得到的 0 岁预期寿命为 77.9 岁，女性为 80.41 岁，男性为 75.9 岁，修正后的预期寿命降低了 2.59 岁，其中女性降低了 2.41

岁，男性的下降幅度超过女性，达到 2.73 岁。因此，死亡漏报对男性预期寿命的计算影响更大。在男性人口中，老年人口的死亡漏报是导致预期寿命高估的最主要因素；而在女性人口中，婴幼儿的死亡漏报现象更为普遍。男女两性之间导致死亡漏报的原因并不相同，经济因素是影响老年人口死亡漏报的主要力量，而传统文化中的性别偏好是导致女性预期寿命高估的重要原因。

（二）人口预期寿命的变化趋势

在历次普查间隙，预期寿命的增长幅度不断增大，2000—2010 年男性的预期寿命增长了 3.2 岁，女性的预期寿命增加了 4.5 岁，超过 1990 年和 2000 年普查间隙的预期寿命增长幅度，也超出了在预期寿命达到 70 岁后每 10 年增长不超过 2 岁的增长速度。

四　人口死亡的性别差异

（一）死亡率的性别差异

比较 1981—2010 年中国人口普查数据中男女两性粗死亡率水平可以发现，在 1981—2010 年的四次人口普查中，除 2000 年以外，女性的死亡率均低于男性，而且这一性别差异随着时间的推移不断扩大，究其根本原因在于女性的预期寿命高于男性。但是，随着女性预期寿命的不断延长，女性人口的年龄结构日趋老化，从而导致死亡率的性别差异逐步缩小。

（二）预期寿命的性别差异

从 1981—2010 年男女两性的预期寿命变化不难发现，近 30 年来，虽然男性和女性的预期寿命在不断延长，但是两性之间的差距不断扩大。

五　结论

2010 年中国人口的死亡率下降至 5.58‰，人口预期寿命达到 75 岁，其中男性的预期寿命超过 73 岁，女性预期寿命为 78 岁。与世界其他国家比较，中国的平均人口预期寿命已经超过世界平均水平，高于绝大部分发展中国家，与发达国家的人口死亡模式更为接近。近10年间中国人口预期寿命的增幅超过4岁，高于20世纪80年代以来的任何时期。人口死亡率的持续下降和预期寿命的不断延长，反映了中国政府和社会在提高人口健康素质、改善人民生活质量方面所取得的巨大进步。然而，2010年的普查数据也向我们揭示了一些社会问题，婴幼儿和老年人口存在严重的死亡漏报，现存的经济利益因素和社会制度因素的制约对人口普查数据质量的提高提出了巨大挑战。偏高的女婴死亡率虽然较2000年有所改善，但仍然继续存在，说明女婴的生存状况仍然不容乐观，对女性的社会歧视仍在威胁中国的人口安全。对于成年人群而言，社会和经济发展对人口健康的改善更多反映在女性预期寿命不断延长的方面，而近10年间成年男性特别是老年男性死亡风险的下降并不明显，如何降低成年男性的死亡率，延长其生存时间将成为中国社会和家庭必须关注的问题。

（张文娟、魏蒙，中国人民大学社会与人口学院。原文出处：《人口学刊》2016年第3期，第18—28页）

1950 年代以来中国人口寿命不均等的变化历程

张 震

　　20 世纪 50 年代以来，绝大多数国家都经历了程度不同的死亡率下降和预期寿命增长，伴随着世界各国预期寿命的不断提高，一个与之密切相关的问题受到了越来越多的关注：社会成员能在多大程度上公平地分享寿命延长的成果？这就是人口寿命不均等 (life disparity) 的问题。寿命不均等具有内在的自身价值和工具性价值。一方面，寿命不均等反映了社会成员在生存机会 (chances of life) 上的不公平程度，是健康公平的核心命题。健康是人类全面发展的基础，保障国民的健康公平性已经成为衡量社会公正和公平的一项重要指标。大量研究发现，健康受到诸多社会因素的影响，例如，受教育机会、收入水平、医疗可及性和公共卫生支出等。这些因素中的不公平会通过各种方式转换为健康的不公平，并最终体现在个体死亡风险和存活机会 (寿命) 上的不公平。因此，寿命不均等也被称为 "最终的不公平"(final inequality)。另一方面，寿命不均等反映了社会成员在其生命历程中面对的死亡不确定性。降低这种不确定性能有效提高个人、政府或其他机构在教育、培训和健康等方面投资的长期回报。值得一提的是，人口异质性决定了所有人口都存在一定程度的寿命不均等，因此，一个社会所能做的是尽可能减少那些不合理的、通过努力能够消除的寿命不均等，而不是追求绝对的寿命均等 (即每个人的寿命都一样)。对于正经历着快速社会转型的中国来说，如何让社会成员更加公平地分享发展的成果是政府和公众非常关注的一个话题，也是未来较长时间内中国需要解决的一个重要问题。该文利用中国人口普查资料和世界人口死亡率与经济发展数据，考察 20 世纪 50 年代以来中国人口寿命不均等的变化趋势、发展阶段及其特点，并对相关政策含义进行探讨。

一　数据与方法

1. 数据来源

该文使用的数据有 4 个来源。一是中国 1953 年以来的五次全国人口普查资料。另外三个数据来源分别是：人类死亡率数据库 (Human Mortality Database, HMD)、世界卫生组织 (WHO) 死亡率数据库和世界银行的人类发展指标数据库 (World Development Index, WDI)。

2. 死亡率调整

由于 1982 年之后的中国人口普查资料都存在程度不同的死亡漏报。因此，该文使用二维死亡率模型 (flexible two-dimensional mortality model) 来调整 1990 年以来的人口死亡率。与寇尔—德曼和联合国的模型生命表相比，该模型更适于估计以较低儿童死亡率为主要特点的现代人口死亡率，估计误差也要小于 WHO 的生命表方法。二维死亡率模型的经验值估算基于 HMD，其中也包括日本和中国台湾地区过去 50 多年的死亡率数据，因此该模型能在一定程度上反映东亚人口的死亡率模式。为检查该模型于中国人口的适用性，该文先用该模型拟合了 1981 年中国男女死亡率。结果显示，该模型整体拟合效果很好，说明能够反映中国人口死亡率的年龄模式。在该研究中，1990 年以来普查资料中质量较可靠的成年人死亡率 (15—5 岁) 与过往研究中调整的婴儿死亡率的均值作为二维死亡率模型的输入变量，以估算 1990 年以来各普查时点的全年龄死亡率。

3. 寿命不均等的度量

该文使用"死亡导致的寿命损失" (life lost due to death，简称寿命损失) 来度量寿命不均等。寿命损失定义可以作如下理解：对于活到 x 岁的人来说，他们将来预期能够存活 e(x) 年；在这些活到 x 岁的人中，有一部分在 x 岁死亡 [死亡率为 μ(x)]，这部分人将无法享受这 e(x) 年的预期寿命。也就是说，死亡夺走了他们本来可以拥有的 e(x) 年寿命。由于 x 岁的死亡人数为 f(x) ，所以死亡从 x 岁的死者身上夺走的预期寿命就等于 e(x)f(x) 年。把各年龄被死亡夺走的预期寿命加总，就得到全部年龄 (等价于全部人口) 因死亡而损失的预期寿命。如果大多数人的死亡年龄比较集中，那么寿命损失就比较小，表明寿命不均等程度较轻；当死亡年龄分布比较分散时，则寿命损失就较大，即寿命不均等的情况较严重。

4. 临界年龄与寿命不均等的分解

死亡率下降对期望寿命和寿命不均等的影响机制不尽相同。任何年龄的死亡率下降都会提高预期寿命，但是对寿命不均等的影响取决于死亡率下降的年龄。对于生命表熵小于1的人口（绝大多数的人口都满足这一条件），存在一个临界年龄(threshold age)：在这个年龄之前的死亡率下降会减少寿命不均等，而在这个年龄之后的死亡率下降却会提高寿命不均等。整个人口的寿命不均等变化是这两种方向相反的变化共同作用的结果。临界年龄取决于死亡率变化的年龄模式，因此与预期寿命并不存在内在的联系，不过历史数据表明，二者差距在3—6年的范围内。20世纪50年代以后，临界年龄通常都比预期寿命小2岁左右。临界年龄会随着死亡率年龄模式的改变而变化，所以不同人口（或同一人口在不同时期）往往有不同的临界年龄。

根据死亡率变化在临界年龄前后对寿命不均等的不同作用，可以把整体人口（全部年龄）的寿命不均等以临界年龄为界分解为前期不均等(early disparity)和后期不均等(late disparity)。在死亡率下降过程中，前、后期不均等变化方向相反，所以在有些情况下，笼统地观察整体人口寿命损失将很难对寿命不均等做出准确的判断。例如，整体人口寿命损失的上升，可能是由于较年轻人口死亡率上升，也有可能是老年人死亡率的大幅下降以至于后期不均等上升超过了前期不均等的下降。整体人口的寿命不均等分解有助于我们深入理解人口寿命不均等的变化及其背后的机制。不同年龄的死亡率下降源自许多的生物和社会性因素。例如，抗生素的发现（技术突破）以及孕产保健的改善大大降低了婴幼儿的传染病死亡率，而得益于医疗技术和老年保障水平的提高，老年人死亡率在过去30多年中也出现快速的下降。二者区别在于，受益于技术扩散或者人道主义援助，一个国家或地区人口的婴幼儿死亡率下降可能与当地经济发展水平没有非常直接的联系，但是没有雄厚的经济基础，老年人死亡率的改善相比而言要困难得多。任何社会都面临着有限的医疗卫生资源约束，无论怎样分配这些资源，只要有投入，预期寿命就能增长，但是如何在不同人群中分配这些资源却决定着死亡率下降的年龄模式，并影响到寿命不均等的变化。

二　研究发现

（一）中国人口生存状况的持续改善

1. 中国人口预期寿命持续、快速增长

20 世纪 50 年代以来，中国政府和人民在公共卫生、医疗保健方面做出了巨大的努力，极大地改善了中国人口的健康水平。男、女性预期寿命分别从 1953—1964 年的 47.31 岁和 50.51 岁增长到 1982 年的 67.10 岁和 69.14 岁。1982 年之后，预期寿命的增长有所趋缓。一方面，与许多发达国家类似，预期寿命达到 70 岁左右都出现增速减缓；另一方面，改革开放初期在中国农村和城镇进行一系列改革措施中存在一些不利于健康改善的因素。尽管如此，在 1981—2010 年间中国人口预期寿命基本保持着与人类最高预期寿命几乎同样的增长速度，并在 20 世纪 90 年代，超过了俄罗斯等东欧国家。可以说，无论从历史发展的角度还是从横向国际比较，作为一个发展中大国，中国在改善人口健康状况方面可谓成就卓然。

2. 中国人口寿命不均等的快速下降

自 1840 年以来，人类寿命不均等基本上保持着下降的趋势。在 19 世纪 40 年代，人类女性寿命损失大约为 25 年，经过了 30 年左右的波动后，快速下降到 20 世纪 60 年代的 10—15 年，之后缓慢下降到 8—9 年。在 1949 年新中国成立初，中国女性人口的寿命损失高达 21.1 年，随后开始快速下降，到 20 世纪 90 年代超过俄罗斯及一些东欧国家，在 2010 年达到 10.6 年，低于同期美国的水平 (10.8 年)，与其他发达国家的差距也进一步缩小。从人类寿命不均等的历史进程来看，中国寿命不均等的进程比发达国家晚了 60 年左右。瑞典女性寿命损失在 1902 年为 21.7 年，接近中国 20 世纪 50 年代水平，到 1964 年、1965 年分别降至 10.7 年和 10.5 年，与中国 2010 年的水平相当。基本上，寿命损失从 20 年下降到 10 年，多数发达国家或地区都用了大约 60 年时间，中国也不例外。相比来说，中国寿命不均等下降的步伐与比较成功的发达国家 (如瑞典、德国等) 比较接近。同时，与这些前沿国家相比，中国还有一定差距，这意味着中国寿命不均等还有进一步改善的空间。

（二）前期不均等下降主导下的寿命不均等改善

随着预期寿命的持续增长，整体人口寿命不均等也持续下降，二者之间呈明显的负相关。与变化平缓的后期不均等相比，前期不均等的下降格外显著，并主导了整体人口寿命不均等的变化趋势。所以，严格地说，预期寿命与寿命不均等之间的负相关应该是预期寿命与前期不均等之间的负相关。

预期寿命与寿命不均等的相关性主要源自流行病学转变过程中死亡率年龄模式的变化。到20世纪50年代，发达的工业化国家已经完成死亡率转变的前3个阶段，在这些阶段，死亡率下降主要发生在临界年龄之前较年轻的人群，从而能提高预期寿命，同时也降低寿命不均等。20世纪60年代以来，许多发达国家逐渐进入死亡率转变的第4个阶段，死亡率下降主要集中在老年人口。在这个阶段，较年轻人口的死亡率通常已经降得很低，进一步下降的空间已经很小。预期寿命达到70岁左右(20世纪50年代)之后，前期不均等的下降开始减缓，与后期不均等差距已经不如过去那么悬殊，对于整体人口寿命不均等的相对重要性也有所减弱。与此同时，后期不均等对整体人口寿命不均等的影响开始增大。这种前、后期寿命不均等此消彼长的效果在逐渐增强，并在20世纪90年代的日本得到了充分体现。在20世纪90年代，日本女性老年死亡率下降成为整个人口死亡率下降的主导因素，后期不均等随之提高，不仅部分抵消了前期不均等的下降，还使整体人口寿命不均等下降停滞甚至出现轻微上升。

中国女性人口寿命不均等的变化轨迹与其他国家大致相同，都经历了前期不均等主导下的整体人口寿命不均等下降，而后期不均等则变化甚微。但中国也有自身的一些特点。首先，相对于预期寿命，中国在寿命不均等方面的成就更为突出，对此可以通过比较在同等预期寿命水平上不同国家的寿命不均等看出。例如，在预期寿命为50岁左右的时候，中国女性人口的整体寿命不均等处在该区域的下沿；换言之，在有着同样预期寿命的国家中，中国的寿命不均等更低。在除1981年和2000年以外的其他几个时点上都能看到类似的情形。其次，在2000—2010年间，前期不均等的下降尤为显著。这可能与2000年之后在全国范围内进行的社会保障和医疗保障改革(新农合和新农保是典型的例子)惠及了更多的人群有关。作为对比，在1990—2000年，前期不均等的改善却出现了减缓的趋势，并且在2000年时，前期不均等在同等预期寿命水平的国家中处在了该区域的上沿。在 20 世纪 90 年代，中国医疗卫生改革带来了一些有损于健康公平的因素，这在一定程度上迟滞了中国寿命不均等的改善。最后，虽然中国在寿命不均等方面与世界前沿水平存在着差距，但是，前期不均等上的差距却没有这么显著。在 2010 年，中国女性人口整体人口寿命不均等为 10.6 年，比观测到的人类最低值 (8.8 年) 高出 1.8 年，而同年的前期不均等为 7.0 年，比最低值 (5.9 年) 高出 1.1 年。随着未来中国人口死亡率水平的进一步下降，这一差距还将继续缩小。究其原因，虽然中国东部一些发达地区 (如上海) 的死亡率水平接近发达国家的水平，但是中国整体人口的死亡率水平仍然相对较高，还处在以较年轻人口死亡率下降为主的阶段。

（三）超前于经济发展水平的中国人口寿命不均等下降

为了使国家之间的比较更具有可比性，该文利用 WHO 提供的 1990 年、2000 年和 2011 年生命表数据，计算 186 个 WHO 会员国的寿命损失，并结合世界银行提供的人均国民收入数据，考察经济发展水平与寿命不均等的关系。因为人均收入无法按性别进行区分，所以这里只能考察男女合计的寿命不均等。结果表明，1990 年、2000 年和 2011 年的时点数据都表明，寿命不均等与人均国民收入呈显著的负相关，即收入水平越高的国家，寿命不均等程度越低。而且，随着时间的推移，由众多国家组成的散点带及其拟合值都向下、向右平移，这说明在过去的 20 多年中，伴随着收入水平的提高，寿命不均等在不断下降。这两个特点同样适用于前期、后期不均等。最后，当人均收入低于 3000 美元 (相应的对数值为 8) 时，收入水平的提高对降低寿命不均等的作用非常显著，但是收入超过 3000 美元后，作用开始减弱。类似的情况也能在前期不均等中看到，收入水平对后期不均等的作用要相对弱许多。

1990 年以来，中国人均收入水平有显著的提高，而寿命不均等也有极大的改善。更重要的是，在同等收入水平上，中国的寿命不均等都处于非常低的位置。那些与中国有着相同或相近国民收入的国家，其寿命不均等都远高于中国。这说明，中国在相同的收入水平上，能把寿命不均等降到全球极低的水平。到 2000 年，中国人均国民收入逐渐靠近中低收入国家的平均水平，寿命不均等也仍然保持在该收入水平国家的下沿，而且与中高收入国家的差距明显缩小。到 2011 年，虽然中国的收入水平与中高收入国家还有一定差距，但是寿命不均等已经几乎接近中高收入国家的最低值，与高收入国家差距也比 1990 年明显缩小，甚至好于部分高收入国家 (如美国和韩国)。从结果可以看到，前期不均等的改善同样非常显著，尤其是在 2000—2011 年间，中国的前期不均等迅速接近中高收入国家的水平，虽然后者也有一定程度的改善。与其他国家的情况相似，中国人口后期不均等的变化不太显著。

总的说来，在 1990—2011 年间，中国基本上是在相同的收入水平下，把降低寿命不均等降到了全球极低的水平。可以说，中国在促进健康公平方面取得的成就大大超前于中国的经济发展水平。无论是从时间的纵向比较，还是从某一试点的横截面数据来看，这都是一项令人惊叹的成就。诚然，与前沿国家相比，中国在寿命不均等上还有很大的改善空间。

（张震，复旦大学人口研究所。原文出处：《人口研究》2016 年第 1 期，第 8—20 页）

江苏省昆山市1981—2014年期望寿命时间序列分析

胡文斌　张　婷　秦　威　史建国
邱和泉　仝　岚　金亦徐　周　杰

当前，经济社会发展与健康进步是发展的两大话题。期望寿命是评价居民健康水平的通用指标，2010年我国政府首次将期望寿命作为国家五年规划纲要指标之一，对转变发展方式具有重要指导意义。特殊的区位优势一定程度上促进了昆山市社会经济快速发展，而居民疾病死因谱也发生了巨大变化。既往研究提示，人口老龄化对昆山市人群死因影响较大，但其期望寿命、历年全人群观察人年数及老龄化趋势如何，目前尚未有系统研究结果。为此，该研究对昆山市1981—2014年期望寿命和观察人年数的时间序列进行分析，为开展以死因谱变化对期望寿命、疾病负担的影响等相关的研究提供指导。

一　资料与方法

（一）数据来源

1981—2014年各年年初及年末人口数来源于昆山市公安局，计算年均观察人年数。昆山市于1981年开展基于人群的死因监测工作，人口老龄化指标（≥60岁及≥65岁人口比例）来自历年死因报表。昆山市于2013年加入国家疾病监测点，2011—2012年开展死亡漏报调查，漏报率为0.34%，提示既往的死因监测处于可接受区间。

（二）统计学方法

采用 SAS9.3 软件进行数据处理，以时间趋势与自回归模型结合的方法拟合昆山市 1981—2014 年总观察人年数及期望寿命的预测模型，该模型中，时间趋势模型适合于获取长期行为，而自回归模型则更加适合获取短期波动。其模型的识别、估计及预测在 SAS 软件上实现。

二　结果

（一）昆山市 1981—2014 年年均观察人年数、期望寿命及老龄化指标

昆山市 1981—2014 年年均观察人年数由 1981 年的 527337 人年增加到 2014 年的 761336 人年；男性人群年均观察人年数由 1981 年的 265251 人年增加到 2014 年的 378477 人年；女性人群则由 1981 年的 262086 人年增加到 2014 年的 382859 人年。≥ 60 岁人口比例由 1981 年的 8.2% 上升到 2014 年的 20.6%，上升趋势明显。≥ 65 岁人口比例由 1981 年的 5.1% 上升到 2014 年的 14.0%，上升趋势明显。昆山市期望寿命由 1981 年的 69.67 岁上升到 2014 年的 82.86 岁，提高了 13.19 岁，上升趋势明显。男性期望寿命由 1981 年的 66.96 岁上升到 2014 年的 80.55 岁，提高 13.59 岁；女性期望寿命由 1981 年的 73.02 岁上升到 2014 年的 85.14 岁，提高 12.12 岁，各年份女性期望寿命均高于男性。

（二）昆山市全人群平均观察人年数时间序列分析

全人群年均观察人年数时间趋势与自回归模型中，模型稳健，拟合程度较好。全人群年均观察人年数预测模型残差诊断图其大部分散点均匀地分布于以 0 为中心和 ±5000 的两侧，表示模型的残差较小。预测结果显示，2015—2024 年昆山市全人群年均观察人年数分别为 774922、788846、802838、816644、831002、845936、861542、877976、895213、913219 人年。

（三）昆山市期望寿命时间序列分析

昆山市期望寿命时间趋势与自回归模型建模中，模型稳健，拟合程度较好。期望寿命预测模型残差诊断图其大部分散点均匀分布于以 0 为中心和 ±1 的两侧，表示模型的残差较小。预测结果显示，2015—2024 年昆山市期望寿

命 分 别 为 82.82、83.05、83.28、83.49、83.70、83.89、84.07、84.25、84.41、84.56 岁。

三　讨论

江苏省昆山市位于上海市与苏州市区之间，特殊的区位优势使其社会经济近 30 年快速发展。昆山市期望寿命由 1981 年的 69.67 岁上升到 2014 年的 82.86 岁，提高了 13.19 岁，时间序列分析发现未来将持续上升，但上升速度趋缓。全国范围内，昆山市期望寿命与全国和北京市、浙江省等地区略有差异。2010 年，北京市居民期望寿命为 80.81 岁，同期全国为 74.0 岁，浙江省为 77.29 岁，昆山市为 78.71 岁，略高于全国水平。江苏省第 3 次死因回顾调查显示，2003—2005 年苏南地区期望寿命分别为 76.83、77.45、77.53 岁，而同期昆山市分别为 77.42、77.71、77.62 岁，与同期苏南地区期望寿命基本一致。沙汝明研究显示，人口老龄化与糖尿病、恶性肿瘤死亡率密切相关。

该研究发现，昆山市 ≥ 60 岁人口比例由 1981 年的 8.2% 上升到 2014 年的 20.6%。老龄化进程的加快，使高血压和糖尿病等慢性病患病率上升。仝岚等人的研究显示，昆山市主要慢性病危险因素的流行日趋严重，其中肥胖、吸烟在不同特征的人群中流行较高为慢性病的预防控制及提高居民期望寿命指明了方向。居民期望寿命受到不同年龄段人群死亡风险及主要死因的影响。沙汝明对昆山市 2000 年死因分析显示，癌症、脑血管病、呼吸系统疾病、损伤和中毒、心脏病居昆山市居民死因前 5 位，心脑血管疾病对期望寿命的影响逐渐增加。低年龄段人群死亡率对期望寿命影响较大。沙汝明等人对昆山市 1984—2006 年学龄期儿童死亡模式变化趋势研究显示，损伤和中毒在不同年代均占儿童死因首位，学龄期儿童死亡人数占总人群的 0.64%(73/11348)，而潜在减寿年占总死亡人群的 3.84%(4829/125627)，学龄期人群平均潜在减寿年损失 66.15 年。前期研究显示，昆山市恶性肿瘤死亡率呈上升趋势，尤其是肺癌死亡率处于明显上升趋势，而食管癌、肝癌及胃癌死亡率下降。然而近年研究显示，肺癌、胃癌依旧是昆山市居民的主要疾病负担；人口老龄化对肺癌死亡率上升的贡献率达 57.28%。该研究依据时间序列分析方法对昆山市期望寿命及全人群年均观察人年等进行研究，并预测未来发展趋势，模型稳健，拟合程度较好。昆山市城市化进程的推进及居民收入的增加，共同推动了期望寿命的提高。当前，在初步概述昆山市期望寿命等指标的基础上，全面探索各死因对期望寿命的贡献，深入研究健康期望寿命、科学评价疾病负担是今后的研究方向。

（胡文斌、张婷、秦威、史建国、邱和泉、仝岚、金亦徐、周杰，江苏省昆山市疾病预防控制中心。原文出处：《中国全科医学》2016年第 8 期，第 971—975 页）

平均预期寿命、健康工作寿命与延迟退休年龄

谭远发　朱明姣　周　蓉

一　引言

延迟退休事关广大劳动者切身利益，因而需要慎重考虑和科学研究。2013年11月15日，党的十八届三中全会《关于全面深化改革若干重大问题的决定》明确要求"研究制定渐进式延迟退休年龄政策"。2014年12月23日，国务院副总理马凯向十二届全国人大常委会十二次会议做养老金政策改革的报告中指出："关于渐进式延迟退休年龄，党的十八届三中全会决定作了明确要求，但社会上分歧很大，认识并不统一。退休年龄是推迟到63岁还是65岁？还有时机选择、节奏掌握、配套措施以及监督实施的问题等等，都需要深入研究。"学术界的相关研究和方案很多，尚无定论。当前主要有两种提法：一是男女65岁同龄退休，以中国社会科学院、清华大学和中国人民大学等机构的研究团队向人社部提交的方案为代表。另一种提法是男性65岁退休，女性60岁退休，上述方案和研究分别从人口老龄化、平均预期寿命、人口红利和养老金收支平衡等视角来研究，无疑为该文测算合理的退休年龄提供了重要参考。然而，它们大都依赖于一个共同假定——未来人口的平均预期寿命每5年增长1岁。事实上，平均预期寿命增长1岁并不代表工作寿命特别是健康工作寿命也增长1岁。如果我国劳动者的健康状况不改进，那么退休年龄根本无法与国际接轨。因此，该文编制了我国2005年和2010年分性别人口平均预期寿命、健康预期寿命、工作寿命及健康工作寿命表，然后从劳动力健康工作的角度测算我国延迟退休的合理目标年龄，旨在为我国延迟退休目标年龄的"顶层设计"提供经验证据，

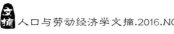

也对引导公众积极接受延迟退休的政策提供帮助。

二 研究数据与方法

（一）数据来源

为编制相应生命表，该文收集整理了2005年和2010年编制生命表的基础数据、劳动力在业率及健康率数据。其中，2005年我国分性别生命表来源于世界卫生组织官方数据；鉴于第六次全国人口普查的死亡数据存在重报和漏报，该文采用Brass Logit转换方法调整了2010年的年龄别死亡率后编制该年生命表。劳动力在业率数据分别来源于2005年1%人口抽样调查和2010年第六次全国人口普查。文中健康率数据来自中国综合社会调查（China General Social Survey，CGSS）。该文选择了2005年和2010两年的CGSS数据，共计20321个样本进行统计分析。其中，2005年和2010年各占47.71%和52.29%；男女分别占比47.35%和52.65%。统计的2005年与2010年的自评健康率显示，不管男性还是女性，各年龄组的自评健康率在5年间基本维持稳定，而且男性各年龄组的自评健康率均高于女性。可见，性别健康差异是延迟退休年龄时必须考虑的重要因素，特别是拉平男女退休年龄更要注意到这一点。

（二）研究方法

该文综合参考李永胜等学者的研究编制相应生命表，旨在分别计算平均预期寿命、健康预期寿命、工作寿命和健康工作寿命四个重要指标。平均预期寿命是指同年出生的一批人在一定的年龄别死亡率水平下，从出生到死亡预期能继续存活的年数；健康预期寿命则为预期寿命中处于健康状态下的时间。工作寿命则指同年出生的一批人在一定的年龄别死亡率和在业率条件下，随着年龄增长开始参加工作，随后又逐渐退出工作岗位的整个过程；健康工作寿命则为在业人员预期工作年限处于健康工作状态下的时间。

三 结果与分析

该文首先分析2005—2010年我国劳动力分性别和年龄组的预期寿命和健康

预期寿命，再比较工作寿命及健康工作寿命的变化，最后基于健康工作寿命设定我国分性别目标退休年龄。

（一）2005—2010 年我国劳动力预期寿命及变化

2005—2010 年我国男女预期寿命和健康预期寿命均随年龄的增长而下降，预期寿命的下降趋势略快于健康预期寿命；男女预期寿命均高于相应年龄组健康预期寿命，而且随着年龄增大性别差距渐渐减小。较之 2005 年，2010 年男女预期寿命和健康预期寿命纵向对比呈增长趋势。预期寿命方面，15 岁组男性和女性分别增长 2.06 岁与 2.02 岁；60 岁组分别增长 1.72 岁与 1.48 岁；其他各年龄组分别增长 0—3 岁左右。健康预期寿命方面，15 岁组男性和女性各增长 0.99 岁与 0.63 岁；60 岁组男性和女性各增长 0.53 岁与 0.36 岁；其他各年龄组增长 0—1 岁左右。2005—2010 年，我国男女预期寿命增幅均高于健康预期寿命增幅，即人均预期寿命的延长并不代表健康预期寿命的等幅延长。无论男女，其低龄组健康寿命增幅占总寿命增幅一半不到，越到高龄组这个比例越低，到 60 岁组时，在新增的寿命中只有 1/3 左右来自健康生存期的增加。因此，与人均寿命快速提高的情形不同，我国劳动力健康状况的改善不容乐观。虽然我国女性各年龄组预期寿命均高于同期男性，但是健康预期寿命却均低于同期男性。

（二）2005—2010 年我国劳动力工作寿命及变化

2005 年我国 15 岁组男性和女性在业人口的工作寿命已分别达到 47.79 岁和 44.79 岁，也就是说，如果 15 岁开始参加工作，则男性预期工作到 62.79 岁退休，女性预期工作到 59.79 岁退休，均高于目前各自的法定退休年龄。从健康工作寿命来看，2005 年 15 岁组男性的健康工作寿命只有 42.68 岁，相比工作寿命减少 5.11 岁，这说明由健康问题所造成的工作寿命损失达 5.11 年；同样，15 岁组女性的健康工作寿命只有 38.53 岁，健康原因带来的损失达到了 6.26 年。同样假设 15 岁开始参加工作，则男女可分别健康工作至 57.68 岁和 53.53 岁。2010 年的情况与此接近，15 岁组男女可分别健康工作至 57.91 岁和 53.91 岁。较之 2005 年，2010 年我国男女工作寿命均呈增长趋势，而且女性各年龄组涨幅均高于男性。在健康工作寿命方面，男性不仅没有增加，反而均略微下降；女性虽有所增长，但涨幅相比同年龄组工作寿命则明显下降。这说明 2005—

2010 年来，我国男性的实际退休年龄逐渐趋于稳定，而女性的实际退休年龄一直在延迟，我国女性健康工作寿命的变动受到两种相反力量的影响，正向影响来自女性劳动适龄人口在业率的提升，负向影响来自女性劳动力健康率的下降，前者的影响显著大于后者，最终结果表现为女性健康工作寿命缓慢增长。为得到更加稳健和可靠的结果，该文还采用预期寿命中位数进行比较分析。预期寿命中位数是指已经活到 X 岁的一批人，在当前死亡水平下，他们中的一半人可以活到多少岁或再活多少年。工作寿命中位数与健康工作寿命中位数的概念和计算方法与之类似。2005 年我国 15—19 岁组男性的工作寿命中位数为 48.23，比同年龄组男性工作寿命（47.79）高了 0.44 岁。这说明 2005 年我国 15—19 岁组男性预期可工作 47.79 年，而已经工作了 47.79 年的人有一半可以再工作 0.44 年。15—19 岁、50—54 岁、55—59 岁和 60—64 岁组也有类似含义。不管男性还是女性，也不管 2005 年还是 2010 年，工作寿命和工作寿命中位数非常接近。各年龄组健康工作寿命和健康工作寿命中位数有类似特征，这说明该文计算的工作寿命和健康工作寿命比较稳健和一致。通过比较 55—59 岁、60—64 岁组工作寿命和健康工作寿命可以发现，女性和男性还可以继续工作 5 年以上。如果劳动者参照以上计算的健康工作寿命来退休，则他们在达到退休年龄后，继续工作的空间还很大，这为该文进一步测算合理的目标退休年龄提供了生理条件。

（三）基于健康工作寿命的目标退休年龄设定

前文分析显示我国现阶段劳动力有如下特征：首先，预期寿命增长较快，但健康预期寿命增长相对缓慢；其次，男性工作寿命几乎无增长，且健康工作寿命甚至略微下降；最后，女性工作寿命增长较大，健康工作寿命增长相对缓慢。总体而言，近年来我国劳动力预期寿命显著延长，但健康状况的改善则不容乐观。考虑到良好的工作状态需要健康的身体作支撑，该文从健康工作寿命出发，分别把男性和女性各年龄组的健康工作寿命信息均纳入考虑，对我国退休年龄的合理值进行测算。鉴于 15—19 岁和 20—24 岁组受教育年限增加而延迟工作，而 50—54 岁、55—59 岁、60—64 岁组可能提前退休而导致较大的统计偏差。因此，该文采用 25—49 岁黄金年龄段的健康工作寿命均值作为目标退休年龄的参照指标，更能代表劳动者的健康工作寿命。2010 年我国男性和女性分别可健康工作至 61.64 岁和 57.81 岁，对比 2005 年相应值（62.07 岁和 57.63

岁）分别下降 0.43 岁和增长 0.18 岁，这个结果显著高于我国目前男女的法定退休年龄（男职工 60 岁，女干部 55 岁，女工人 50 岁）。因此，从劳动力健康工作寿命的角度，我国当前可适当延迟退休年龄，女性延迟退休的空间比男性大，但男女 65 岁同龄退休的时机还未成熟。该文建议我国法定退休年龄男性可延迟至 62 岁，女性可延迟至 58 岁。但考虑到男性 2005—2010 年的健康工作寿命实际上处于下降趋势，究竟延迟多少年最为合理有待进一步数据挖掘和分析，下文将通过生命周期角度对我国退休政策与国际水平进行比较分析。从生命周期角度对我国退休政策与国际水平进行比较，目前 OECD 国家中男女法定退休年龄普遍高于我国，男性平均高出 4 岁左右，女性平均高出 10 岁左右（假设我国女性平均 52.5 岁退休）；同时，其分性别预期寿命也普遍比我国高出 4 岁左右。若执行该文建议，我国男性与女性退休年龄分别延迟至 62 岁和 58 岁，则延迟后我国男性退休生涯还有 10.4 年，占工作寿命的比例与欧盟 19 国和 OECD34 国水平基本相当；女性的退休生涯虽能达 19.4 年，但工作寿命的比例仍然与欧盟 19 国和 OECD34 国水平基本持平。

四　结论与建议

该文应用生命表技术分析了 2005 年和 2010 年我国劳动力预期寿命、健康预期寿命、工作寿命和健康工作寿命的变动情况，得到了以下结论：

首先，国民健康持续改进是工作寿命延长和延迟退休年龄的前提条件，5 年间我国人均期望寿命增长较快，但健康预期寿命则增长有限，已提升的预期寿命中只有 1/3 左右是健康生存期的延长，其余 2/3 均为不健康生存期的扩张。虽然我国男性和女性在业人口工作寿命均较长，分别高于 48 岁和 45 岁，但是其健康工作寿命则分别减少了 5 岁和 6 岁多。2005 和 2010 年，我国女性各年龄组的工作寿命和健康工作寿命涨幅均大于男性，这主要由于这段时间我国男性劳动适龄人口在业率趋于稳定，而女性因教育程度提高和经济独立意愿增强而使得劳动参与率显著增长。因此，延迟退休方案应优先考虑缩小目前的男女退休年龄差异，延迟退休应女先男后或女快男慢。

其次，我国当前可适当延迟退休年龄，女性延迟退休的空间比男性大，但男、女 65 岁同龄退休的时机还未成熟。我国男性可健康工作至 62 岁，女性可健康工作至 58 岁。因此，建议我国延迟退休的目标年龄应以男性 62 岁退休、女性 58 岁退休为上限。为了进一步证实该建议的合理性和可行性，该文从生命周期的视角对法定退休年龄进行了国际比较，通过与欧盟 19 国和 OECD34 国比较发现，我国现行的法定退休年龄相对较低，若将我国男性退休年龄延迟至 62 岁，女性延迟至 58 岁，那么我国劳动力的退休生涯与工作寿命之比将接近发达国家的平均水平。

最后，延迟退休的方案应该坚持渐进和公平原则，采取弹性退休制度，实现逐步推迟退休年龄。具体地说，劳动者在达到法定最低退休年龄之后，女工人可在 50—58 岁，女干部在 55—58 岁，男工人和男干部在 60—62 岁之间，可以自由选择停止工作和开始领取养老金的时间。政府既要按照一定比例提高未来养老金以此鼓励延迟退休，还可以为选择延迟退休者提供额外奖励。

（谭远发、朱明姣、周葵，西南财经大学中国西部经济研究中心。
原文出处：《人口学刊》2016 年第 1 期，第 26—34 页）

人口老龄化对中国人群主要慢性非传染性疾病死亡率的影响

何　柳　石文惠

2010 年全球疾病负担研究 (Global Burden of Disease Study，GBD) 的数据显示，过去 20 年内中国人群疾病谱发生快速转变：传染性疾病在各年龄段均明显减少，目前的疾病负担主要是由心脑血管疾病、肺癌、肝癌以及道路交通伤害等慢性非传染性疾病导致的。该研究通过对影响中国人群 5 种主要慢性非传染性疾病死亡率的因素分析，定量分解人口老龄化因素及其他非人口因素对死亡率的影响，判断人口结构老龄化对各类疾病死亡率变化的影响程度。

一　资料与方法

该研究所使用的数据资料来源于全国疾病监测系统 (Diseases Surveillance System) 的《死因监测数据集》(2006—2013 年)。疾病死亡率的变化主要受到老龄化人口因素及社会、经济、环境等非人口因素影响，该研究利用死亡率差别分解的方法对 2006 年和 2013 年中国人群肺癌、肝癌、冠心病、脑血管疾病和道路交通伤害死亡率变化的影响因素进行分解，探讨人口结构老龄化对这几种主要慢性病死亡的影响程度。死亡率差别分解方法的基本原理是：把两个人群死亡率的比较转化为对一个人群的两个不同时点死亡率差异的比较，从而解释该人群死亡率的变化多大程度上源于人口结构因素。

二　研究结果

（一）主要慢性病死亡率的变化趋势

2006—2013 年，全人群肺癌、肝癌、冠心病、脑血管疾病、道路交通伤害死亡率皆呈上升趋势，其中冠心病、脑血管疾病死亡率上升趋势更明显，而肝癌、道路交通伤害死亡率变化趋势趋于平缓。性别比较发现，历年来男性人群肺癌、肝癌、冠心病、脑血管疾病及道路交通伤害的死亡率均高于女性。城乡比较，城市居民五种慢性病死亡率在 2006—2013 年间变化趋势相对平缓，其中脑血管疾病、肺癌、肝癌呈先下降后升高的趋势；农村居民肺癌、冠心病、脑血管疾病、道路交通伤害死亡率总体呈上升趋势，脑血管疾病死亡率在 2013 年已明显超过城市居民死亡水平。

（二）影响主要疾病死亡率变化的因素分析

1. 肺癌、肝癌死亡的影响因素分解

利用死亡率差别分解方法，发现中国人群 2006—2013 年肺癌死亡率增加有 76.9% 归因于人口老龄化因素，超过非人口因素的影响程度；男性人群中，肺癌死亡率增加值 (死亡率差别：男性 16.4/10 万，女性 7.4/10 万) 和人口老龄化造成的影响程度都高于女性 (人口因素贡献率：男性 79.7%，女性 74.5%)。在城市人群中，人口老龄化对肺癌死亡率的增加起到正向作用 (变化值：9.0/10 万)，非人口因素起到负向作用 (变化值：－3.0/10 万)；农村人群中人口老龄化和其他非人口因素对肺癌死亡率增加都起到正向作用，贡献率分别为60.0% 和 39.4%。肝癌的死亡率差别分解结果显示，全人群肝癌死亡率 8 年变化值较小 (3.3/10 万)，尤其在女性人群中只增加 1.8/10 万，其中，人口老龄化对男性和女性人群肝癌死亡率的增加产生正向作用 (变化值：男性 8.5/10 万，女性 3.2/10 万)，而非人口因素产生负向作用 (变化值：男性－3.7/10 万，女性－1.4/10 万)。在城市地区和农村地区，人口老龄化与非人口因素对肝癌死亡率的增加也产生相反作用，人口老龄化产生的死亡率增加值为城市 4.3/10 万和农村 6.9/10 万，非人口因素产生的死亡率增加值为城市－2.8/10 万和农村－2.7/10 万。

2. 心脑血管疾病死亡的影响因素分解

从全人群来看，人口老龄化对脑血管疾病死亡率增加的贡献程度 (人口因素贡献率：105.3%) 比冠心病 (人口因素贡献率：51.2%) 更为明显。在不同性别人群中，男性冠心病和脑血管疾病死亡率增加的绝对值都高于女性，人口老龄化对脑血管疾病死亡率增加的贡献程度在女性中更高 (人口因素贡献率：男性 106.0%，女性 111.2%)，而对冠心病死亡率增加的贡献程度在男性中更高 (人口因素贡献率：男性 53.1%，女性 49.6%)；对城市和农村人群进行比较，人口老龄化对城市人群冠心病、脑血管疾病死亡率增加的贡献程度都高于农村人群。

3. 道路交通伤害死亡的影响因素分解

对道路交通伤害死亡率进行差别分解发现，人口老龄化对道路交通伤害死亡率增加的贡献程度 (人口因素贡献率：22.7%) 小于非人口结构因素 (人口因素贡献率：77.3%)，相比之下，对女性和农村人群的贡献程度分别高于男性和城市地区。

三　讨论

我国目前的疾病负担主要来自于心脑血管疾病、肺部疾病、肝癌、道路交通伤害等慢性非传染性疾病。从 1990 年到 2010 年，我国按人口结构标化的慢性非传染性疾病死亡率呈下降趋势，但是实际死亡人数从每年 590 万人增加到了每年 700 万人，造成这种差异最主要的原因是人口增长和人口老龄化。根据 2006—2013 年全国死因监测数据，该研究发现肝癌、肺癌、冠心病、脑血管疾病和道路交通伤害这五种慢性病粗死亡率在这 8 年间都有所上升，且男性人群死亡率高于女性。其中，冠心病和脑血管疾病在我国农村人群中问题突出。此现象与既往研究所指出的，全球冠心病和脑卒中死亡率在高收入和中低收入国家均呈下降趋势的结论不一致，提示我国农村人群心脑血管疾病负担的迅速增长将对慢性病防控工作带来更多挑战。肺癌、肝癌居中国居民致死率最高的恶性肿瘤前两位。1991—2000 年的死亡因素定量分析研究显示肺癌和肝癌死亡率的上升主要是非人口因素的作用，其中肺癌死亡率上升，非人口学因素贡献率达到 63%，而该研究通过对 2006—2013 年死亡率资料的定量分析发现，2006—

2013 年中国人群肺癌死亡率的增长有 76.9% 归因于人口老龄化因素，其影响超过了其他非人口因素；就肝癌而言，其按 2006 年人口标化的死亡率已从 2006 年的 21.4/10 万下降到 2013 年的 19.2/10 万，这种下降趋势应该归功于如乙型肝炎的有效控制、生活方式改善等保护因素，然而 2013 年肝癌粗死亡率实际上却较 2006 年上升了 3.3/10 万，由人口结构老龄化产生的增长变化值为 5.9/10 万，提示人口老龄化抵消了其他非人口因素的保护作用，使得肝癌的疾病负担仍在逐年增加。心脑血管疾病是危害健康的主要慢性非传染性疾病。

2010 年 GBD 研究显示，心脑血管疾病已占我国总疾病负担的 15.2%，其中脑血管疾病造成的疾病负担是冠心病的两倍，然而冠心病在过去 20 年的增长速度已经超过了脑血管疾病。提示中国人群心脑血管疾病的流行特点正在逐渐接近西方国家，有可能成为未来我国疾病负担的主要来源。人口老龄化是心血管疾病负担加重的重要原因。该研究发现，2006—2013 年冠心病和脑血管疾病死亡率的增加分别有 51.2% 和 105.3% 归因于人口老龄化，明显超过 1991—2000 年人口老龄化对心脑血管疾病死亡率上升的影响程度。此结果一方面提示人口老龄化对心脑血管疾病负担的影响日益严重；另一方面，冠心病和脑血管疾病受人口老龄化的影响存在差异，除人口老龄化因素外，还应意识到对于心血管疾病，尤其是冠心病，还存在更多其他危险因素在加剧疾病负担，比如不良生活习惯和饮食结构不合理导致的高血压、糖尿病、肥胖、高血脂等，其综合防控工作还有待进一步加强。人口结构老龄化不仅导致疾病负担加重，还会带来更多的社会不公平性问题。

（何柳、石文惠，中国疾病预防控制中心慢性病防治与社区卫生处。原文出处：《中华疾病控制杂志》2016 年第 2 期，第 121—125 页）

人口老龄化

人口老龄化与宏观经济关系的探讨

翟振武　　郑睿臻

老龄化究竟对经济增长产生什么影响？目前各种理论分析和实证分析都很多，相当多的部分对于人口老龄化，特别是中国人口老龄化对经济影响持非常消极的观点，认为人口老龄化必然会降低中国宏观经济的增长，会导致经济的衰退。无独有偶，美国也处在人口老龄化的时期。美国政府和国会对历史上这种前所未有的人口转变也非常关注，组织美国国家科学院国家研究委员会进行了一项人口老龄化长期宏观经济效应的大型研究。该研究的成果最终结为一份报告。报告就人口老龄化对宏观经济的长期影响给出了许多与流行观点不一样的结论。报告认为，人口老龄化对政府开支会有显著影响，但对劳动生产率和创新的影响很小，对资产价格也不会有大的影响。老龄化导致的私人资产积累甚至有可能对经济产生积极作用。整体来说，人口老龄化对生活水平的影响是有限的，对于整个经济的宏观影响是温和的。理解和分析这份报告的一些重要结论，对于我们深入理解和认识中国人口老龄化与宏观经济关系具有重要参考和借鉴意义。

一　人口老龄化对劳动参与率和退休的影响

（一）工作岗位数量并非恒定

在应对老龄化的挑战中，延迟退休年龄，提高老年劳动参与率是常常被提及的应对措施之一。但老年劳动参与率的提高会加剧就业难的困境吗？目前文献上大部分观点认为，鼓励老年人及时或提前退出劳动力市场是为了给年轻人腾出更多的工作岗位。美国国家科学研究委员会认为，这些观点的提出是从工作岗位数量一定的观点出发，即认为劳动力市场的工作数量是恒定不变的，但这是有悖客观事实的。显而易见的是，在经济活动中，工作岗位的数量并不是固定不变的。除了经济周期发生比较严重的衰退时，工作岗位的数量很大程度上是由劳动力的数量决定。老年劳动力数量的增加预计还会略微提高年轻人的工资水平。国际社会保障项目也运用了多种方法来评估老年人就业率提升对青年人就业率的影响，都得出了一致的结论：即使降低老年人的从业机会也不会给青年人创造更多的就业机会。

（二）工作寿命延长的宏观影响

有两个最重要的方法可以用来延长老年人的工作寿命：一是取消鼓励提前退休的社会政策；二是改变工作岗位恒定的观点，即认为老年人延长退休时间会挤压年轻人的就业机会。此外，必须理解工作设置的重要性，比如弹性工作时间的设置会在很大程度上激发潜在的老年劳动力继续工作。

各国在面对平均预期寿命不断提高，而劳动参与率不断下降的状况时，都在积极主张提高老年人的劳动参与率。老年劳动参与率的提高有许多好处。首先，老年劳动参与率的提高会带来国内生产总值的增加。产值的增加会带来税收的相应增加，从而为社会保障和医疗保健提供可用资金。同时，随着工作寿命的延长，个人储蓄也会增加。

此外，我们还需要权衡延迟退休这个问题。从健康和退休的研究数据来看，美国只有 1/4 的 60—61 岁的劳动力认为自己的健康状况制约了其工作能力。因此，可以适当提高退休年龄来增加劳动力数量，对于身体状况较差未能达到退休年龄的老人可以通过寻求残疾保险获得养老保障。

自动调节社会保障福利也是应对人口转变的一个有效方式。许多分析人士建议退休年龄应该与平均预期寿命挂钩。截至 2009 年，30 个经合组织国家中已经有 13 个国家在其公共养老体系中建立了退休金与平均预期寿命相关联的体系。

二　人口老龄化对生产率的影响

实际生产率并不只是完成一项简单的任务，现实中实际生产率的衡量通常会很复杂，需要考虑到经验、工作技能、健康状况、工作转换以及其他一些潜在的因素。美国国家科学院国家研究委员会预测在未来 20 年里，年龄结构变化对生产率的净影响会非常小。

生产率的增长通常用每单位投入的产出来衡量。在分析生产率的增长时，通常把决定劳动生产率增长的因素分成两部分：一个是所投入的劳动力的数量和质量的增长；另一个是技术的改变或产品、工艺的改进。从第一个因素来看，要提高劳动生产率，应该提高教育水平和劳动技能获取的能力、加大培训力度，同时还应该增加资本和物质投入。第二个关键因素便是技术进步。从长远来看，技术进步源于新的科学技术、工程知识的产生和发展，同时也依赖于生产流程的改进和社会先行资本的投入。此外，组织结构、经营方式的创新、法律环境的改善都可以促进生产率的提高。毫无疑问，劳动生产率的提高除了受当地劳动力个体素质技能的影响外，更为主要的原因是受全球技术、工艺进步与创新等因素的影响。老龄化对个人生产率的影响是微弱的。不同年龄的个体和测量方式的不同都会使个人生产率产生巨大差异。有研究发现生产率会随着年龄与度量标准的不同而变化，也有一些研究认为个人劳动生产率的顶峰要在更大年龄时才会出现。

影响生产率的第二个重要因素便是劳动力质量和科技人员分布的交互作用。其中，最为关键的是影响个人生产率的年龄分布。这可以被称为"年龄结构效应"。在人力资本模型中，生产率是一个人力资本积累的函数。人力资本在整个生命历程中是不一样的。大量研究表明收入分配与年龄、工作经验以及教育程度有关。为了估计年龄分布变化对于生产率的影响，美国国家科学研究委员会使用 1999—2001 年的年龄—经验曲线作为年龄—生产率的关系，并结合 2010、2020、2030 年的预测数据发现，年龄结构对于生产率增长的影响在 2010—2020 年和 2020—2030 年之间是微乎其微的。

此外，也有研究指出年龄结构变化会对相对工资产生影响。美国国家科学院国家研究委员会在允许不完全替代关系存在的情况下，将劳动力分成 6 组，来研究年龄和生产率的关系。发现如果假设不同年龄组之间可以完全替代，那么在 2010—2030 年每年将提高 0.01—0.02 个百分点的劳动生产率。从上述研究可以看出，即使在所有因素都起作用的情况下，这种替代影响也非常小。

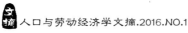

目前有关年龄结构变化对生产率的影响研究非常少。美国国家科学院国家研究委员会使用 Feyrer 数据集，通过 3 个模型估计了平均年龄多项式的改变对全要素生产率的影响，发现二次函数方程最优，即在未来 20 年里，年龄结构的变化会使每年的生产率大约降低 0.1 个百分点。虽然这些估计存在一些不确定性，但是美国国家科学院国家研究委员会所有的估计都表明，未来 20 年年龄结构的变化对于美国劳动生产率的影响将会非常小。

三　人口老龄化对发明创新的影响

老龄化会严重影响到一个社会的整体活力、创新意识和创新动力吗？美国国家科学院的报告给予了否定的回答。他们认为，事实上人口老龄化很难阻挡人类发明创新的脚步。这是因为发明与创新是一个公共物品。无论新的技术产生于哪里，它都会被陆续应用于全世界。当然，未来生产率的长期增长在很大程度上取决于前沿技术的扩散与应用。知识和技术在国家内的扩散要远远高于不同国家之间的扩散速度。而新技术的采用率则取决于许多非年龄的因素，比如贸易的开放程度、资本的流动速度、国内市场结构的竞争性、盈利能力、监管结构等。而年龄结构因素的影响主要体现在对需求结构的变化上。比如说，步入老龄化的人口对公共医疗卫生服务的数量和技术的采用都存在强劲的需求。

相关研究显示，把知识转化为专利的时间通常要比转化为科学和伟大发明的时间晚 10 年。虽然年龄是发明创新的一个重要决定因素，但是它对于实际社会绩效的解释微乎其微。相对而言，教育、支持体系、经济社会的奖励、宗教机构等都决定着科学成果的实际分配，显得尤为重要。

四　人口老龄化对储蓄和退休保障的影响

从长远来看，预测老龄化对国民财富积累模式的影响很难。鉴于此，美国国家科学院国家研究委员会用简单的生命周期模型来预测人们在工作期间和退休后的储蓄情况。此外，新兴经济对于资产的需求将会抵消老年人所出让的资产。目前，人口老龄化对青年人和中年人储蓄的影响还不确定。当他们预期未来公共医疗保健、退休福利将会减少，而预期寿命又会延长时，他们将会更多地增加储蓄以应对养老风险。但是当他们预期会工作更长的时间时，则会相应减少用于保障退休生活的储蓄。

人口老龄化会影响财富的总持有量、资产的构成以及社会对持有风险资产的倾向。经济理论表明，很多家庭都由于预防或者退休的原因而积累储蓄。如果老年人的人口比例增加了，而其他都不变，一般的家庭将会有相对于收入更多的财富。

老龄化对国民储蓄的重要影响主要表现在其会导致家庭生活水平的差异。拥有较低人力资本和较少终身收益的家庭几乎不会有积蓄，只能依靠社会保障维持其生活水平。而拥有较高终身收益的家庭则会通过自己的方式而非社会保障去提高退休后的生活水平。人口老龄化对于社会储蓄的挑战是：随着平均预期寿命的增加，退休储蓄不足以支付其退休后的生活，需要依靠社会保障来填补空缺。

总而言之，随着人口老龄化社会的到来，将会有大部分人口达到退休年龄，同时高龄老年人也会相应增加。尽管如此，这些压力并不是无法战胜的。这些趋势将需要许多新的方法来确保退休储蓄尽可能大地满足退休需求。尤其是利用公共政策鼓励金融市场通过新产品来更有效地转移和分摊风险。

五　反思与启示

目前，国内学者对于人口老龄化对中国宏观经济的影响并不确定，但普遍持有悲观的态度，认为人口老龄化会抑制中国社会经济的发展。人口老龄化是一个全球性的问题，在某些程度上各国所面临的挑战具有一定的共性。就中国人口老龄化对宏观经济的影响而言，目前尚不确定。但是，2012 年美国国家科学院国家研究委员会的报告可以给我们提供很好的研究思路与方法，可将宏观经济的影响因子（人口健康状况、劳动参与率、劳动生产率、发明创新、储蓄、退休保障、投资回报率等）纳入中国人口老龄化问题的研究，并结合中国当前的社会、经济状况，就人口老龄化对未来中国宏观经济的影响进行深入详细的研究，以期更好地应对人口老龄化所带来的巨大挑战。

美国国家科学院国家研究委员会在 2012 年发布的报告中，就人口老龄化带来的影响聚焦于其对宏观经济的影响，从而剥离于其可能带来的其他错综复杂的影响，从而使研究主题更加明确，能够更加深入地就人口老龄化可能带来的经济问题进行层层剖析，逐一回答人口老龄化对每一个经济因子的影响。在对每一个经济因子的研究中，运用了多种合适恰当的方法，更加侧重于老龄化对宏观经济的长期影响，这使得研究更加具有科学性和针对性。该报告通过美国自身不同时期历史数据的对比以及世界各国数据的对比分析，从历史、国际、体制等多视角，探究了人口老龄化对宏观经济长期影响的关系和规律，这将对中国人口老龄化问题的研究具有重要的借鉴意义。

（翟振武、郑睿臻，中国人民大学人口与发展研究中心。原文出处：《人口研究》2016 年第 2 期，第 75—87 页）

中国老年照料劳动力需求的估计与预测

——来自澳大利亚的经验

封　婷　肖东霞　郑真真

一　研究背景、研究思路和数据来源

中国正经历快速人口转变，带来家庭规模小型化、结构老化、成员地域分割，使长期以来由家庭内部提供老年照料的模式难以持续，服务主体需要向社会转移，以社会化、专业化和产业化的方式解决家庭内部照料能力不足的问题。老年照料是"劳动力密集型"产业，一支数量充足、专业化的劳动力队伍是老年照料产业发展的关键。

现有研究普遍认为目前老年照料劳动力数量缺乏，与老年人照料需求之间存在巨大的缺口。对老年照料劳动力需求进行准确的估计和预测是应对这一严峻形势的基础。然而，中国人口老龄化历史较短，缺乏相关经验和数据，很大程度上制约了估计和预测。为测算和预测中国老年照料劳动力需求，该研究选择澳大利亚作为参考标准，主要有三方面原因。其一，该国人口转变在发达国家中相对较晚，在快速老龄化带来老年照料行业发展方面与中国具有一定的可比性。其二，澳大利亚已建成较为完善的老年照料体系，以政府计划和政策引导、公立和非营利为主的模式较为适合中国借鉴。其三，澳大利亚老年照料制度和劳动力状况的资料丰富，从老年人口到照料需求到劳动力的转化都有全国性的准确调查资料可供参照。

该研究以人口变动为基础，从需求端入手预测老年照料劳动力，以使用照料服务的老年人数量占有照料需求老年人数量之比，即服务的可获得性来代表

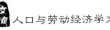

老年照料服务满足其需求的水平，将澳大利亚目前的水平作为中国到预测期末的发展目标，在预测期逐步提高和趋近，并将相关因素依次纳入测算，预测至2050年对老年照料劳动力的需求情况。

该研究所使用的人口数据主要来自联合国发布的《世界人口展望》（2015年版）该数据集包含主要国家和地区1950—2100年的历史和预测人口数据，对中、澳两国的预测展现出在假设的死亡率和生育率作用下，以年龄结构递推和期望寿命增加为主要特征的老龄化图景。《世界人口展望》（2015年版）根据中国目前持续的低生育水平进行了调整，老龄化水平相比2012年版更高；同时，对高龄老年人的分组也更为细致，便于在考虑年龄结构的影响时得到更为精确的结果。

劳动力数据使用了2013年中国第三次经济普查数据，澳大利亚的资料来自澳大利亚2007年和2012年老年照料劳动力调查、2008年社区养老调查、2011年生产力委员会报告和2012年老年照料改革方案等。

二　中国未来老年照料劳动力需求测算

（一）需要照料的老年人数量和照料水平提高（情境1）

需要照料的老年人数量和照料水平是两个最直接也最重要的影响因素，情境1考虑这两个主要因素，作为后续分析的基础。采用老年照料劳动力与70岁及以上人口数量之比均匀线性增长的假设，在目前水平和目标水平之间线性插值，结合预测期70岁以上老年人数量的变化，形成预测情境1。

按照情境1，中国老年照料劳动力2030年需求量为1141.19万人，到2050年总数将达到4529万人。从老龄化规模发展和照料水平提高这两个因素考虑老年照料劳动力需求，在2015—2050年间的增速很快，到预测期末绝对数量巨大，但到预测期末段增速逐渐放缓。

（二）老年人口年龄和性别结构的变化（情境2）

老年人口内在结构变动是老年照料服务需求量和强度的重要影响因素，设置情境2考察老年人口的年龄和性别结构变化对照料劳动力的影响。其中性别年龄别老年人各类照料服务使用率使用澳大利亚2008年的资料，注意到在几乎所有的服务类型中，女性和高龄老年人的使用率都相对更高，且更可能选择照料强度较高的服务类型。

加入老年人口性别年龄结构影响的情境 2 预测结果在预测期间始终低于情境 1，但到 2044 年之后增速开始加快，届时情境 1 曲线增长开始放缓，两情境的差距逐渐缩小。情境 2 中，2030 年中国老年照料劳动力需求量将达到 891.29 万人，比情境 1 的预测值低 22.03%；到 2050 年，需求总量将达到 4462.21 万人，比情境 1 需求量预测减少 1.65%。

按照总量预测，老年照料劳动力需求发展趋势是预测期初期加速增长，而后增速趋缓，但加入老年人口性别和年龄结构影响后，开始阶段增速较缓，而到预测期末尾快速高龄化阶段才急剧增长。两情境趋势对比说明，考虑老年人口性别和年龄结构，能够更加如实地反映照料需求变化，消除仅关注老年人数量而忽视老龄化实质发展水平所导致的预测偏差。

（三）老年人健康状况的改善（情境 3）

考虑健康状况改善带来的各年龄阶段失能率的下降会相应降低照料需求，按照澳大利亚老年照料体系改革法案的假设，即年龄别失能率每年以 0.25% 的速度普遍下降，以该速度在情境 2 年龄别照料需求的基础上逐年缩减，作为预测的情境 3。

在预测期前半阶段，情境 3 劳动力需求量与情境 2 差别很小，需求降低的作用在 2040 年之后开始显现，并以较快速度扩大。此情境下 2030 年中国照料劳动力将达到 856.30 万人，比情境 2 降低 3.93%；而 2050 年总量预计达到 4077.69 万人，比情境 2 的需求水平减少 384.52 万人或 8.62%。这说明老年人健康改善是降低照料劳动力需求的重要影响因素，但效果显现较慢，主要表现为长期累积效应。

（四）来自家庭的非正规照料（情境 4）

为反映中国较强的非正规照料对正规照料需求的减少作用，情境 4 将预测期末照料服务可获得性的目标定在澳大利亚 2012 年水平的 80%，其他设定与情境 3 相同。

情境 4 趋势与情境 3 类似，仅增长幅度变缓。预计到 2030 年，老年照料劳动力将从 30 万人增长到 691.38 万人，相比情境 3 的预测水平减少了 164.92 万人（或 19.26%），到 2050 年，进一步增长到 3262.16 万人。

情境 4 依次考虑了老年人规模、性别和年龄结构、未来自理能力改善以及非正规老年照料的作用，是该研究对中国未来老年照料劳动力需求的最佳估计。情境 4 估计的 2050 年老年照料劳动力总数将占届时劳动年龄人口的 4.84%，参照 2013 年第三次经济普查各行业从业人员占当年劳动年龄人口的比重，这将使老年照料行业的劳动力占比仅次于制造业和建筑业，是其所归属的卫生和社会工作行业（只占劳动年龄人口的不到 1%）2013 年劳动力占比的 4.85 倍。如果我们的假设与未来实际较为接近，结果能够在某种程度上描摹未来的状况，这个巨大的增长意味着中国产业结构和劳动力市场深刻的转变。

（五）"9064" 方案的测算

北京市于 2008 年起开始推广 "9064" 模式，即 60 岁及以上老年人中，90% 在社会化服务的协助下通过家庭照顾养老，6% 通过政府购买社区照顾服务养老，而 4% 入住养老服务机构集中养老，这是中国对老年照料服务体系一种较有代表性的政策设计。因此该研究以此为例，保持前述情境计算出的各类照料服务劳动力配置的相对强度，测算该模式对照料劳动力的需求。

"9064 方案" 的驱动力是 60 岁及以上老年人口总量变动，因此按照其规模变动趋势以 2030 年为界可分为几乎线性的两段，2015—2030 年斜率较大，与其他结果相比偏高，2030 年老年照料劳动力总量预测值为 953.31 万人，相比本研究最优预测情境 4 偏高 37.89%；而 2030 年之后变为较低的增长率，到 2050 年成为 5 类情境中最低的预测结果，为 2852.09 万人，比情境 4 偏低 12.57%，与考虑老年人性别和年龄结构前低后高的预测相比，增长率的变动几乎相反。这反映出以 "9064" 方案为代表的、将低龄老年人也包括在内的且只考虑规模因素的照料服务政策设计与老龄化发展的实质水平有所背离，据此进行的劳动力安排在预测期前半段会较为激进，但在后半段高龄化阶段则难以应对老年照料需求的激增。

（六）因素敏感性分析

1. 分段驱动力分析

在预测期将劳动力预测结果分段计算年均增长率，对最佳的预测情境 4 的增长率进行对数分解，获得不同时段各因素贡献率，以此展现各时段的主要驱动因素，及其驱动力的消长。

研究假设照料服务可获得性线性增长，因此该因素的贡献始终为正，其在总增长率降低后仍保持50%左右的贡献率；老年人口规模因素在2020—2045年影响较大，反映出生高峰人口组进入老年的影响；老年人口性别和年龄结构在2025年之前是重要的抵减因素，之后影响由负向转为正向，在2040年之后贡献增大，到预测期最后5年贡献率达到42%以上；健康状况改善和来自家庭的非正规照料都是劳动力需求增长的抵减因素，但健康状况改善到末期总增长率降低时才能凸显，非正规照料的影响集中在最初10年，其后几乎可忽略不计。老年人口规模和结构都是老龄化因素，合并二者贡献可以看到在预测期前6年老龄化总体影响偏中性，对劳动力增长的驱动在2020年之后快速提高，并在2035年之后的时段贡献率均超过50%。

2. 中长期累积影响分析

从2015—2030年的15年间，不足人口学中一代人的时间跨度，而生育政策调整对劳动力年龄人口数以及抚养比等相关指标尚未产生影响，因此以2030年预测值反映中期变化情况，而2050年则作为长期变化的代表。将5个预测情境在2030年和2050年的结果汇总，并依次与上一个情境比较计算相对变动比例，来反映每个因素的敏感性。

分析结果表明，非正规照料在中期和长期都有较大影响，中国传统的家庭照料是照料劳动力需求的重要抵减因素。老年人性别和年龄结构变化成为中期关键的影响因素，原因在于2030年以前的老龄化是以总人口年龄结构因素带来的老年人数量增长为主，这一阶段老年人内在结构老化和女性化的程度落后于老年人总数的增长，不考虑老年人结构的总量预测的结果虚高。以2050年长期效应来看，老年人健康逐渐改善的影响开始显示出来，而老年人口性别年龄结构带来的作用几乎消失。原因在于这个阶段生育高峰队列进入高龄的年龄结构因素和死亡率改善这一因素共同起作用，老龄化发展到高龄化阶段，接近作为参照的澳大利亚水平。而自理能力改善的影响不断叠加，在长期才会显示出效果。另外，长期来看如果以60岁及以上老年人数量为基础按照"9064"方案进行劳动力规划，会落后于实际需求水平。

三 结论与对策建议

随着老龄化加剧和老年照料服务水平的提升，在预测期间中国老年照料劳动力总量需求大幅度增长，这是该研究的基本结论。以该研究最佳的情境4的预测结果来看，2030年和2050年照料劳动力需求分别为691万人和3262万人，在整个预测期间中国老年照料劳动力需求年均复合增长率为13.91%。

该研究通过各预测情境及敏感性分析提出，应大力推动为老服务水平的提升，培育老年照料产业发展，满足老年人及其家庭的需求，提高家庭养老能力，改善老年人健康水平，关注高龄和女性老年人等老年照料需求的重点人群。而"9064"方案等从老年人数量出发的政策，在深度老化时会低估老年照料的实际需求，需要在高龄化之前进行调整。借鉴澳大利亚老年照料行业的发展过程和改革经验，也提示应注重收集老年照料行业和劳动力的数据资料作为决策依据，发展老年照料产业应与提升老年人收入水平并举，充分考虑老年人及其家庭收入和资产情况，兼顾社会公平与公共资源配置效率。

（封婷，中国社会科学院人口与劳动经济研究所；肖东霞，澳大利亚弗林德斯大学护理学院；郑真真，中国社会科学院人口与劳动经济研究所。原文出处：《劳动经济研究》2016年第4期，第27—52页）

家庭老年照料会降低女性劳动参与率吗？

——基于两阶段残差介入法的实证分析

陈　璐　　范红丽

人口老龄化是中国不可逆转的常态现象，它正在改变着国家的经济和社会基础。前所未有的剧烈的家庭结构变迁正在挑战中国传统的家庭养老范式，尽管如此，家庭养老依然是我国目前和未来一段时间的主流养老模式，而照料者是家庭养老的主力军。关注并研究家庭照料者群体，实际上就是在关注和研究家庭养老模式的可持续性，这是积极应对不可逆转的人口老龄化趋势的重要路径之一。该文基于中国健康与营养调查 2009 年数据，利用两阶段残差介入法探讨从事家庭老年照料活动对女性劳动参与决策的影响，为我国制定支持家庭老年照料的相关政策提供了科学依据。

一　照料和劳动参与研究的计量方法回顾

国际上对于家庭老年照料和照料者就业关系的研究开始于 20 世纪 80 年代。相关文献指出，照料老人对于劳动参与率的影响存在两种相反的效应，其中"替代效应"是指由于时间的稀缺性，为了满足照料需求，照料者减少工作时间，甚至退出劳动力市场；而"收入效应"是指照料者选择把更多的时间投入工作，目的是获得收入以应对老年照料所需的大量费用支出。以上两种效应共同作用下的净效应就是家庭老年照料对就业决策的真实影响。

目前，对于照料和劳动参与决策关系的研究面临计量方法的挑战，即反向因果关系引起模型的内生性问题，也就是说究竟处于劳动年龄的照料者是因为向年迈的父母提供照护不得不放弃了工作，还是由于其自身原因在劳动力市场难以找到就业机会而主动选择成为家庭照护的提供者？如果不克服这种内生性，会导致估计结果有偏和非一致，无法发现老年照料对照料者劳动参与决策产生的真正影响。因此，采用严谨的计量方法处理模型的内生性成为近年来文献研究的重点，使用的方法主要包括联立方程模型和工具变量。

在劳动经济学和卫生经济学领域的研究中，被解释变量往往是受限因变量、计数变量或者是偏态分布，因此非线性模型逐渐替代线性模型成为该领域的主要研究模型。针对非线性模型，现有文献主要通过两阶段预测值替代法 (2SPS) 解决非线性模型内生性。

二　模型与方法

该文从两个方面推进了家庭老年照料与照料者劳动参与决策的研究。一方面，该文创新性地应用两阶段残差介入法 (2SRI) 处理照料与就业决策的非线性模型中存在的内生性，克服两阶段最小二乘法 (2SLS) 和两阶段预测值替代法 (2SPS) 的非一致性问题，以期厘清照料老人的责任与照料者劳动参与决策之间的关系。另一方面，该文从居住地区、居住方式及兄弟姐妹数量三个角度进一步分析子女的异质性对回归结果的影响，不仅使研究结论更加稳健，而且使研究内容更符合现实的多样性。

工具变量的选取一般需要满足以下三个条件：一是工具变量与内生变量 (家庭老年照料) 高度相关；二是工具变量在劳动参与方程中是外生的，与扰动项无关；三是工具变量个数不能少于内生变量的个数。"老年照料需求"和"兄弟姐妹数量"被以往文献证实是比较可靠的工具变量。这是因为，一方面老人照料需求与子女的家庭照护决策密切相关，它只是通过子女家庭照料活动渠道影响其劳动参与决策；另一方面兄弟姐妹之间可以彼此分担照料老人的责任，它与个体是否从事照料活动有关，而与劳动参与决策不直接相关。因此，该文选取"父母 (公婆) 是否需要照料"和"兄弟姐妹数量"作为工具变量，检验并控制家庭老年照料与劳动参与率之间可能存在的内生性，更为严谨和准确地研究二者之间的关系。

三　数据及变量说明

（一）数据

该文数据来自于美国北卡罗来纳大学和中国预防科学研究院开展的国际合作调查项目——中国健康与营养调查 (China Health and Nutrition Survey, CHNS)2009 年的数据，该调查涉及黑龙江、山东、湖北和广西等 9 个省份，涵盖家庭结构、个体的人口、社会、收入及医疗卫生、健康等多方面信息。该文利用 CHNS 调查中涉及 52 岁以下女性与父母公婆关系的补充问卷，因此样本年龄段限定为 18—52 岁的女性，删除缺失值之后，样本数为 2954 个，有近 14.78% 的成年女性在家庭中承担照料老人的责任。

（二）变量说明

该文的被解释变量为"是否工作"，核心解释变量为"是否从事家庭照料"，其他解释变量包括人口特征、家庭特征等变量。其中：1. 女性的人口特征包括年龄、婚姻状况、教育程度及健康水平。年龄是影响劳动参与的重要因素，我们设定 4 组相互独立的虚拟变量，用以区分不同年龄阶段的影响（18—24 岁、25—34 岁、35—44 岁和 45—52 岁）。教育水平和健康状况是人力资本的重要因素，我们利用女性最高教育程度来衡量其教育水平，采用"过去四周患病率"来衡量健康状况。2. 家庭特征包括是否照顾 6 岁及以下儿童、是否与父母（公婆）同住、家庭人口数和丈夫每月收入（按 2009 年不变价格进行调整）。

样本的描述性统计结果显示，67.69% 的成年女性从事劳动活动。样本中已婚女性平均年龄为 39 岁，与不从事照料的女性相比，照料父母（公婆）的女性年龄较大（以 45—52 年龄段居多）、教育程度较高、一般与父母（公婆）同住，但照顾 6 岁及以下儿童的比例较低，家庭人数较少。此外，对于照料父母（公婆）的女性，其父母（公婆）需要照料的比例为 48.33%，比无照料责任女性高出 37 个百分点，且在 0.1% 水平上显著。

四　实证分析结果

（一）家庭老年照料对女性劳动参与率的影响

在外生假设下，线性概率模型（Linear Probability Model，LPM）和 Probit 模型表明女性从事家庭老年照料的劳动参与率下降 4.82%，但不具有统计显著性。在有效工具变量基础上，两阶段最小二乘法（2SLS）和两阶段预测值替代法（2SPS）估计结果表明，家庭老年照料活动使得女性劳动参与率分别显著降低 36.35% 和 30.20%。两阶段残差介入法（2SRI）第一阶段的残差在 5% 水平上显著，表明非线性模型存在内生性，2SRI 是一致有效估计，家庭老年照料活动使得女性劳动参与率显著降低 12.46%。对比上述三种方法的回归结果，我们发现模型和回归方法的非一致性导致过高估计了家庭老年照料对女性劳动参与率的影响。

对于两阶段残差介入法（2SRI）模型中其他解释变量，我们发现年龄和教育水平是影响女性劳动参与率的显著因素，年龄与劳动参与率呈正向关系，与 18—24 岁女性相比，25—34 岁、35—44 岁和 45—52 岁女性的劳动参与率分别高出 23.93%、29.74% 和 19.50%。教育程度越高的女性劳动参与率越高，与小学毕业女性相比，大学毕业及以上女性劳动参与率显著提高 27.24%。此外，当女性照顾 6 岁及以下儿童时，其劳动参与率下降 9.02 个百分点；丈夫收入增加一万元使得女性劳动参与率降低 8.22 个百分点。

（二）家庭老年照料的城乡差异分析

全样本中有 32.63% 的女性居住在城市，在外生假设下，回归结果不显著，但两阶段残差介入法（2SRI）的估计结果表明，家庭照料责任存在内生性，城市女性从事照料父母（公婆）活动使其劳动参与率显著下降 14.48%。而农村女性从事家庭照料活动对劳动参与率无显著影响，该文考虑这主要是因为与城市相比，农村女性劳动弹性较大，可以平衡工作和老年照料责任，在劳动的同时更能够满足家庭老年照料需求。

（三）家庭老年照料的居住模式差异分析

居住模式是影响女性劳动参与决策的重要微观因素，不同的居住安排影响着对老人照料责任的承担,从而使得对女性劳动参与的影响存在差异。该文进一步将样本分为"与父母公婆同住"和"不同住"两组,回归结果表明,对于同住的女性,劳动参与率显著下降19.49个百分点。对于不同住女性,从事老年照料活动对其劳动参与率的影响程度较小,且不显著。

(四)家庭老年照料的兄妹数差异分析

兄弟姐妹数大于3个的女性照料父母(公婆)使其劳动参与率下降11.27个百分点,而兄弟姐妹数较少(不超过3个)的女性从事家庭照料活动对其劳动参与率的负向影响更大,劳动参与率显著减少25.14个百分点。可见,在以家庭养老为主的社会里,子女间分担家庭照料责任可以有效降低老年照料活动对女性劳动参与率的负向影响。而我国目前人口结构已经发生巨大变化,具体表现为高龄少子化,这会导致家庭成员间彼此分担老年照料责任的可能性大大降低,使得家庭照料和女性劳动参与之间的矛盾日益严重。

五　结论与建议

该文基于CHNS调查数据,利用两阶段残差介入法探讨了女性从事老年照料对其劳动参与决策的影响。研究表明:第一,家庭老年照料与女性就业决策之间存在内生性,忽略内生性会低估照料责任对劳动参与率的负向影响;第二,由于存在模型和回归方法的非一致性问题,两阶段最小二乘法(2SLS)和两阶段预测值替代法(2SPS)会高估照料父母公婆对女性劳动参与率的负向影响程度;第三,两阶段残差介入法(2SRI)是解决非线性模型内生性的有效估计方法,研究表明女性从事家庭老年照料活动会使劳动参与率下降12.46%;第四,家庭老年照料对女性劳动的影响存在城乡差异、居住模式及兄弟姐妹数量的差异。

人口老龄化背景下劳动力供给的短缺不仅体现为劳动年龄人口数量的下降,而且老年人口(特别是老龄人口)的增加使得家庭中子女的照料负担加重,特别是对于处于工作年龄的子女,平衡自身劳动就业和老人照料变得越来越困难,有可能造成子女做出退出劳动力市场的选择。因此,该文建议政策制定者在支持家庭照料者方面发挥更为积极的作用。一方面,配套建设正规的老年医疗和养老社区保健护理设施，提高老年照护机构的接纳能力；另一方面，建议为照料者提供灵活就业的安排或者提供照料补贴，减少照料者因为从事老年照料活动而退出劳动力市场的可能。

（陈璐、范红丽，南开大学金融学院。原文出处：《人口研究》2016 年第 3 期，第 71—81 页）

人口与社会

中国当代家庭、家户和家的"分"与"合"

王跃生

一 问题的提出

社会转型时期，中国城乡家庭"分"的形态日益显著、离散化趋向突出、原有功能履行削弱和受限；与此同时，家庭关系上"合"的基础依然保持、功能履行由"家内"转为"家际"。前者表现为，城乡民众的发展空间扩大，不少年轻人离开父母或求学，或谋职创业于异地，进而于他乡组建新家庭，形成亲代和子代在城乡、城城两地生活格局；大量赴外地谋生的中青年父母与未成年子女分处两地。仍然同地生活的父母和成年子女也多各自组成生活单位。这些情形又与老龄化、少子化(独子化)状况相伴随，中老年父母"空巢"居住时间延长，家庭养老的主客观条件在发生变化。后者体现在，亲子等直系成员无论同地抑或异地分爨、分居生活，代际关系仍受重视。当有经济和生活困难时，亲子仍为首要求助对象，彼此作为利益共同体的基础依然牢固。然而，无论从私人生活组织还是从公共管理单位看，亲子各自组成的小家庭具有较强的经济、生活独立性，特别是子代家庭积累的财富实际是子女与其配偶所共有(夫妇一体)，与传统时代家庭关系和财富传承的亲子主导格局已有很大不同；客观上，异地居住的亲子在功能性关系的履行上受到限制。简言之，直系等亲缘关系成员既有以生活单位为基础的"分"的表现，又有关系形式和内容上的"合"的特征。

该文着力探究家庭、家户、家的内涵、边界和功能，以便将三者区分开来，借以认识其各自对民众生活方式、关系状况揭示能力的优长和不足。在此基础

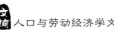

上，把握家庭、家户和家之间在组成形式、功能上所存在的关联和共性，寻求对其进行整合分析的途径，促使家庭研究由对民众单个居住载体的"家内"分析为主转向注重对亲缘关系成员多个独立生活单位互动状态的"家际"考察；或者两者兼有之，相互补充，形成新的研究范式，从而更全面地认识社会转型时期的家庭变动和问题。

二 家庭、家户和家的内涵、边界及其异同

（一）家庭的内涵和边界

我们对家庭（或称个体家庭）这样定义：它是由具有主要抚养、赡养义务和财产继承权利的成员所形成的亲属团体与经济单位。此处的"亲属团体"和"经济单位"是并立的条件，不能互相替代，只符合一个条件不足于形成完整的家庭；而这些成员之间不但有血缘、姻缘和收养关系，还存在法律所规定的"义务"和"权利"关系。

（二）家户及其成员范围

家户的形成有几个需特别强调的条件：

(1) 家户是在家庭基础上形成的，因而它以亲缘关系成员为主，非亲缘关系成员为辅（包括受雇于家庭的人员和依附居住的朋友等无血缘、姻缘和收养关系者）。

(2) 家户成员相对稳定地同居共爨（各个时期对其在户内居住时间规定不一，如当代人口普查时以一年中共同生活达到或超过 6 个月为限，低于这一规定时限者则不被统计在内）。

(3) 具有共财关系成员若较长时间内外出（上学、求职等），或在同地生活但分居另爨，将不属于本户成员。

由此，家户的定义可以这样概括：它是以亲缘成员为主所形成的同居、共爨生活单位。

（三）家及其成员范围

对家的理解和认识不能离开法律等制度性规定。要赋予家以相对明确的定

义，确定其成员范围是关键。从社会实际看，家庭成员范围伸缩性较大。从法律和惯习角度看，家的主要类型有两种。

1. 家族之家——广义之家

广义之家，该文这样定义：高祖之下具有服属关系者所形成的血缘团体。在当代民间社会人们对此仍有认同，农村尤其如此。该文称之为家族之家。家族之家是以男系为基础进行划分的。它并非随意伸缩，这也是义务履行和权利享有的要求使然。

2. 家人之家——狭义之家

关于狭义之家，该文的定义为：由直系和同父旁系成员及其子孙所形成的亲属组织。家人之家具体的成员范围为：父母、子女、祖父母、兄弟姐妹、孙子女。家人之家的形成均围绕着直系主干展开，即诸个成年且已经分开生活的兄弟姐妹有共同来源和根基，所以也可将家人之家称之为直系组家庭。围绕直系主干的诸个独立生活单位——家庭或家户形成家庭组群。

（四）家庭、家户和家边界同异比较

1. 家庭、家户和家的相同之处

(1) 三者均为由亲缘关系成员或以亲缘关系成员为主所形成的组织和单位。这是其具有"合"和关联的重要前提。(2) 除了"广义之家"外，在一定情形下，"家庭""家户"和"直系组家庭"的成员边界有重合之处。(3) 相对来说，家庭和家户成员边界的重合之处更多。若父母和未婚、已婚子女共同生活（没有非亲属成员在户内），这时家庭和家户的边界相同；若亲代和成年子代分别组成独立的生活单位（没有非亲属成员在户内），这时家庭和家户边界也相同。

2. 家庭、家户和家的不同之处

(1) 家族之家由多个同祖血缘近亲生活单位所组成，直系组家庭可能由直系和同父之下多个子代和孙代生活单位所组成。这是与只有一个生活单位的家庭和家户最大的不同。(2) 家庭与家户的不同在于：家庭不包括非亲属成员，家户则将其包括在内；家庭将非同居共爨但收支基本为一体的亲、子等近亲视为其成员，家户则仅包括在一定时期内同居共爨的亲属和非亲属成员；家庭把分居两地但经济上为一体的亲属纳入其成员之中，而家户则仅包括在规定时间内同地、同处生活的亲属和非亲属。

3.家庭和家户成员规模大小比较

从表面看,家户的成员一般要多于家庭成员,因它将没有血缘关系但在一起生活的朋友、不同形式的佣工等包括在内。若将不在户内生活,但与户内成员存在抚养和被抚养、赡养和被赡养关系者包括在内,家庭成员则会大于家户成员。

家庭、家户和家均为认识民众生活方式和亲属组织形态的单位。家庭、家户和家内涵有别,成员范围不一,规模有大小之分,可谓同中有异。

三 个体家庭、家户和家的自身功能及比较

家庭(个体家庭)、家户和家的自身功能指各自组成成员彼此之间所应承担的责任和义务。就经济和生活相对独立的家庭而言,其基本功能是抚育未成年人、为老年人养老。家庭主要成员应具有养家糊口的能力。家庭的生存水平也取决于劳动年龄成员的谋生能力。在当代家庭中,成年子代赡养老年父母的义务尽管在形式上仍被履行,但已不是在其个体家庭之内,即"家内"养老变为"家际"养老,实际意味着个体家庭成员在"家内"赡养、照料他人(父母)的义务和责任减少,甚至已不存在;而独立组成生活单位的老年父母"自养",或"自养"为主、子女从旁协助为辅的情形增多,在城市这种方式已成为最大的类型。

就家户来说,其自身功能与家庭——个体家庭没有实质区别,特别是当所有家户成员共同生活时(形成同居共爨生活单位)。"家户"的户主一般也是"家庭"事务的主要掌管者。尽管在政府的相应登记和统计上没有将长期出外成员包括在家户之中,但户主等成年人所承担的养育、赡养责任和义务并未较家庭缩小。

在家这一层级上,家族之家的功能表现为,婚丧嫁娶等活动中,亲属组织内各独立单位的成员相互襄助、扶持。当代乡土社会隶属于不同个体家庭的有服属成员在仪式参与方面的功能仍不可忽视。它主要依赖民间惯习来维系。就目前社会转型时期而言,直系组家庭最值得关注。由于亲子分爨、兄弟分家普遍,同父之下往往有多个独立的生活单位。但这些成员之间在老年赡养、财产继承等方面有需要共同承担或相互协商的责任、义务履行和权利享有。而在分

爨甚至异地居住的亲子之间，情感关系沟通也是不可缺少的内容。直系组家庭发挥了使个体家庭、家户"分中有合"的作用。值得注意的是，由于独子和少子生育逐渐普遍，直系组家庭内的同父旁系家庭单元减少，甚至每代成年人只有一个家庭单元，还有可能三代同堂，直系组家庭实际是一个直系家庭，而没有"组"的形式，只有"合"的类型。子代无旁系或少旁系成员会产生两个效果，一是直系组家庭成员的关系变得紧密；二是亲代从子代获得的人力资源支持不足，若彼此异地生活，老年一代对社会服务的需求变为刚性。

四　个体家庭、家户和直系组家庭综合考察的价值

（一）个体家庭、家户兼顾性考察的价值

中国近代之前家庭和家户（或者说家与户）构成的一体性特征比较突出，即家庭成员和家户成员多生活在一起。而在当代，青少年学龄人口离开父母至外地求学、劳动年龄人口离开家乡出外就业具有一定普遍性。城市前一种现象较多，农村地区后一种情形更突出。既未组成新的家庭又未在原家庭生活的"漂泊"成员增多，或者存在于不同形式和规模的"集体户"之中，家户表现出更多的不完整性（城市空巢家庭、农村隔代家庭比例增大）。因而，单纯对家庭和家户进行调查和研究均有缺陷。

将家庭和家户调查及由此所获得的数据结合起来分析，可以认识家庭、家户内成员构成的差异，并对其形成原因进行探讨。当代户籍制度、教育制度、社会保障和福利制度对家庭成员异地居住增加的作用尚比较明显，对家庭功能的发挥、家庭关系的维护所产生的负面影响较大。只有对此进行全面分析，才能找准问题，有效改进。

（二）个体家庭、家户和直系组家庭兼顾考察的意义

当代无论城乡，亲子分爨、兄弟分家现象普遍，有密切亲缘关系的成员形成两个及以上的独立生活单位——家庭或家户，构成直系组家庭组织。在社会全面转型发生之前，直系组家庭内的个体家庭、家户多共处于同一村落和同一城市中，彼此之间的生活支持功能仍可得到维系。而在转型社会中，人口迁移流动频率提高，直系组家庭内各家庭、家户及其成员地域分割现象增多。同时，

随着独生和少生子女长大，直系组家庭内每一代已婚成员多数情况下只能构成一个独立生活单位。若亲代和已婚子代所组成的独立家庭、家户分处两地，老年一代在同地将没有可依托的亲属关系资源。通过将三者结合起来进行考察，对家庭、家户和直系组家庭成员的居住地分布、关系功能履行状况、存在的问题将有具体把握，可为与家庭有关公共政策的制定提供依据。若政府借此对直系组家庭内各单元的地域分割状态和形成的制度原因有所了解，则可制定相应政策改变其发展趋向。另外，政府和社会组织还可采取引导性措施，促使直系组家庭内各家庭、家户成员在关注自己的财产继承权利的同时，认识到自己在亲代赡养、照料方面所承担的责任和义务，矫正弃养行为。而单纯的个体家庭、家户考察则不足于揭示代际关系状态和问题，这正是当代家庭相关政策制定和调整的重要依据，亟须加以关注。

（王跃生，中国社会科学院人口与劳动经济研究所。原文出处：《中国社会科学》2016年第4期，第91—110页）

二孩对城镇青年平衡工作家庭的影响

——基于中国妇女社会地位调查数据的实证分析

杨 慧 吕云婷 任兰兰

工作家庭冲突不仅影响员工的工作情绪和精力分配，甚至还会对劳动参与率产生影响。近年来，社会支持不足增加了女性家庭负担，有婴幼儿的职业女性容易产生家庭冲击工作的矛盾。二孩政策的实施，是否会给符合二孩政策的城镇青年女性平衡工作家庭带来更多挑战？究竟哪些因素会影响有两个孩子的城镇青年工作家庭平衡？

一 文献回顾

女性既是生育的主体，又是重要的人力资源。二孩政策的实施，将会对女性就业产生重要影响。该文分别从二孩政策对女性就业影响和平衡工作家庭两个方面进行文献回顾。

1. 有关二孩政策对女性就业影响的文献回顾

有学者认为，单独二孩政策必将给女性带来更大的生育压力，使女性发展机会受限和劳动权益受损。很多用人单位对女性生育二孩增加用人成本的担心，使女性在入职、升迁和终身发展中雪上加霜。实证分析表明，生育二孩会显著降低城镇妇女的就业可能性，已婚已育、有工作经验的职业女性，在单独二孩政策实施前，曾经是企业招聘中的强势群体。但是，这一群体目前在重返劳动市场时，因存在再生育可能而面临更加严峻的就业挑战和性别歧视。不仅如此，单独二孩政策还增加了用人单位对应届女大学生的就业性别歧视。

2.有关平衡工作家庭的文献回顾

20世纪60年代以来,国内外已经围绕工作家庭冲突开展了很多研究。凯恩(Kahn)等学者认为工作与家庭领域的需求在客观上互不相容,导致相互冲突。国内调查发现,家电行业销售人员的工作安排和家庭支持,对工作家庭平衡具有显著影响。而格瑞兹瓦兹(Grzywacz)等人研究则发现,女性的工作冲击家庭比例高于男性。在中国现阶段托儿所短缺、社会支持不足的情况下,部分无法协调工作家庭冲突的职业女性,只能中断工作、回归家庭。在2010年城镇18—29岁女性中,有0—6岁孩子的女性就业率比未婚或已婚未育女性低8.4个百分点。八成未就业女性不是不想工作,而是由于需要照料3岁以下孩子而不得不放弃工作。近年来,国外很多雇主已经认识到雇员在较好平衡工作家庭后,能够为雇主带来更多利益,工作场所的育儿辅助设施有助于改善员工情绪、减少生产事故和缺勤情况。然而,有关二孩政策对女性就业的影响,因缺乏相关实证调查数据,已有研究多为理论性探讨。此外,以往研究对象的年龄从18—60岁不等,实际上生命周期和职业生涯不同,在平衡工作家庭时面临的问题各异,特别是对于40岁以下、已生育一孩或二孩的城镇青年女性,其工作家庭平衡状况如何?哪些因素影响了她们的工作家庭平衡?政府需要采取什么措施促进城镇青年女性平衡工作家庭?研究这些问题对于顺利实施二孩政策,解决职业女性"生"与"升"的纠结,具有参考价值。

二　研究设计

(一)研究假设

研究假设1:二孩对女性平衡工作家庭的冲击大于男性。

研究假设2a:城镇青年家庭冲击工作的风险与孩子的数量相关,与只有一个孩子的城镇青年相比,生育两个孩子需要的照料和养育时间更长,家庭冲击工作的风险越大。

研究假设2b:城镇青年家庭冲击工作的风险与孩子的年龄相关,孩子的年龄越小,需要的照料和养育时间越长,城镇青年的家庭冲击工作风险越大。

（二）数据来源

中国妇女社会地位调查是全国妇联和国家统计局联合开展的重要的国情、妇情调查，最新一期中国妇女社会地位调查以 2010 年 12 月 1 日为调查时点，共获得来自 31 个省、自治区、直辖市的 29696 份有效问卷。该文的研究对象需要同时满足以下三个条件：一是年龄在 18—39 岁，二是孩子数量为 1—2 个，三是调查地点在城镇。据此共筛选出符合条件的城镇青年 3815 人，其中，有两个孩子的被访者 583 人，占符合筛选条件的 15.28%，低于宋健和周宇香的最新研究发现，即在 18—49 岁城镇女性中，有两个孩子的比例为 19.51%。与样本群体相比，二孩样本群体同时具有"三高三低"的特征："三高"表现在平均年龄较高、农业户口比例偏高、乡城流动人口比例较高；"三低"特征表现在受教育程度偏低、国有单位比例偏低、机关事业单位比例偏低。此外，在二孩样本群体中，既有非独生子女被访者生育双胞胎情况，也有双独被访者生育第二胎情况，同时也可能存在违反计划生育政策的超生现象。

（三）研究方法

在测量工作家庭平衡方面，最新一期中国妇女社会地位调查包含了工作冲击家庭和家庭冲击工作两个方面的内容，调查问题如下：

近年来，下列情况在您身上发生过吗？

从不、偶尔、有时、经常
A 因为工作太忙，很少管家里的事 0123
B 为了家庭而放弃个人的发展机会 0123

结合该文研究主题，该文将工作家庭冲突进一步聚焦在为了家庭而放弃个人发展机会方面上。同时，考虑到"有时""经常"为了家庭而放弃个人的发展机会，容易给个人和职业发展带来较大不利影响，该文将"有时""经常"选项进行合并，赋值为 1。将"偶尔"和"从不"进行合并，赋值为 0。在研究方法中，首先，使用分性别比较分析方法，展示城镇青年男女在不同生育状况下家庭冲击工作的现状；其次，使用二分类 Logistic 回归分析方法，研究城镇青年的性别、孩子数量、孩子年龄对平衡工作家庭的影响。

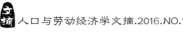

三 主要研究结果

（一）描述性统计分析发现

1. 超过 1/4 的城镇青年男女因为家庭而影响工作，女性比例高于男性。

2. 二孩女性家庭冲击工作的比例超过半数，性别差距悬殊。从家庭冲击工作带来的就业影响看，在有 2 个孩子的城镇青年女性中，有过工作中断经历的比例超过半数以上，达到 50.33%，其中非农业户口和农业户口城镇青年女性，有过工作中断经历的比例分别为 53.09% 和 47.18%。从工作中断原因看，因结婚生育／照顾孩子而中断工作的占 73.86%，非农业户口和农业户口的二孩女性分别为 70.93% 和 77.61%。二孩对城镇青年女性的平衡工作家庭的影响之大可见一斑。

3. 城镇青年女性在孩子 3 岁以前家庭冲击工作的比例最高，性别差距最大。由于我国缺乏公办托儿所，0—2 岁孩子无法获得公共照料服务，高达 48.75% 的年轻母亲在孩子 3 岁以前，不得不"为了家庭而放弃个人的发展机会"，比同类男性高 36 个百分点以上。随着孩子年龄增加，需要家庭照料的时间减少，城镇青年女性"为了家庭而放弃个人的发展机会"的比例明显减少。但对于有 6 岁以上孩子的城镇青年女性，其家庭冲击工作的比例有所提高的原因，主要与孩子放学时间较早、部分城镇青年女性因接送和照顾孩子而放弃个人发展机会有关。

（二）回归分析结果

1. 城镇青年女性家庭冲击工作的风险是男性的 2 倍左右。之所以存在城镇青年女性家庭冲击工作的风险显著高于同类男性现象，主要与"男主外，女主内"的传统性别分工有关。其中，越是认同"男主外，女主内"传统性别分工的城镇青年女性，其家庭冲击工作的比例越高，反之，其家庭冲击工作的比例越小；而同类男性则无论是否认同"男主外，女主内"的传统性别分工，其家务劳动时间都较少，反映了家务劳动女性化、女性因照料孩子而影响工作的现实情况。

2. 二孩带来的家庭冲击工作的风险大于一孩。有 2 个孩子的城镇青年家庭冲击工作的风险更大，验证了本文提出的研究假设 2a。

3. 孩子年龄越小家庭冲击工作的风险越大。该发现表明，与独生子女政策相比，伴随二孩政策的实施，0—2 岁、3—5 岁孩子的数量将会不断增加，对公共托幼服务的需求也会与日俱增。

4. 在控制变量中，个人因素对家庭冲击工作没有显著影响，经济因素对家庭冲击工作具有显著影响。所有制层次越高、单位类型越好，家庭冲击工作的风险越小。

5. 家庭因素对家庭冲击工作具有显著影响。家务劳动时间越长，家庭冲击工作的风险越大。孩子数量越多、年龄越小，家庭冲击工作的风险越大，部分城镇青年女性因此而被迫中断工作。

四　政策启示

二孩政策实施后，将会有越来越多的家庭生育二孩，孩子数量和年龄对家庭冲击工作的影响，将会减少城镇青年女性的工作投入。在劳动力市场竞争激烈、公共托幼服务紧缺的情况下，部分城镇青年女性可能因此而中断工作。根据《北京行动纲领》和《中国妇女发展纲要 (2011—2020 年)》的目标要求，政府应该从支持女性平衡工作家庭层面，重新审视公共托幼服务政策及其实施效果。在制定公共托幼政策时纳入性别视角，既要考虑儿童的发展，又要考虑母亲的发展，为减轻青年女性育儿负担、促进女性职业发展、增进家庭和谐提供社会支持。为了满足二孩政策带来的公共照料需求，政府应首先通过新建扩建公办托儿所、幼儿园，增强托儿所、幼儿园的服务与福利功能，解决二孩家庭特别是生育二孩的城镇青年女性在平衡工作家庭中面临的突出问题。其次，政府应增强用人单位履行社会责任的意识和能力，倡导用人单位善待有家庭照料责任的男女员工；鼓励用人单位实施家庭友好型人力资源战略，在可能条件下推行弹性工作制度，为城镇青年特别是为生育二孩的城镇青年提供照料孩子的缓冲时间。再次，提倡有家庭责任的男女共同承担孩子照料责任，为城镇青年女性平衡工作家庭创造有利条件，降低城镇青年女性因生育而中断工作的风险，促进城镇青年男女共同发展。最后，该研究存在以下不足：受调查数据可得性影响，该文在无法获得城镇青年因生育照顾孩子而放弃个人发展机会这一指标的情况下，只好使用"为了家庭而放弃个人的发展机会"指标进行替代。虽然在有工作中断经历者中，结婚生育／照顾孩子的比例占照顾老人／病人、支持配偶发展等"为了家庭而放弃个人的发展机会"的95.43%，但是由于这两个问题并非完全对应，同时该文无法对结婚生育进行拆分，可能造成结果的部分偏差。

（杨慧，全国妇联妇女研究所；吕云婷，贵州大学公共管理学院；任兰兰，华北理工大学。原文出处：《人口与经济》2016年第2期，第1—9页）

新疆维吾尔族聚居地区人口婚育状况分析

李建新　　常庆玲

2010 年第六次人口普查数据显示，新疆全区人口为 2181 万人，北疆、南疆、东疆的人口分别占 38%、48%、14%。其中，南疆人口占比最高，约为 1047 万人，接近全区的一半。同时，南疆也是新疆维吾尔族人口的主要聚居地。六普数据显示，喀什、和田和阿克苏三地区的维吾尔族人口分别为 361 万、194 万、180 万，分别占三地区总人口的 90.64%、96.22%、75.90%，占全疆维吾尔族总人口的比例合计为 73.48%。如果再加上吐鲁番地区的维吾尔族人口 43 万（占本地总人口的 68.96%），四地维吾尔族人口占新疆全部维吾尔族人口的比例高达 77.78%。可见，新疆维吾尔族人口呈现高聚集性。基于这一特征，该文主要通过对这四地人口的婚育状况进行描述和分析，以期更好地了解新疆南疆人口以及新疆维吾尔族聚居地区人口的婚育现状及特点。

一　新疆维吾尔族聚居地区人口变化

基于 20 年的新疆统计年鉴数据，可以发现：新疆维吾尔族聚居地人口出生率在 20 世纪 90 年代大体上呈不断下降的趋势，但下降幅度较小。进入 21 世纪以后，喀什、和田、阿克苏等维吾尔族聚居地的人口出生率继续下降，但在 2004 年以后 10 年间出生率出现了较大的波动，历经先增长后下降继而上扬的过程。相对于出生率，维吾尔族聚居地的人口死亡率在最近 20 年内保持稳定下降趋势，从 1991 年的 5‰—8‰下降至 2013 年的 3‰—5‰。由于死亡率较低且稳定，维吾尔族聚居地人口自然增长率的变化过程与出生率基本类似，在 20 世纪 90 年代稳步降低，在 2004 年前后有小幅度的增长，随后出现较大幅度的下降，在 2007 年之后又呈现大幅度的增长。从数值上来看，人口自然增长率在过去的 20 年波动不小，有升有降。其中，喀什、和田地区的人口自然增长率分别从 1991 年的 13.66‰、15.06‰上升为 2013 年的 18.11‰和 19.07‰，而阿克苏和吐鲁番的人口自然增长率则分别从 1991 年的 12.7‰、13.15‰下降至 2013 年的 10.77‰和 12.07‰。与全疆平均水平相比，新疆维吾尔族聚居地区出生率下降的速度较慢，波动较大，而且维持在较高的水平。与乌鲁木齐、克拉玛依、昌吉、哈密等汉族聚居地相比，维吾尔族聚居地区高出生率、高自然增长率的人口特征更加突出。如果仅从人口出生率、死亡率这两个人口动态指标来判断的话，可认为新疆维吾尔族聚居地区的人口仍处在人口转变的初级阶段，即正在从高出生率、低死亡率、高自然增长率转向低出生率、低死亡率、低自然增长率的人口再生产模式。与全疆平均水平相比，维吾尔族聚居地区的人口转变开始得较晚，出生率下降的幅度较小，而且不够稳定，其间由于受到一些因素的影响，出现了高低反复的现象。从人口转变的过程来看，新疆维吾尔族聚居地区的人口变化已明显落后于全疆的步伐。

二 新疆维吾尔族聚居地区人口婚育状况

（一）婚姻状况

根据 2010 年第六次人口普查数据，新疆维吾尔族人口的未婚比例为 22.33%，已婚比例为 69.90%，平均初婚年龄为 21.58 岁，离婚比例为 3.22%，丧偶比例为 4.64%。分性别来看，新疆维吾尔族男性未婚率较高，比女性高出 7.86 个百分点。而在已婚率上，新疆女性较高，且更倾向于早婚。2010 年，新疆维吾尔族女性和男性的平均初婚年龄分别为 20.18 岁和 23.09 岁。在离婚和丧偶的婚姻状况方面，女性的比例高于男性。其中，在丧偶率上，维吾尔族女性高出男性 5.51 个百分点。新疆维吾尔族聚居区的农村地区婚姻状况有以下特点：（1）早婚现象比较严重，法定婚姻年龄前的已婚者比例较大。在 15—19 岁组，农村已婚人口的比例为 5.78%，其中女性已婚人口占比 10% 以上，而相对应的城市人口已婚比例仅为 1.98%。（2）低龄组离婚比例偏高。女性在 20—29 岁年龄段处于离婚状态的比例较高，高达 4%—5%，城市人口仅为 1% 左右；而男性在 25—34 岁年龄组处于离婚状态的比例较高，高达 4%—5%。与全疆的平均水平相比，或是相较于汉族人口，维吾尔族人口的离婚率偏高。（3）不婚率较低。新疆农村社会或者说维吾尔族聚居地区也是一个婚姻至上的社会，即人们最终并不选择独身生活，条件具备的情况之下，都会选择结婚。实际上维吾尔族传统社会是一个重视家庭的社会，但有重家庭、轻婚姻稳定的倾向。在南疆农村维吾尔族聚居地区，女性结婚早且离婚率比较高，这主要与女性教育水平低下、经济上不独立、社会经济地位较低等因素有关，另一方面也有传统习俗、宗教观念，以及较低的结婚和离婚成本等多方面的缘由。

（二）生育水平

2010 年六普数据显示，新疆维吾尔族人口的四个主要聚居地（喀什、和田、阿克苏、吐鲁番地区）的总和生育率分别为 1.74、1.8、1.60、2.14，均高于全疆均值 1.53。其中，吐鲁番地区的总和生育率还维持在人口更替水平之上。与新疆汉族聚居地区的人口相比，维吾尔族聚居地区的高生育水平特点更加凸显。在新疆汉族人口的主要聚居地（昌吉州、哈密地区），其总和生育率均保持在 1.25—1.30 之间，远低于全疆均值。维吾尔族聚居地的总和生育率则普遍都在 1.60 以上。从生育模式上我们发现新疆维吾尔族聚居地区人口生育的一些特点：（1）早育率相对较高。喀什、和田、阿克苏、吐鲁番四地 15—19 岁年龄组生育率均超过 15‰，喀什接近 20‰，远高于汉族聚居地区的昌吉和哈密。低龄组较高的生育率与这些地区的早婚现象一致。（2）生育分布曲线呈宽峰型。维吾尔族聚居地区的育龄妇女较早进入生育高峰期，20 岁开始进入且持续时间长，持续期一般为 10—15 年，峰值也比较高，生育峰值期年龄别生育水平均超过 100‰。相反，汉族聚居地人口生育模式为进入峰值年龄较晚，多在 25 岁以后且峰值期较短，一般集中于 5 年，峰值也较低。（3）在生育峰值之后，维吾尔族聚居地区的生育率下降缓慢。而汉族地区的生育率在 25—29 岁达到峰值后，开始急剧下降。在维吾尔族聚居地区，育龄妇女的生育水平在 40 岁以后仍在 10‰以上，生育周期明显高于全疆平均水平尤其是汉族水平。

三　新疆维吾尔族聚居地区生育水平评估

该文利用 2009 年、2011 年《新疆统计年鉴》人口出生率数据和这里计算出的 K 值，对新疆以上维吾尔族聚居地区的人口生育水平重新估算。结果显示，喀什、和田、阿克苏、吐鲁番总和生育率水平约分别为 2.9、2.4、2.0 和 2.3。这说明在 2010 年人口普查时，新疆维吾尔族聚居地区的生育水平在 2.0—2.9 之间，与新疆卫计委有关部门对于新疆少数民族生育水平的估算相吻合。对比 2010 年人口普查数据发现，喀什、和田、阿克苏地区都存在不同程度的低估生育水平现象，相比之下，吐鲁番地区的生育数据相对准确。

美国人口学家伊斯特林在总结前人理论之基础上，给出了现代化进程中生育转变分析框架。他认为，影响生育行为的三大核心变量分别是：现代化因素（教育、城市化等），文化因素（种族、宗教信仰等），其他因素（如家庭计划生育服务、遗传因素等）。该文结合新疆人口生育转变的历程，讨论具体影响新疆维吾尔族聚居地区生育水平的因素。

（一）人口因素

单纯从人口要素的角度看，其原因有二：一是死亡水平对生育水平的影响。一般而言，高死亡水平带来高生育水平。新疆地区的死亡水平如婴儿死亡率在全国处于相对较高的水平，而新疆内部又以维吾尔族聚居地区人口的死亡水平最高。2010 年人口普查数据发现，喀什、和田、阿克苏、吐鲁番四地的婴儿死亡率均高于全疆的平均水平，为全疆最高水平。二是婚姻对于生育水平的影响。在新疆维吾尔族聚居地区的南疆，早婚早育较其他民族和地区严重，这直接影响到了女性的生育周期，进而影响生育水平。

（二）社会经济因素

就经济发展而言，维吾尔族主要的南疆聚居地（喀什、和田等地）已远远落后于新疆平均水平以及北疆地区（哈密地区、昌吉州），而且增长速度较慢。在行业和职业构成上，维吾尔族聚居地区的人口仍以农林牧等方面的生产人员为绝对主体，所占比例高达 80% 以上，其他行业或职业就业人员比例很低；职业构成呈现明显的低层次、集中性、固化等特征，而且这种现状在近 20 年内基本未发生大的改变，表明这些地区工业化、城市化进程十分缓慢。从经济发展各项指标评价来看，新疆维吾尔族聚居地区在全疆的位序中属于相对落伍的地区，且在整体经济发展过程中，与新疆其他地区的发展差距还有扩大之势。从社会发展的角度看，教育是影响生育水平的重要因素。育龄妇女的生育状况与其受教育程度紧密相关。一般而言，受教育程度较高的妇女，其生育数量较少，更倾向于晚育。2010 年六普数据显示，新疆维吾尔族的整体文化水平较低，初中及以下文化程度者的比例为 87.36%，其中，小学及以下的低层次受教育程度的人口比例占到 45.29%。维吾尔族聚居地区教育水平普遍落后于新疆其他地区特别是汉族聚居地区。

（三）宗教信仰

在新疆维吾尔族聚居地区，伊斯兰教的教义教规、观念、礼仪等深刻地影响着维吾尔族社会生活的方方面面。在家庭婚姻方面，传统的穆斯林家庭和传统农业社会的家庭一样，是以男性为基础的家长制家庭，家庭中的一切事务主要由父亲或丈夫支配。受到宗教和传统文化的影响，男女择偶一般遵从父母之命，或由阿訇包办，倾向于早婚。近些年，南疆维吾尔族聚居地区曾一度出现宗教极端思想借助宗教名义干预信教群众的婚姻生活之情况，如不领政府正规的结婚证，而以阿訇念"尼卡"为准即为结婚等。在生育行为和观念上，一般伊斯兰教信众会认为，在人身上动刀子（节育手术）不吉利，身带异物（放环）死后进不了"天堂"，孩子是胡达赐予的，怀上了就要生，不能违背"主"的意志。随意堕胎的选择都是对胡达神圣权威和尊严的冒犯，应当绝对禁止。这一观念直接影响了生育水平的转变。

（四）计划生育政策

新疆实行的是汉族和少数民族人口差别化的生育政策，其中，新疆汉族人口基本是与全国同步实施计划生育政策，且政策严厉程度一样。但新疆少数民族人口的计划生育工作开展得比较晚且较为宽松。新疆少数民族的计划生育始于 20 世纪 80 年代末期。1992 年，新疆颁布并实施《新疆维吾尔自治区计划生育办法》。2002 年，新疆又根据《计划生育法》和《民族区域自治法》，修订了《新疆维吾尔自治区人口与计划生育条例》，规定：城镇汉族夫妇一般可生育一个孩子，少数民族夫妇一般可生育两个孩子；农牧区汉族夫妇一般可生育两个孩子，少数民族夫妇一般可生育三个孩子。但值得注意的是，在新疆少数民族群体中特别是在南疆维吾尔族聚居地区推行计划生育政策存在着诸多困难和阻力。这既与这些地区较差的社会经济条件有关，也与少数民族生活习俗、宗教文化观念有关。

四　结论

新疆维吾尔族聚居地区人口婚育现状有如下特点：第一，早婚现象严重，法定结婚年龄之前的结婚仍有一定比例。在南疆维吾尔族聚居的农村地区，女性教育程度直接与人口婚育有关，虽然近 10 年内女性教育程度有所提高，但是大多数均在高中水平以下。从局部的数据可以看到，出生于 20 世纪 60 年代、70 年代、80 年代甚至 90 年代等不同时代的女性们，她们的平均初婚年龄并没有显著差异。第二，离婚现象严重。重家庭、轻婚姻稳定在南疆维吾尔族聚居地区比较常见，这表现为维吾尔族到了一定年龄通常都会结婚，建立家庭，选择生儿育女，但对于夫妻婚姻的稳定维系并不一定重视。这一方面与女性较低的社会家庭地位有关，另一方面也与传统习俗和观念有关，如传统宗教赋予男性在婚姻裁决方面的绝对权力等。第三，早育多育或密育的生育模式较普遍。维吾尔族存在着多育的观念，宗教传统不主张使用任何节育措施，加之抚养成本低，所以，在新疆南疆维吾尔族聚居的农村地区，女性一旦进入婚姻，生育就成了生命历程中最重要的"事业"，计划生育工作实施不易。总之，新疆维吾尔族聚居地区人口在婚育方面存在不少问题，值得进一步深究和解决。在人口转变和生育水平转变的影响因素上，我们看到新疆维吾尔族聚居地区的人口处于人口转变初期，其生育水平下降和生育模式转变具有欠发达地区的特点。

（李建新、常庆玲，北京大学社会学系。原文出处：《西北民族研究》2016 年第 1 期，第 118—129 页）

特大城市的人口调控研究

——以上海市为例

张车伟　王智勇　蔡翼飞

一　引言

中国快速发展的城镇化已经使大量的农村人口转移到城市，目前超过一半的人口都生活在城市里，而对于市区人口规模在 500 万人以上的特大城市而言，人口问题变得越来越突出，主要表现在人口规模不断突破预先设定的目标，进而带来交通拥堵、职住分离和公共服务供给不足等问题。无论是北京还是上海，都强调以人口规模为调控目标，但实际上人口规模却是调控的结果，而不是手段。因而，人口调控需要转变思路，积极吸取国内外人口调控的经验，结合中国经济发展的阶段性和人口流动的特征来进行。

特大城市人口调控并不仅仅在中国，在全世界范围内都是一个难题。北京、上海和广州等特大城市的人口规模过大引发的各种社会问题已经引起了许多学者的关注，也做了较多的研究，北京和上海等特大城市的人口问题有很大的相似性，例如中心城区人口过密、城乡接合部人口管理困难等。

无论是特大城市还是超大城市，它们都是外来人口聚集的重点城市，也是人口调控的重点区域。城市人口的膨胀均因外来人口流入而引起，而人口流动在全国来看，具有普遍相似的原因，吸引人口流入的原因也基本相同。因此，研究特大城市人口调控问题，选取有代表性的特大城市，基本可以形成具有普遍意义的调控思路和政策建议。基于这样的认识，我们选取上海作为典型城市，细加研究。

二 上海都市圈的界定

特大城市发展至今已经不再是独立的城市，而是与周边区域形成密切联系的有机体系。劳动力市场的城乡一体化要求进行城乡统筹发展，并逐渐消除城乡差距，然而大多数城乡统筹发展的研究仍局限于行政区域，少有突破行政区域的研究，有些研究提出了跨行政区域的城乡统筹，但并没有具体界定范围或者范围过广。如前所述，研究上海的城市问题不能仅就上海市而谈，而应结合与其密切关联的县市来进行。

都市圈的划分有不同的原则和方法。R.Forstall 等提出两条基本的原则可以用来划定都市圈里核心城市的周边区域，一是区域内从事农业或渔业的劳动力比例低于 35%；二是区域内至少有 20% 的经济活动人口到核心城市工作。然而，中国城市研究只有在与西方城市的比较中才能得出"更有意义的结果"。而要进行大都市圈的比较，采用相同原则进行界定则是一个基本前提。在欧盟的支持下，经合组织（OECD）于 2012 年推出了"城市功能区"（Functional Urban Area, FUA）的概念，旨在提供一套标准化的城市和都市圈测量方法，以便可以在国家之间加以比较。这种方法强调的是城市与区域的实际经济联系，而非行政边界和隶属关系。

为了实现国际比较，该文采用与 OECD 城市功能区相同的方法和框架来界定上海都市圈，也就是上海城市功能区的范围。结合中国的实际情况，划定以上海为中心以通勤距离为半径的城乡劳动力一体化市场区域。上海都市圈包括了上海全市域范围，还包括与之有密切往来关系的江苏和浙江一部分县市区。

三 上海人口问题分析

（一）上海人口问题表现

1. 中心城经济聚集不足，人口聚集过多

城市是聚集人口和经济的重要载体，一般而言，由于城市劳动生产率高，聚集的人口份额通常显著低于经济份额，在国际大都市圈中，城市经济与人口份额的对比普遍如此，中心城区尤其突出，这反映出中心城的高效率特点。然而上海的情形是，中心城区聚集的人口明显过多，而经济的聚集明显不足。

与国内外大都市圈的核心区域相比较，上海中心城人口非常密集，其密集程度不仅在国内仅次于北京都市圈核心区域，在全球也是居于前列。上海中心城人口密度为 14524 人／平方公里（2000 年），明显高于东京都区人口密度，低于首尔市和北京市五环内人口密度。

2. 人口老龄化问题比较突出

年轻化是国际大都市人口结构的一个重要特征。尽管发达国家都在面临严重的老龄化问题，但是对于国际大都市而言，它们所面对的是趋于年轻化的人口结构，这主要源于以年轻人居多的外来迁移人口。

从大都市圈人口空间分布的角度来看，越是内城或者核心层，人口的平均年龄越低，越是外城或者外围层区域，人群的平均年龄越大。上海作为在国际有影响的大都市，其人口结构应与其他国际大都市相似，但实际情况却并非如此，从中心向外圈，15—59 岁劳动年龄人口比例呈现递增趋势，而 60 岁以上老年人口的比例呈现递减趋势。上海中心城人口老龄化程度尤为严重。

3. 高学历、高素质人才比重偏低

国际大都市圈通常也是高校和科研院所聚集的地区，是创新和研发的重要场所，故而高学历高素质人才的储备充足，相应的，竞争也异常激烈。这种激烈竞争的格局也是大都市圈维持高竞争力的重要保障和发展高端技术的基本前提。

与国内其他三大都市圈相比，上海都市圈人口的受教育结构优于广州都市圈和深圳都市圈，但与北京都市圈相比仍存在明显差距。从城市行政范围的角度看，情况也是如此。2010 年上海市大学本科及以上人口占 6 岁以上人口的比重为 12.78%，明显高于广州市的 10.49%、深圳的 8.44%，但明显低于北京都市圈的 20.20%。

4. 就业结构过于偏重制造业

上海市及上海都市圈的制造业就业比重均较高。据第三次经济普查数据统计，2013 年上海市制造业从业人员数占第二产业、第三产业法人单位从业人数的比例为 29.79%，上海都市圈内制造业从业人数比例为 41.55%。相比之下，北京市制造业从业人员数占第二产业、第三产业法人单位从业人数的比例

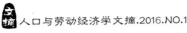

仅为 12.46%；在东京都和东京圈，制造业从业人员占非农行业的比例分别为 11.38%、14.04%。

（二）上海人口问题的原因分析

大都市人口的集中，并不仅仅是由于大都市的快速发展所致，还由于全国范围内的区域发展不平衡所引致。上海人口问题的各种表现，实际上是经济问题在人口方面的反映。

1. 上海的经济发展水平还比较低

上海在中国经济发展水平处于最高水平，但与国际大都市相比，还有较大差距。数据显示，2014 年上海人均 GDP 为 1.45 万美元，不仅远远落后于国际发达大都市，仅相当于纽约的 25%、东京的 40%，也低于墨西哥城和圣地亚哥这样的发展中国家大都市，甚至也略低于国内的北京。上海是具有全球资源配置能力、较强国际竞争力和影响力的全球城市，但这必须以很高的人均产出水平作为支撑，否则很难聚集国际最高端的要素资源，特别是人才资源。

2. 上海的产业结构尚待优化升级

经济发展过程就是产业链不断向服务业延伸的过程，服务业比重也是反映经济发展水平的一个指标。与国际大都市相比，上海市的服务业比重偏低、制造业比重偏高。纵观国际大都市，服务业增加值比重都非常高，纽约、巴黎、伦敦都达到或超过 90%，东京也超过 80%。但上海在 2013 年的服务业比重仅为 63.2%，低于国际发达大都市近 20 个百分点。这一结果的形成与中国经济发展阶段和上海经济基础密不可分。上海是中国的老工业基地，长期以来工业都是其重要支柱产业，对经济增长的贡献比较大。而且，中国过去处于快速工业化阶段，国家需要上海发挥其在工业生产中的技术引领作用。

大都市圈是一个国家经济发展的引擎，而其中心城又是大都市圈功能和产业的"灵魂"。中心城产业层次高低和辐射能力强弱，不仅决定了都市圈的地域范围，更决定了整个都市圈的国际竞争力。纵观国际大都市，其中心都聚集了世界最高端的产业，例如，纽约曼哈顿、伦敦金融城是国际贸易和金融中心，巴黎中心城是世界顶级的创意中心，东京、首尔的中心城是亚洲重要的经济和贸易中心。

四　上海人口调控思路与对策

第一，人口调控应立足中心城的问题，放眼整个上海都市圈解决问题。以往人口调控主要在市域内进行。但在要素流动日益自由化和交通、通信技术日益改进的今天，城市功能区域与行政区域往往并不匹配，各种人口问题的产生都与这种不匹配紧密相关。在上海市域内调控，虽能部分解决中心城的问题，但无法控制经济活动对资源环境造成的总量压力。随着城乡劳动力市场的一体化，一个特大城市人口的调整显然需要依托于与之有密切联系的周边区域，因而上海都市圈是人口调控的有效范围。

第二，上海现有人口规模是经济社会发展的结果，而不是相反；不改变人口聚集的原因，不可能有效改变人口聚集的结果。城市是人口、产业和各种经济要素聚集的空间载体。城市人口规模扩张是因为产业集聚需要更多的劳动力投入，也就是就业岗位增加，从而吸引外来人口流入。可见，城市经济增长是推动人口规模扩张的主要原因。当一个城市经济仍处于快速增长状态，人口的增加就是必然的结果。如果行政力量阻碍了人口向城市的集聚，产业扩张会因为缺乏劳动力或者工资成本提高而提早终止。

第三，上海进一步聚集人口的潜力正逐渐式微，过度关注人口规模扩张会损伤今后的发展空间和活力。人口流动的主要动力来自于区域和城乡差距。上海是中国经济最发达区域的核心，长期以来都是人口流入的重要目的地。但是，随着中国区域经济格局趋于均衡，人口向上海集聚的动力正在减弱，具体表现为：一是区域间收入差距在逐渐缩小。二是上海经济减速导致对外来人口吸纳能力下降。由于人口流入动力减弱，上海市人口规模也趋于稳定。三是农村剩余劳动力蓄水池日渐枯竭，可转移的劳动力已经很少。在这种形势下，上海人口调控已经没有必要将总规模作为主要目标。

第四，上海的人口问题突出地表现为结构性问题，人口调控应以结构性指标作为调控的目标和抓手。人是经济发展的核心要素，国内外大都市发展经验表明，年轻化和高素质的劳动力队伍，是大都市不断创新和保持竞争优势的关键。在上海人口规模已经相对稳定的形势下，优化人口结构将成为上海实现"四个中心"的定位和全球科技创新中心的当务之急。

基于上述思路，该文提出以下对策建议。

（一）不同圈层实施差别化产业布局政策，带动人口空间结构优化

人口分布是产业集聚的结果，产业布局的再调整才是优化人口空间结构的治本之策。同时，上海都市圈各圈层具有不同的比较优势，实施差别化的布局政策也有助于实现经济效益最大化。中心城区人才资源丰富、信息渠道畅通、各项服务功能完善，适合集中发展现代服务业和少量精品型都市工业，使中心城区聚集起与国际大都市相适应的经济能量。产业结构升级带来的要素价格上涨和竞争效应的增强，对低端就业者会产生挤出效应，从而降低中心城区人口规模和密度。内圈空间资源相对丰富，适合发展高端制造业、互联网＋、文化创意等新型业态。新城经济功能的增强必然创造更多就业岗位，这就能够协助中心城区疏解一部分人口，并截流新进入上海的外来人口。外圈要素价格相对较低，生态环境也比较好，通过发展医疗、养老、房地产和休闲娱乐等产业，将昆山、常熟、太仓、嘉善等小城市营造成为上海人口疏解的域外新城。

（二）优化公共服务资源配置，引导人口有序流动

上海中心城区人口增长过快、人口密度过高的重要原因是其中集聚了华东地区乃至全国最优质的公共资源，这些公共资源对人口流动形成巨大"向心力"。因此，解决中心城人口过密的关键在于从"硬件"和"软件"两方面优化公共资源配置。在"硬件"方面，应促进新城产城融合、构建职住平衡体系，选择在人口居住密度高且规模较大的新城区域布置相关产业，使就业岗位从中心城区向郊区新城转移；应从中心城区向外围新城疏解优质公共资源，改善新城生态环境质量和宜居条件，提高对人口的吸引力；此外，为便于中心与外围的交流，还应优化轨道交通体系，加强郊区新城基础设施建设，并在郊区新城之间、郊区新城与火车站、机场之间构建便捷畅通高效交通网络。在"软件"方面，加快实现社保统筹，推动优质公共资源的合理空间分布，促进老年人口从中心城区向外围区域转移，而且要在上海都市圈范围内解决户籍等社保和公共服务的制度障碍，实现人口的动态结构优化调整机制。

（三）增强上海的吸引力，打造人才聚集高地

解决上海高素质人才不足的问题，要"内部育才"和"外部引才"双管齐下。在"内部育才"上，应着眼于构建现代化、创新型人才教育体系。既要建设好世界一流大学，也要打造世界一流的基础教育体系，还要注重职业教育发展，形成结构合理、相互协调的多元化人才培育体系。在"外部引才"上，一方面，应借产业转型升级的契机聚敛人才。通过大力发展战略性新兴产业，实现"产业吸引人才、人才促进产业"双向良性互动。另一方面，通过改革人才制度和打造各种平台招徕人才。应完善人才发展规划、改革人才管理机制以及相关的法律法规制度，打破人才流动的隐性壁垒。建设高端人才发展平台，扶持创新创业孵化器、企业博士后流动站建设，为人才引进和创新创业创造良好环境。

（张车伟、王智勇、蔡翼飞，中国社会科学院人口与劳动经济研究所。原文出处：《中国人口科学》2016 年第 2 期，第 2—11 页）

第二部分　劳动经济学

劳动就业

用"以人民为中心的发展思想"破解民生领域难题

蔡　昉

思想是实践的指南,理念是行动的先导。习近平总书记的系列讲话以及党的十八大以来治国理政的新理念、新思想、新战略中的"以人民为中心的发展思想",是 21 世纪中国的马克思主义政治经济学或中国特色社会主义经济学的精髓。作为中国特色社会主义经济学的一个重要组成部分,劳动经济学以民生领域为研究对象,坚持这一发展思想至关重要。当前,在劳动经济学研究的对象——民生方面,研究者仍然面临着众多而棘手的问题。首先,中国毕竟处于中等收入阶段,经济发展蛋糕的规模仍然较小,老百姓对收入、就业、社会保障和基本公共服务方面的需求尚未得到充分的满足。其次,蛋糕的分配尚不公平,收入差距过大、就业质量不高、基本公共服务供给不均等的现象仍然存在。最后,随着中国经济增长减速,做大蛋糕的节奏也将放慢,对如何分好蛋糕,实现共享发展提出了更高的要求。回应这些挑战,迫切要求用"以人民为中心的发展思想"指导中国的劳动经济学研究。

一　理论渊源、深刻内涵和实践基础

以人民为中心的发展思想有着深厚的马克思主义理论渊源和中国特色社会主义实践基础,反映了我们党关于经济、政治、文化、社会、生态文明发展理论的一个崭新高度,特别体现在党的十八大以来以及以习近平同志为总书记的党中央一系列新理念、新思想、新战略及其新实践中。首先,唯物史观从来认为人民是推动发展的根本力量。其次,共同富裕是中国特色社会主义的根本原则和本质特征。再次,党的十八大以来,以人民为中心的发展思想在中国经济社会等方面发展的各项实践中得到了突出的贯彻。

坚持目标导向和问题导向相统一,是贯彻以人为中心的发展思想的一项重要方法论,全面体现在党的十八届五中全会提出的五大发展理念中,也是全面建成小康社会的具体工作指导。党的十八大确立的宏伟愿景以及体现在一系列发展目标的各项部署,近有全面建成小康社会的 GDP 翻番目标和城乡居民收入翻番目标,远有第二个"一百年目标"、实现中华民族伟大复兴的"中国梦"。依此倒推,厘清到每个时间节点必须完成的任务;同时,不回避经济社会发展中面临的不平衡、不协调、不可持续以及存在明显短板等问题;并从这些迫切需要解决的问题顺推,明确破解难题的途径和办法。这个逻辑充分体现了以习近平同志为总书记的党中央,在全面建成小康社会决胜阶段,贯彻以人民为中心的发展思想所作战略部署的鲜明特点。这一目标导向和问题导向相统一的原则,在共享发展领域中得到了具体部署和充分体现。首先,两个翻番目标与经济保持中高速增长。其次,人人都有获得感与收入差距明显缩小。再次,全面小康的要求与农村贫困人口脱贫。最后,供给侧结构性改革与社会政策托底。

二 从全面共享认识和改善民生

作为拥有 13.7 亿人口的发展中大国,中国推进以人民为中心的发展并实现既定的宏伟目标,具有历史和世界意义。但能否说我们实现了全面小康、实现的是怎样水平的全面小康,不仅要在广大人民群众的获得感上得到体现,也有必要得到国际上的认同。因此,理解以至最终实现全面建成小康社会目标,要把重心放在两个关键词上,一是"小康",是对发展水平提出的要求;二是"全面",指惠及民生的广泛覆盖面,体现发展的平衡性、协调性和可持续性。习近平同志反复强调的"小康不小康,关键看老乡",正是对这两个关键词之间的逻辑关系做出的辩证阐释和高度概括。也就是说,以诸如"三农"问题这样的短板,以及贫困问题这样的短板中的短板作为基本尺度,既能够对是否实现了小康进行精准度量,也同时对这个小康是不是全面做出根本评判。第一,决不能让贫困地区和贫困群众掉队的共享发展。第二,在五位一体总体布局成果中全面体现的共享发展。第三,人人参与、人人尽力、人人享有,广泛吸引社会力量参与的共享发展。第四，尽力而为、量力而行，符合发展阶段的共享发展。

三　劳动经济学领域面临的挑战性课题

劳动经济学坚持"以人民为中心的发展思想"，就是要从劳动力市场、城乡就业、劳动关系、社会保障、收入分配和新型城镇化等分析视角入手，研究如何实现共享发展。在从劳动经济学的角度着眼，就一些重要和热点话题进行研究时，需要坚持从马克思主义政治经济学的正确方法论出发。首先，着眼于战略和历史视野、辩证分析方法、忧患意识和底线思维，把近期和长远视角有机结合，才能准确认识和把握当前民生领域问题的性质，在保持历史耐心与战略定力的同时，应对面临的近期、紧迫挑战。其次，具体问题具体分析是马克思主义活的灵魂。因此，坚持问题导向，并与全面建成小康社会宏伟目标相统一，也应该成为中国特色劳动经济学的方法论基础。

（一）就业的总量、质量与结构变化

近年来，就业总量矛盾明显缓解，城乡就业比较充分。更为甚之，劳动力短缺成为全国城乡处处可见的现象，不仅存在熟练劳动者的短缺，也存在普通劳动者的短缺。根据对中国人口结构的预测，就业总量的变化趋势仍将继续，表现为继 2011 年劳动年龄人口负增长之后，预计 2017 年之后经济活动人口也进入负增长。

与就业更加充分相伴随，劳动力市场制度建设步伐加快，劳动者获得了更好的社会保护。然而，中国的就业仍然面临着挑战和风险，主要表现为结构性的问题。中国经济发展进入新常态的一个表现，就是经济增长速度处于下行趋势。虽然减速原因在于潜在增长率的下降，只要实际增长率与潜在增长率保持一致，较低的增长速度也可以维持总量意义上的充分就业。但是，经济增长的减速并不是单纯的数量问题。新常态还意味着经济结构调整、发展方式转变和增长动力转换，都会造成劳动力市场上的结构性矛盾。特别是，如果非熟练劳动力短缺产生对人力资本培养的负刺激、工资上涨过快及至超过劳动生产率的提高速度，以及某些劳动法规条文降低了劳动力市场灵活性，会使中国经济、产业和企业的传统竞争优势过快丧失，反过来将抑制新岗位的形成，造成对劳

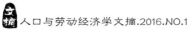

动者长期利益的伤害。

（二）居民收入的初次分配和再分配手段

无论与历史状况（如中国 20 世纪 80 年代）相比，还是按照国际标准（如国际上一般认为基尼系数 0.4 为警戒线水平），2015 年中国的城乡收入差距 2.38 和基尼系数 0.462 这两个指标都代表着一个较严重的不均等水平。要在 2020 年前的短短几年中，进一步显著缩小收入差距，必须大张旗鼓地借助政府的再分配手段。

目前，中国的国民收入和居民收入再分配制度尚不完善。例如，税收结构仍然是以间接税为主，个人所得税明显缺乏累进的性质，再分配功能不能充分发挥；基本公共服务供给也倾向于锦上添花而不是雪中送炭。因此，明显加大再分配力度仍面临着诸多政策调整和体制改革的任务。例如，从税收制度改革入手进一步有效调节过高收入，从基本公共服务供给入手提高均等化水平，既符合国际惯例，也有巨大的调整空间，也对应着政府应履行的公共品供给职能，预期可以取得更显著的缩小收入差距效果。

（三）公共服务的绝对水平和均等化程度

在经济发展进入新常态，增长速度逐年呈下行趋势的情况下，政府的财政收入增速也不可避免地放缓。然而，在财政收入增速放缓的情况下，增加公共服务供给的任务目标既不能放弃也丝毫不能降低。如何协调这对矛盾，应在深刻认识共享发展的全面性内涵的基础上，借鉴国内外经济社会发展规律，创新公共服务供给政策和实施模式。

第一个原则是区分基本公共服务和一般公共服务，在两个领域分别采取不同的供给方式。政府作为提供公共服务的主体，主要应该体现在两个方面。第一是政府利用财政支出的方式，并通常直接建立相关制度、制定相关政策、采取相应的措施，保证基本公共服务的供给。这方面包括基本社会保险制度、社会救助制度和义务教育等领域。第二是主动设计并选择适当的合作模式（如政府和社会资本合作模式），借助社会资本保障一般公共服务的供给。这方面包括后义务教育阶段发展、职业技能培训、基础设施建设等。界定好政府的两种公共服务供给方式，更加倚重后一种实施模式，这既有利于提高供给效率，也是在财政收入增速下降的情况下能够保持公共服务供给继续扩大的新源泉。

第二个原则是在提高公共服务供给水平与提高均等化水平都遭遇资源瓶颈时，在保证基本公共服务供给的前提下，把提高公共服务均等化水平放在更加优先的议事日程上。全面建成小康社会的目标和共享发展的理念，要求我们做出政策努力显著改善民生。比较而言，在改善民生提高共享发展水平方面，政府的作用也更加突出。同时，这个目标和这个理念着眼于全体中国人民生活水平和质量的长期和根本改善。因此，实施和推进应该是目标导向，但不是单纯的指标导向。总水平和平均数不代表均等化。实现全面建成小康社会的关键短板，在于一部分人群和地区尚未均等地获得必要的公共服务，难点在"全面"这个问题上。因此，补齐这样的短板可以在共享发展方面取得事半功倍的效果。

（四）新型城镇化的需求侧和供给侧效应

目前，中国城镇化过程中表现出的建成区面积扩大快于城镇人口增长这种见物不见人的现象外，还存在一个严重的非典型特征，即接近1.7亿农民工被统计在城镇常住人口中，对城镇化贡献率高达1/4，而户籍人口城镇化率没有得到同步的提高，农民工因没有获得城镇户口而未能享受与城市居民同等的基本公共服务供给。鉴于此，中央提出以人为核心的新型城镇化，同时在《中共中央关于制定国民经济和社会发展第十三个五年规划的建议》中，要求"十三五"时期户籍人口城镇化率加快提高。推进新型城镇化的意义可以从需求和供给两侧来认识。一般来说，需求侧的重要性比较容易被认识到，已经得到决策者和研究者的充分关注。但是，既然中国经济减速的原因主要在于供给侧，推进新型城镇化、加快提高户籍人口城镇化率的供给侧意义，应该得到更清晰的认识和更高度的重视。

在党的十八届五中全会上，习近平总书记在做关于《中共中央关于制定国民经济和社会发展第十三个五年规划的建议》的说明时指出，实现1亿人在城镇落户意义重大。从供给看，在劳动年龄人口总量减少的情况下，这对稳定劳动力供给和工资成本、培育现代产业工人队伍具有重要意义。这是对于诸如新型城镇化、户籍人口城镇化率加快提高、户籍制度改革和农民工市民化等一系列概念所表达的战略部署，从供给侧所作出的最精辟论述。

　　从经济增长的角度，新型城镇化的供给侧意义具体表现在，农民工市民化可以显著提高劳动参与率，同时通过就业岗位转移创造资源重新配置效率，对全要素生产率提高做出贡献，从而可以大幅度提高潜在增长率。对中国经济的模拟表明，如果在2011—2020年期间，每年把非农产业的劳动参与率提高1个百分点，这一期间的年平均GDP潜在增长率可以提高0.88个百分点。如果在同一期间，全要素生产率的年平均增长率提高1个百分点，这一时期的年平均GDP潜在增长率可以提高0.99个百分点。可见，通过把农民工转化为城市市民而不再仅仅作为过客般的劳动者，可以保持农民工作为劳动力供给和资源重新配置主要贡献者的地位，从而达到一箭双雕的供给侧效果，即延长人口红利和获得新的可持续增长动力。

　　（蔡昉，中国社会科学院。原文出处：《劳动经济研究》2016年第3期，第3—15页）

"十三五"时期劳动供给和需求预测及缺口分析

张车伟　蔡翼飞

　　展望"十三五"时期，中国经济的增长动力和源泉发生改变，在此情况下，劳动力市场会面临着怎样的形势？尤其是劳动力供给和需求会出现怎样的变化？这些仍然是"十三五"时期需要关注的重大问题。该文首先根据对中国人口变化的预测结果，在考虑教育影响的情况下，对"十三五"以及今后更长一段时期每年新增劳动力数量进行测算；其次，结合中国就业弹性变化趋势以及国际上就业弹性变化经验，对劳动力需求状况进行分析；最后，基于劳动供给和需求变化对劳动供求缺口进行预测和分析。

一　劳动供给预测

　　"十二五"期间，中国人口发展进程出现了一个重要转折——劳动年龄人口规模和比重开始减少。按照 1.6 左右的总和生育率水平，该文对中国人口进行了预测，结果显示，"十三五"时期劳动年龄人口总量和占总人口的比例将双双下降。15—59 岁劳动年龄人口将从"十三五"期初的 9.22 亿左右下降至 2020年的 9.10 亿，占比从 2016 年的 66.78% 下降至 2020 年的 65.11%。不过，具体到每年新增劳动力供给的状况，并不能根据人口预测直接得到结果，而是需要进行重新测算。因为当一个人年满 16 岁后，一般来说并不会马上进入劳动力市场，而是仍在学校学习，具体什么时间进入劳动力市场，则视其结束教育的时间而定。所以，要测算每年新增劳动力的具体数量，就需要把各级教育毕业而不再升学的 16 岁以上人口加在一起。脱离教育人法预测劳动供给的具体做法是，将五个教育阶段——小学、初中、高中（职业教育）、大学、研究生，按照入学人数→辍学人数→毕业未升学人数→升入更高教育阶段人数几个步骤预测，最后将辍学与毕业未升学人数加总得到每年需要就业的新增劳动力数量。

根据上述劳动力的预测方法，可以测算从小学到高等教育每个教育阶段升学和进入劳动力市场人群结构状况。如表1所示，进入劳动力市场的数量在2015年为1574.02万人，随后出现缓慢下降趋势，新增劳动力供给的最低点出现在2025年前后，2025年以后趋于稳定。从受教育结构来看，由于高等教育毛入学率将由2013年的35%左右提高到2020年的40%，到2030年提高到45%左右，受过高等教育的劳动力所占比例越来越大。劳动者素质的提高有利于中国未来产业结构的调整，从供给方为产业结构升级做了准备，同时教育也平滑进入了劳动力市场的规模，减轻了社会的就业压力。

表1　　　　　　　每年新增劳动力供给规模（分文化程度）

单位：万人

年份	小学阶段		初中阶段		高中阶段		中职毕业人数	大学毕业人数	研究生毕业	合计
	辍学率（%）	毕业未升学	辍学率（%）	毕业未升学	辍学率（%）	毕业未升学				
2015	8.68	17.27	94.25	147.65	40.07	98.01	505.63	606.44	56.02	1574.02
2016	8.48	16.87	102.61	160.75	39.78	97.30	490.95	621.71	57.86	1596.31
2017	8.19	24.49	100.22	157.01	38.63	94.47	467.63	624.69	59.76	1575.09
2018	8.46	25.29	96.80	151.65	36.79	89.99	449.53	623.66	61.73	1543.90
2019	8.68	25.97	99.98	156.64	35.37	86.50	489.41	605.09	63.77	1571.42
2020	8.57	25.63	102.65	160.82	38.51	94.18	478.03	582.11	65.88	1556.37
2021	7.44	22.26	101.34	158.77	37.61	91.99	461.70	555.24	68.05	1504.42
2022	7.28	21.78	88.00	137.87	36.33	88.85	476.90	532.31	70.30	1459.61
2023	7.17	21.43	86.10	134.88	37.52	91.77	489.61	512.61	72.62	1453.71
2024	7.09	21.19	84.72	132.73	38.52	94.22	483.37	510.75	74.26	1446.86
2025	7.05	21.08	83.76	131.23	38.03	93.02	419.74	511.82	75.94	1381.67
2026	7.28	21.78	83.35	130.58	33.02	80.77	410.66	515.92	77.65	1361.01
2027	7.30	21.82	86.10	134.89	32.31	79.02	404.11	523.15	79.40	1368.10
2028	7.47	22.34	86.26	135.14	43.20	77.76	399.53	533.43	81.20	1386.32
2029	7.48	22.37	88.30	138.34	31.43	76.88	397.54	546.11	83.03	1391.49
2030	7.55	22.58	88.45	138.58	31.28	76.50	410.66	559.86	84.90	1420.37

农民工在中国经济发展中发挥了巨大作用，国家在制定五年规划以及一些具体政策时，一般都会把农民工作为重点关注人群。鉴于此，该文对每年新增的农民工数量进行了测算。具体预测方法为：根据前面对每年新增劳动力数量的预测结果，使用分城乡教育统计数据，测算出各类教育中辍学和毕业未升学的农村户籍学生，这部分人就是所谓的新增农民工。需要说明的是，新增农民工只是每年新增劳动力的一部分，二者是部分与总体的关系。

根据新增农民工数量预测方法，该文计算了2013—2030年每年新成长的农民工数量（见表2）。总体来看，新成长农民工规模处于不断下降的趋势，由2013年的742.7万人，下降到2020年的582.6万人。"十三五"期间，需要转移的农村新增劳动力规模近3000万人，每年平均需要转移约600万人。2030年将降为527.9万人。从学历结构上看，中等职业教育产生的劳动力规模比例最大，几乎占据新成长农民工总量的一半，初中产生的劳动力比重为23%左右，高中和小学的贡献很小，都在5%以下。从新增农民工占新增劳动力总量的比重来看，该比重从2013年的44%，下降到2020年的37%，2025年后稳定在36%左右。这说明，随着城镇化进程的推进，新增劳动供给越来越依赖于城镇中成长起来的劳动人口。

表2　　　　　　　　　需转移的新增农村劳动力数量预测

单位：万人

年份	小学教育阶段	初中教育阶段	高中教育阶段	中等职业教育阶段	新成长的农民工	新成长农民工占新成长劳动力比重（%）
2013	46.7	170.8	56.7	468.5	742.7	44.7
2014	40.3	160.4	36.6	441.9	679.2	41.9
2015	34.6	151.9	29.2	404.5	620.2	40.6
2016	33.8	163.7	24.6	392.8	614.9	40.0
2017	40.9	157.5	23.4	374.1	595.9	39.3
2018	42.2	149.8	22.5	359.6	574.1	38.6
2019	43.3	152.2	23.3	371.9	590.8	38.3
2020	42.8	153.8	22.8	363.3	582.6	37.2
2021	41.9	149.4	22.0	350.9	564.2	37.0
2022	41.0	143.9	22.7	362.4	570.0	38.0
2023	40.1	138.5	23.3	372.1	574.1	38.6

续表

年份	小学教育阶段	初中教育阶段	高中教育阶段	中等职业教育阶段	新成长的农民工	新成长农民工占新成长劳动力比重（%）
2024	39.3	133.3	23.0	367.4	563.0	36.8
2025	39.1	128.2	22.5	359.6	549.4	36.7
2026	40.4	125.3	22.1	352.0	539.7	36.9
2027	40.4	127.1	21.6	344.6	533.7	36.1
2028	41.4	125.0	21.1	337.3	524.8	35.2
2029	41.4	125.5	21.0	335.6	523.5	35.4
2030	36.3	123.3	21.7	346.6	527.9	36.6

二 劳动需求预测

劳动需求预测需要使用一个关键参数——就业弹性。就业弹性表示经济每增长一个百分点就业将增长多少个百分点。一个国家或一个产业就业弹性越大，说明其经济增长创造就业岗位的能力越强。反之，就业弹性越小说明经济创造就业岗位的能力越低。一般来说，要预测今后就业增长状况，首先必须了解就业弹性的变化状况。

这里首先看一看我国 2001 年以来特别是"十二五"期间，分产业就业弹性的变化状况（见表3）。2001 年以来，第一产业的就业弹性为负值，这表明第一产业是释放劳动力部门，而且随着经济发展水平和农业劳动生产率的提高，其释放劳动力的能力在增强。第二产业的就业弹性先增长后下降，"十二五"以来，第二产业增长拉动就业增长的能力在下降。第三产业的就业弹性经历了先下降后上升的过程，"十二五"时期其就业弹性达到 0.469，大大超过第二产业和总就业弹性。考虑到"十二五"以来，第三产业产出增长率也超过了第二产业，第三产业成为吸纳就业的主要部门也就顺理成章了。如果把第二产业和第三产业合在一起作为非农产业，那么，可以看到我国的非农就业弹性呈现上升趋势。

表3   我国不同时期分产业就业弹性变化

年份	总产出	第一产业	第二产业	第三产业	非农产业
2001—2005	0.072	-0.425	0.172	0.325	0.255

续表

年份	总产出	第一产业	第二产业	第三产业	非农产业
2006—2010	0.035	-0.819	0.350	0.201	0.266
2011—2013	0.046	-1.132	0.225	0.469	0.355

　　根据过去中国就业弹性的变化，并结合各国历史经验，该文设定中国就业弹性将从 2013 年的 0.42 逐步收敛至 2030 年的 0.35，具体到各阶段为：2014—2015 年就业弹性为 0.39，2020 年降至 0.37，再降至 2025 年的 0.36，中间年份按照不变增长率进行插值，2026—2030 年为 0.35（见表 4）。

　　经济趋势增长率是劳动力需求预测必需的另一个变量。该文也给出高、中、低三种预测方案：2016—2020 年，经济增长率高、中、低方案分别为 7%、6.5%、6%；2021—2030 年三种方案经济增长率分别为 6%、5.5%、5%。根据就业增长计算公式，可以得到 2013—2030 年非农就业规模增长预测值（见表 4）。"十三五"期间，高、中、低三种方案下劳动力需求年均分别增长 1585 万、1549 万和 1511 万人，2020—2030 年年均分别增加 1602 万、1489 万和 1374 万人。

表4　　　　　　　　　非农就业规模预测（增长弹性法）

年份	经济增长的就业弹性	就业增长率高方案 (%)	就业增长率中方案 (%)	就业增长率低方案 (%)	就业增长高方案（万人）	就业增长中方案（万人）	就业增长低方案（万人）
2015	0.39	2.9	2.9	2.8	1579	1561	1543
2016	0.39	2.8	2.8	2.7	1583	1557	1529
2017	0.38	2.8	2.7	2.6	1586	1551	1513
2018	0.38	2.7	2.6	2.5	1588	1543	1496
2019	0.37	2.6	2.5	2.4	1589	1534	1477
2020	0.37	2.6	2.5	2.4	1588	1524	1457
2021	0.37	2.5	2.4	2.3	1595	1521	1444
2022	0.37	2.4	2.3	2.2	1601	1516	1430
2023	0.36	2.4	2.3	2.1	1606	1511	1415
2024	0.36	2.3	2.2	2.1	1610	1505	1399
2025	0.36	2.3	2.2	2.0	1613	1498	1382
2026	0.35	2.2	2.1	1.9	1579	1457	1334

续表

年份	经济增长的就业弹性	就业增长率高方案 (%)	就业增长率中方案 (%)	就业增长率低方案 (%)	就业增长高方案（万人）	就业增长中方案（万人）	就业增长低方案（万人）
2027	0.35	2.2	2.0	1.8	1589	1456	1323
2028	0.35	2.1	2.0	1.8	1599	1454	1312
2029	0.35	2.1	1.9	1.8	1607	1452	1300
2030	0.35	2.1	1.9	1.8	1641	1480	1323

三 劳动供求缺口预测

通过上文对劳动力供给和需求的预测，可以对未来失业人口和失业率进行测算，并借助人口普查数据，进一步对失业人口的结构进行考察和分析。结果显示，2020年以前，我国劳动力市场总体是供大于求的局面，失业人口由2013年的2323万人提高到2020年的2572万人，2021年开始供不应求，到2030年失业人口下降到1895万人（见表5）。由此可见，虽然中国劳动年龄人口绝对规模开始下降，但在2020年劳动力供应还是相对充分的，2020年以后，由于教育对劳动力进入市场的平滑作用，劳动力供需缺口并不大。城镇失业率呈现逐步下降的趋势，虽然城镇失业人口在2020年以前是增加的，但是由于城镇就业人口更快的增加使得城镇失业率依然是下降的，从2015年的5.56%降为2020年的4.98%，年均下降0.1个百分点，"十三五"期间，城镇失业率平均为5.2%。2020年后，城镇失业率下降加快，从2021年的4.80%下降到2030年的2.88%，年均降幅为0.2个百分点。这对处于经济转型期的中国具有重要的意义，国家有较大的余地通过提高劳动者素质和改进生产技术弥补劳动力数量下降的负面影响，维持中国经济的竞争力。

表5　　　　城镇失业人口存量预测结果

单位：万人

年份	劳动力需求	劳动力供给	失业人口增量	失业人口总量	城镇失业率（%）
2015	1561	1574	13	2438	5.56
2016	1557	1596	39	2477	5.45
2017	1551	1575	24	2502	5.32

续表

年份	劳动力需求	劳动力供给	失业人口增量	失业人口总量	城镇失业率（%）
2018	1543	1544	1	2502	5.15
2019	1534	1571	37	2539	5.07
2020	1524	1556	32	2572	4.98
2021	1521	1504	－ 16	2555	4.80
2022	1516	1460	－ 57	2499	4.57
2023	1511	1454	－ 58	2441	4.35
2024	1505	1447	－ 58	2383	4.14
2025	1498	1382	－ 116	2266	3.85
2026	1457	1361	－ 96	2171	3.60
2027	1456	1368	－ 88	2083	3.38
2028	1454	1386	－ 68	2015	3.20
2029	1452	1391	－ 60	1955	3.03
2030	1480	1420	－ 59	1895	2.88

　　在劳动力市场中，一些劳动者由于年龄偏大、缺乏经验或者技能水平偏低等原因，经常处在失业或者濒临失业的状态，这部分劳动者被称为就业困难群体。不过，失业人口中其他群体，如农民工和大学毕业生，因关系到民生改善和社会稳定问题，也往往成为受关注的对象。所以，我们对劳动供求缺口的结构分析主要关注三类人群："4050"失业群体、农民工失业群体和大学生失业群体。

　　从失业率的年龄分布来看，青年劳动力的失业率比较高，失业率按年龄呈递减趋势，相比 2000 年，年龄越低劳动力失业率降幅越大，失业率的年龄分布也更加平坦。2010 年 40 岁以上失业人口占全部失业人口比重达到34.4%，超过 2000 年 22.1% 的水平，增幅超过 12 个百分点。这也反映出，随着经济的发展，年龄较大的"4050"人员的就业形势越来越严峻。

　　自 1999 年实施大学扩招政策后，大学毕业生就业难的问题就是社会热点。大学及以上学历（包括大专教育）的失业人口比例低于初中和高中的比重，但2000—2010 年大幅提升，比重从 2000 年的 10.7%，提高到 2010 年的 17.4%。大学学历的失业人口比重虽然并不高，但这并不表示大学生失业问题不严重。实际上，通常所说的大学生就业难是指刚毕业的大学生第一次就业困难。大学本科、专科和研究生毕业未找到工作的比重达到 44.0%，占全部失业人员的比重达到 9.6%。如果不考虑以往累积下来的人数，则可以说每十个失业人员中就有一个是刚毕业的大学生。按照 2010 年 2283 万人的失业总规模，刚毕业的大学生找不到工作的规模将近 200 万人，占当年毕业大学生的三分之一左右。由于大学生失业人员在总失业人口中的比重在提高，加上未来大学生在新成长劳动力中的比重会继续提高，"十三五"期间，促进大学生就业难度会加大。

根据第六次人口普查千分之一样本，外出农民工总体失业率为 2.56%。从分年龄组、性别的迁移农民工失业率看，越年轻的群体失业率越高。16—20 岁、21—25 岁青年迁移农民工失业率分别为 7.9% 和 6.4%。相对高于其他年龄组，表明青年迁移农民工就业符合劳动力市场上青年劳动力失业率高的特点。根据 2010 年农民工监测报告，外出农民工总量为 1.53 亿人，按此规模乘以 2.56% 的农民工失业率，可得失业农民工规模为 392.6 万人，占城镇总失业人口的 17.2%。

四 总结与建议

"十三五"是中国经济结构调整与发展方式转变的关键时期，劳动力市场也将发生深刻变革，就业形势与矛盾会变得更加复杂。该文的预测表明，从劳动力供给来看，尽管劳动年龄人口呈现不断下降趋势，但每年需要就业的新增劳动力数量并不随劳动年龄人口下降而下降，由于教育的影响，"十三五"及今后较长的一段时间内，年新增劳动力数量基本上维持在 1500 万—1600 万人之间，就业压力仍然较大；而且，在新增劳动力中大学教育劳动者所占比重会由"十二五"时期的 38% 提高到"十三五"时期的 42%，而初中及以下教育劳动者比重减少至不足 20%，这一根本性变化预示着过去靠简单劳动扩张驱动经济增长的模式难以为继，吸纳高素质劳动者就业需要新的增长方式。从劳动需求来看，受经济减速影响，新增非农就业岗位保持基本稳定，"十三五"时期保持在 1542 万人左右。综合来看，进入"十三五"时期，就业总量矛盾依然存在，但主要矛盾是劳动力市场的结构性问题。

在对劳动供求预测的基础上，该文具体测算了劳动供求缺口规模，估算了供求缺口中三类需要重点关注人群："4050"人员、农民工和大学生群体的规模。其中，"4050"（40 岁以上失业人员）人员占比最高，在"十三五"时期，这类人占全部失业人口的比例在三分之一左右，数量维持在 840 万—890 万之间；农民工群体和大学生群体失业规模相当，数量都保持在 420 万—450 万之间，这两类人合计占全部失业人员的比例也在三分之一左右。三类失业人口加在一起超过全部失业人口的三分之二。事实上，这三类人群的就业问题都突出地表现了劳动力市场的结构性矛盾。

解决劳动力市场结构性矛盾的关键就是要解决劳动者技能素质与市场需求不匹配的问题。这就要求我们了解经济结构转变和产业升级需要什么样的劳动者，同时，要不断完善教育和培训体系，努力使劳动者素质技能适应市场需要。鉴于"十三五"时期新增劳动力供给主体是大学毕业生，如何促进大学生就业就成了解决劳动力市场结构性矛盾的关键。

解决大学生就业难题，首先需要打通职业教育和普通教育之间的人才流通壁垒。消除就业歧视，承认职业教育和普通教育在地位上的互通性和等值性。建立职业资格证书与普通教育学历文凭之间的等值框架体系，允许获得职业资格证书的学习者申请同等级别的大学学位课程，允许职业资格证书和普通大学教育学历证书之间互相转换。其次，要构建适应市场经济变化的高校人才培养模式。优化高校课程设置，鼓励应用型交叉学科的发展，鼓励高校与政府、科研院所、企业以及其他社会团体组织合作建立高校毕业生联合培养机制。开设创业和就业指导课程，建立多层次的大学教育课程体系。

（张车伟、蔡翼飞，中国社会科学院人口与劳动经济研究所。原文出处：《人口研究》2016 年第 1 期，第 38—56 页）

中国劳动力市场：现状、制度安排与未来发展

易定红

中国经济增长速度在过去的几十年中几乎都保持在 10% 的发展水平上，这在一定程度上得益于中国的市场化改革。然而，中国的市场化改革具有明显的"不对称性"，即产品市场放开，劳动力市场却出现明显的扭曲。该文主要目的是通过研究中国的劳动力市场状况，对劳动力市场制度安排进行反思，进而预测未来的中国劳动力市场制度安排。

一　中国劳动力市场概况

（一）劳动力供给状况

1. 中国正处于"人口机会窗"中后期

从人口总量上来看，1995 年中国人口总量为 12.1 亿人，到 2010 年已经达到 13.4 亿人。从人口结构上看，1—14 周岁的人口总量同期净减少 9959 万人，比重下降 10%；15—64 周岁人口总量上同期增加 18545 万人，比重同期上升 7.3 个百分点；65 岁以上人口同期净增加 4384 万人，人口比重上升了 2.7 个百分点。这样的人口年龄结构说明中国的人口结构正处在比较富有生产性的阶段，保证了劳动力供给的充足性。从人口抚养比上看，1995 年为 48.8%，2010 年人口抚养比降低到 34.2%，人口抚养比从整体趋势上一直处于下降状态，人口抚养比在 1995 年以后明显低于 50%。这说明，中国人口正处在一个"人口机会窗"。另一方面，"人口机会窗"也可以通过自然增长率和国民生产总值的增长率之间的倒"U"形关系来衡量，人口机会窗口处于倒"U"形的中上部分。根

据《中国劳动统计年鉴》，采用 1995—2010 年间的自然增长率和 GDP 增长率对该区间进行回归。从自然增长率和 GDP 之间的关系来看，目前中国的自然增长率稳步下降，而近些年 GDP 增长速度放缓。这在一定程度上说明中国的劳动力供给处于"人口机会窗"的中后期。

2. 劳动力市场参与率偏高

中国 2000 年和 2009 年的劳动参与率分别为 77.4% 和 73.7%，与同期内的其他国家相比，中国的劳动参与率和低收入国家的劳动参与率相当，甚至比低收入国家的劳动参与率还要高。中国女性劳动参与率与世界女性的平均参与率差距更为明显，2009 年高出 16 个百分点之多。

（二）劳动力需求状况分析

1. 经济增长过分依赖投资，不利于就业

中国经济的迅速增长主要依靠资本的大量投入和积累，但对就业没有起到明显的促进作用。根据 1996—2010 年的统计年鉴汇总整理数据，中国的投资增长速度从 2000 年开始有了明显的增长，而就业的增长速度却出现了一个下降趋势。这个过程可以从几个方面进行解释：（1）投资引起收入分配格局恶化，引起内需不足，影响到就业。（2）投资过程中的资本价格和劳动价格的相对变化加剧劳动对于资本的替代。

2. 就业结构不合理制约就业

从第一、二、三产业的就业弹性可以发现，第三产业的就业弹性要远远高于第一、二产业。因此，通过合理安排就业结构可以增强就业能力。2000 年，第一产业、第二产业、第三产业的就业人数比重分别为 50%、22.5%、27.5%。到 2009 年，三个产业的就业比重分别为 38.1%、27.8%、34.1%。虽然中国的就业结构逐渐合理化，但是从世界范围来看，中国的就业结构的变化较慢，也不甚合理。

3. 不同所有制企业的劳动需求

国有企业、城镇集体企业、私营企业和港澳台、外资企业在 2000 年的就业比例分别是 11.2%、2.07%、3.34% 和 0.89%，到了 2010 年，则变成了 8.56%、0.78%、12.38% 和 2.49%。国有企业和城镇集体企业分别下降了 2.64% 和 1.29%，私营企业和港澳台、外资企业却上升了 10.31%、1.6%，其中私营企业在同期的就业比重增加了近 3 倍，港澳台、外资企业的就业比重增加了近 2 倍，私营企业等成为吸纳就业的主力军。

（三）劳动力市场运行的结果分析

1. 高就业、低工资

庞大人口规模与较高的劳动参与率促使中国选择高就业、低工资的就业模式。目前，一方面中国大量的农村劳动人口流入城市，加大了城市劳动力的供给量；另一方面中国进行国有企业改革，随之而来的是就业制度的改革，使得大批国有企业的职工下岗。由于这两个方面的因素，导致劳动力供给人口的增加，从而形成拥挤型的劳动力市场。这些劳动者往往处于生存的边缘地带，为了获得就业机会，会主动降低工资，甚至愿意接受低于最低工资水平之下的工作。从劳动力供给理论来看，他们多数处于 S 形劳动供给曲线的低端，工资水平和劳动之间呈现反相关。

2. 劳动力市场分割

（1）城乡分割。从城镇人口和城镇就业人数增幅来看，同期城乡就业比重增幅明显低于城乡人口比重增幅，这说明，中国的城乡劳动力流动缓慢，城镇人口基本在城镇就业，乡村人口基本在乡村就业，城乡劳动力市场隔离严重，这与中国的劳动制度安排密切相关。（2）所有制分割。虽然中国私营企业，港澳台、外商投资企业等成为吸纳就业的主力军，但是其吸纳的劳动者与国有企业有着显著的区别。这些非公有制企业所吸纳的劳动者多数是下岗工人和外来打工人员。而国有企业的职工一般都有城镇户口、较高的学历和稳定的工作，他们不仅仅排斥外来人口、农民，甚至连不同行业、不同背景的城市居民也排斥。（3）产业分割。从三次产业的经济产出和就业结构对比来看，中国仍存在较大的就业结构偏差。第一、第二产业的就业偏差总体上呈现下降趋势，但这两个产业仍存在着较大的结构偏差。第一产业结构偏差居高不下，这意味着随着第一产业产值的比重下降，第一产业的就业人口比例不能随之有效地下降，这与中国目前的城乡二元劳动力市场有很大的关系。城乡二元结构的长期存在，人为地限制了农民向城市的转移。

二　中国劳动力市场的制度结构

（一）户籍制度

1. 户籍制度的现状

中国在进行经济体制改革的时候，中央政府逐渐向地方政府分权，这导致了户籍制度不能得到全面的统一。通常意义上，户籍制度与工资、福利、就业等密切联系，最终使得户籍制度成为市场分割的罪魁祸首。总体来说，中国的户籍制度分为三种不同的模式：小城市的全面开放模式，中等城市的条件准入模式和大城市严格限制模式。

2. 与户籍关联的就业制度

目前，中国的户籍制度主要通过劳动力市场准入政策与就业密切地联系起来。中国的劳动力准入政策主要分为两类：一是关于外来务工人员和农民工政策，这类政策主要是影响到就业权利和就业资格的问题；二是人才引进政策，主要涉及劳动者的素质水平门槛要求。这两类政策和户籍制度有着密切的联系。中国目前的户籍制度，不但没有使得城乡二元市场结构消除，且伴随着农村劳动力进入城市，在城市中形成庞大的农民工阶层，加上没有本地户口的外地城市居民，在城市中形成了本地—外地的二元劳动力市场结构。

（二）社会保障制度

1. 就业关联保障制度

中国目前实行的是就业关联式的社会保障制度，而不是普及型的社会保障。其中养老保险、医疗保险和失业保险都实行了个人缴费和社会缴费相结合的办法，其中个人缴费部分都是以劳动者的工资为基础的。如果没有参加劳动，那么相应的社会保险制度就很难被覆盖。这种就业关联式的社会保障制度较强地刺激了劳动者对于劳动供给的强度。

2. 社会保障制度的分类设置

中国的社会保险是分类设置的。对于农民工和灵活用工采用例外性的规定。比如，《劳动合同法》一方面承认了非全日制工的灵活用工方式，另一方面没有规定社会保险的覆盖方式方法，也没有规定政府、企业、个人承担的责任等。这就将灵活用工排除在了社会保险的体系之外。由于中国灵活用工数量剧增，而其并没有受到社会保障制度的覆盖，这在一定程度上促使了劳动参与率居高不下，同时也给劳动力市场分割提供了沃土。

（三）集体协商制度

1. 集体协商力量倒置

中国目前在国家、行业以及企业三个层面上存在着集体协商。然而，这三个层次的集体协商主体存在着严重的不对称问题。集体协商中的劳动者组织与企业组织总体上处于倒置状态：集体协商中的工会在企业层面、行业层面以及国家层面依次增强，这种增强不仅表现为政治方面，也表现在经费支持等方面。企业组织架构是相反的设置：在宏观层面，中国企业联合会是中国企业的代表组织，其在中国的政治结构安排上，以及在其会员人数、经费支持等方面都远远弱于工会组织；越到微观层面，由于中国的劳动力市场上还明显的是供给大于需求，企业管理方越明显具有绝对的优势。

2. 集体协商的法律规范缺失

从《劳动法》《劳动合同法》等规定中也不难发现，中国的集体协商虽然在法律中有明确的规定，但是并不是强制性的，比如"应当""可以"等；对于集体协商的程序性规定没有相关法律条文的具体规定；对于违反法律规定的应当集体协商而没有协商的情形没有相应法律的制裁措施。这就造成了集体协商条款不具有可执行力。

（四）不同所有制下的用工及工资形成制度

1. 体制内的用工特征及工资形成制度

体制内的用工单位经济成分主要是国有成分，在经营决策和用人机制方面依然受到政府较大的影响，造成体制内的用工单位决策机制是非市场化的决策机制。其工资形成机制也主要不是通过劳动力市场形成的，很大程度上是由于政府的计划干预而形成的，即"计划为主、市场为辅"的工资形成机制。

2. 体制外的用工特征及工资形成制度

非公有制用工单位由于在用人等制度上的缺失，使得被排挤在体制外的劳动力供给者在市场竞争中过度地被压低工资待遇。即使在有相关制度约束的情况下，非公有制用工单位的执行力度也明显弱于公有制企业，加上其弱势群体的社会保险，户籍等制度方面的劣势，造成劳动者的就业状况更加糟糕。所以，体制外用工单位的工资形成机制主要靠市场进行调节，较少地受到政府计划干预。

三　未来中国劳动力市场制度安排

（一）消除市场分割的制度安排

1. 推行城乡平等的就业制度

党的十六大以后，农村劳动力的就业政策开始致力于城乡平等的就业制度的建立。2006 年 3 月颁布的《关于贯彻落实国务院关于解决农民工问题的若干意见的实施意见》决定，选择部分具备条件的城市，从改革城乡分割的就业管理体制、建立面向城乡劳动者公共就业服务体系、完善城乡劳动者职业技能培训制度、规范企业招用工行为、探索建立适合农民工的社会保险办法等方面，开展为期两年的城乡统筹就业试点工作，探索建立城乡统筹就业的模式和政策框架。这意味着城乡平等就业制度开始步入实施阶段。

2. 户籍制度改革：剥除附带福利

虽然目前户籍制度改革效果明显，但是仍停留在放开户籍层面，而未触及深层次的社会福利制度改革。事实上，与户籍挂钩的教育、医疗、就业、住房等方面权益分配才是问题的关键。目前与户籍挂钩的权利和福利还有 20 多项，涉及政治权利、就业权利、教育权利、社会保障、计划生育等各方面。要使户籍制度改革取得明显的成效，必须使其附带的各种相关利益消失或均等化。

（二）通过完善社会保障，降低劳动参与率

1. 提高社会保障水平

目前，中国的社会保障水平在国际对比中还明显偏低。从社会保障占财政支出的比例来看，中国的社会保障水平也明显偏低，2007 年仅有 0.73%。为了降低劳动参与率，满足劳动者的安全需求，社会保障水平亟待提高。

2. 扩展社会保障覆盖范围

城镇就业人口中，灵活就业人口绝对数量及其结构相对数日益增加，呈现出逐年增长的态势。但中国的社会保障体制主要是根据劳动者类别进行设计的，

将农民工、非全日制工以及劳务派遣等灵活用工方式的劳动者排除在了体制之外。因此，在灵活用工占主导地位的情况下，扩展社会保障覆盖范围的改革势在必行。

（三）完善集体协商制度，促进工资价格形成机制

根据不同所有制下企业的就业分析可以知道，中国的私营企业成为就业的主要渠道，尤其是在社会保障等制度不健全的情况下，这些体制外的企业劳动力供给处于过度供给状态，导致工资待遇等扭曲。所以集体协商制度，尤其是工资集体协商成为工资价格形成的重要制度。目前，中国集体协商的制度安排还不完善，集体协商主体力量的强弱在层次上存在着倒置状态，亟待开展产业层次的集体协商。另外，为了推动集体协商，避免"不肯谈""不愿谈"的情况，必须加强集体谈判的立法。

（四）统一公有制和非公有制的工资形成机制，建立公平的竞争平台

1. 统一公有制和非公有制单位的用工制度

中国目前分企业类别的法律法规的管理制度，造成了公有制单位和非公制单位受到政府规制的程度和市场调节的力度等存在着较大的差异。今后公有制和非公有制的用人单位在用工制度方面的改革主要方向是"取消类别立法，加强统一立法"，消除不同的用工制度，消除不同所有制单位之间的用工隔离。

2. 统一公有制和非公有制单位的工资形成机制

公有制单位和非公有制单位的工资形成机制存在着明显的差别。这两类不同的工资形成机制导致其在市场经济条件下处于不同的竞争起点上，进而造成其劳动力供给者类别的差异，形成不同所有制下的就业隔离。消除公有制和非公制的工资形成机制的差异，是解决中国劳动力市场分割的一个重要环节。做到这点的关键在于彻底地做到"政企分开"，使公有制和非公有制单位都以市场经济为基础进行运作。

（易定红，中国人民大学劳动人事学院。原文出处：《中国劳动》2016 年第 1 期，第 4—44 页）

中国劳动人口素质红利与经济增长

李　群

中国劳动年龄人口的绝对数自 2012 年首次出现下降，支撑中国经济发展的人口红利已经结束，依靠低成本劳动力创造价值的时代已经终结。但是"人口红利"表象背后所隐含的本质是否有待继续挖掘？鉴于劳动人口在生产生活中对经济推动的影响程度不同，该文旨在挖掘人口红利的质量要素，首次提出劳动人口素质红利概念，并定量研究了其与经济增长之间的关系，为寻求中国经济"新常态"下的发展提供必要参考。

一　劳动人口素质红利的提出

新古典增长理论假设劳动力是短缺的，物质资本超过一定点的继续投入，将会遇到报酬递减现象，从而经济增长不能持续。因此，打破资本报酬递减规律可通过两条途径解决：一是通过技术进步，以全要素生产率不断提高的贡献率保持经济增长的可持续性；二是破除劳动力短缺这个制约因素。而以罗默（Romer）、卢卡斯（Lucas）等人为代表的新增长理论也认为，通过研究人力资本形成和积累特点及其在增长中的作用，才能成功地把经济增长的源泉内生化。基于此，该文提出劳动人口素质红利概念，旨在深挖劳动者的素质，使劳动年龄人口实现充分就业，以改变现有的低成本劳动，提高劳动者收入水平，从而继续发挥人口红利对经济发展的支撑作用。由于中国第一次人口红利正由聚集转向减少，并逐步转入收获结构性人口红利阶段，但是未来收获人口红利的难度加大，将更多依赖于人力资本积累和深化劳动力市场等方面的制度改革。因此，所谓劳动人口素质红利，是指对于劳动年龄人口而言，通过不断提高其受教育程度，并且不断加大科技投入，由以往的低成本劳动向高技术含量的劳动过渡，以保证人口红利继续支撑中国经济的健康发展。

而刻画劳动人口素质红利主要有两个指标：一是文化强度指标；二是技术强度指标。其中，文化强度指标可以用劳动者受教育程度来表示，技术强度指标可以用全国 R&D 人员全时当量表示。

文化强度 = 受不同教育年限的人口数 / 总劳动者人数　　　　　　　　（1）

技术强度 = 全国 R&D 人员全时当量 / 总劳动者人数　　　　　　　　（2）

该文在选取受教育年限人口数时分为三个阶段：即普通高中学历及以上人数、普通中专学历以上人数、高等教育学历以上人数，以此分析由于劳动者受教育年限的不同给劳动人口素质红利所带来的不同影响；同时，对比分析当前实际劳动者素质与潜在劳动者素质对未来经济发展的区别，实际数据将选取三个不同阶段的已毕业人数，而潜在数据则通过目前在校人数反映，从实际、潜在两个角度分析，意在分析中国经济增长过去与未来的发展动力。

1. 文化强度指标。文化强度指标之所以选取三个节点的原因在于：首先，在传统人口红利计算过程中，将 15—64 岁之间的人口数作为劳动人口，而具有普通高中学历以上的在校生年龄平均在 16 岁以上，这符合传统人口红利的计算方式；其次，劳动人口素质红利的三阶段划分，有助于分析不同的受教育年限对人口红利产生的推动作用，并且通过分析现有情况，提出更符合国情的建议，增强针对性。

2. 技术强度指标。技术强度指标可分为显性指标与隐性指标，作为劳动人口素质的显性指标可以选用论文发表数量、专利申请授权数、每千人拥有的技术人员数等指标来表示。但是在实际应用中，显性指标不能全面反映劳动人口素质，所以该文选取能够反映国家未来发展潜力的隐性指标，即全国 R&D 人员全时当量占总劳动人口的比重来代表技术强度，原因在于它作为国际上比较科技人力投入的可比指标，是全时人数加非全时人数按工作量折算为全时人员数的综合，该指标能较全面地反映中国经济发展中研发人员及整体的科学素质情况。

二　劳动人口素质红利与经济发展

（一）数据搜集

首先，查找相关资料搜集 1997—2012 年全国普通高中学历及以上人数、普通中专学历及以上人数、高等教育学历及以上人数、全国 R&D 人员全时当量及劳动者总人数等相关数据，通过式（1）（2）得出各年份分阶段潜在和实际的文化强度及技术强度指标。结果显示，1997 年以来文化强度指标呈现递增趋势，且增长幅度较大，特别是"普通高中学历以上的文化强度"指标增长速度快于"高等教育学历及普通中专学历及以上"所代表的文化强度指标，而反映劳动人口素质红利指标的技术强度虽然没有较大幅度提升，但是总体依旧呈现不断上升趋势。通过以上数据，利用灰色关联度模型，可以得到文化强度及技术强度对经济增长的贡献度。

（二）模型选取

灰色关联分析（GRA）是一种用灰色关联度顺序（成为灰关联序，GRO）来描述因素间关系的强弱、大小、次序的方法，其基本思想是：以因素的数据列为依据，用数学的方法研究因素间的几何对应关系。运用灰色关联度方法分析劳动人口素质红利、人口红利与经济增长的关联性，可以得出二者对经济增长的影响排序，以及用于解释劳动人口素质红利、人口红利对经济增长的贡献度大小，结果见表1。

表1　　劳动人口素质红利、人口红利与经济增长率的关联分析

排序	潜在分析		实际分析	
	指标	数值	指标	数值
1	文化强度（普高）	0.6287	文化强度（普高）	0.5414
2	文化强度（高等）	0.6165	文化强度（普中）	0.5142
3	文化强度（普中）	0.6057	技术强度	0.5106
4	技术强度	0.5877	文化强度（高等）	0.5069
5	人口红利	0.5039	人口红利	0.4230

（三）结果分析

模型分析结果显示，在支撑中国经济发展的动因中，无论是潜在数据，还是实际数据，代表劳动人口素质红利的文化强度与技术强度指标相比人口红利指标而言，更能解释推动中国经济增长的潜力及动力，贡献度也较大。由于该文实际的劳动人口素质红利数据选用已毕业人数，该群体已经或正在参与到社会经济劳动中，而"文化强度"（普通高中学历及以上人数）指标对经济增长的贡献度最大，也解释了中国过去30年间经济增长的人力优势。该部分劳动人口素质普遍偏低，用工成本低廉，且数量庞大，支撑了经济发展所必需的劳动力来源；潜在的劳动人口素质红利数据选取目前在校人数，意在表明未来支撑中国经济增长的潜力。结果显示，"文化强度"各分项指标对经济增长的贡献度较大，表明未来支撑中国经济运行的动力在于教育，只有不断提高劳动者的技能水平，才能改变现在已逐渐消失的人口红利对经济增长所带来的不利影响。

同时，结果还表明，虽然人口红利是30年间经济增长的动力之一，对经济的恢复与发展起到了至关重要的作用，但是相比劳动人口素质红利而言，是偏弱的。李克强总理曾指出，要转变中国过去依靠"人口红利"的发展模式，充分释放"人才红利"，才能保持中国经济持续健康发展，同时要充分调动创新创造的积极性，突破体制机制障碍，给创新、创造人才更广泛的空间，让中国的"人口红利"转化为"人才红利"。这也充分表明，在今后社会经济发展中，要更加重视对人才的培养，加大对知识的尊重，用倒逼机制加快从依靠低成本劳动力数量上的"人口红利"，转向依靠劳动者专业技能和使用效率即质量上的"人才红利"，在创新驱动中实现产业升级和经济转型。该文认为，劳动人口素质红利充分体现人才红利的内涵。因此，只要深度挖掘劳动人口素质红利，就能保持经济持续健康发展。

三　结论

该文提出的劳动人口素质红利概念，更加关注劳动人口素质的提升，并通过文化强度与技术强度指标阐明影响人口红利的关键因素仍有可拓展空间。面对新的增长红利，该文提出以下建议。

（一）挖掘劳动人口素质红利，提升科技创新能力

2014 年中央经济工作会议指出，面对经济"新常态"要求，过去劳动力成本低的优势已经逐渐消失，通过引进技术和管理就能迅速变成生产力的时代已经开始面临人口老龄化等现实问题，要素的规模驱动力减弱，这就需要更多依靠人力资本质量和技术进步的提高，而这恰巧是该文所提出劳动人口素质红利的两个衡量指标。因此，深度挖掘劳动人口素质红利，才能够更主动适应新形势下社会经济发展的大趋势，推动各项工作平稳健康发展。

（二）重视教育事业发展，真正提高公民科学素养

《中国人力资本报告 2014》指出，近年来中国的人力资本增长并非由相应的人口增长导致，而是由教育及其他因素所推动。通过提供不同层次的教育，可以从数量及质量上培养社会主义建设所需要的各方面人才，实现对经济发展的带动影响。目前，中国教育水平得到了很大提升，但是也存在着诸多问题。因此，需要继续深化教育体制改革，稳固九年义务教育基础，提升职业技能教育水平，推动高等教育内涵式发展，完善终身教育体系，努力构建学习型社会；推进考试招生制度改革，探索普通本科和高等职业教育分类培养方案，有重点地建设研究型大学与教学型大学，从而实现教育资源合理配置，促进教育公平，着力提高教育质量。

（三）提高技术进步，实施创新驱动发展战略

中国经济要实现持续健康发展，就必须逐步从要素驱动、投资驱动转向创新驱动。只有通过政策调整，在技术进步和体制改善中获得更高效率，才能实现中国经济增长向全要素生产率支撑型模式的转变，避免"中等收入陷阱"的命运。科学技术对经济发展起着变革作用，科技进步能够渗透到经济活动各环节，不仅促进经济总量的增长，而且也有利于经济结构、产业结构的优化。中国经济实力已经位居世界前列，如何保持优势地位，更多的是要依靠科技进步，继续实施"科教兴国"战略，积极推动创新驱动发展战略，培养优秀人才队伍，支持技术创新，营造创新发展的良好氛围。

（四）加大职业技能培训教育，提高劳动者终身学习能力

2014年6月，根据国务院《关于加快发展现代职业教育的决定》，教育部、人社部等六部门联合印发《现代职业教育体系建设规划（2014—2020年）》的指示，进一步明确了职业教育的主要任务是服务发展、促进就业。这都为今后中国职业教育发展指明了方向，职业教育可以有效地将学校与企业连接起来，并且迅速转化为生产力，对经济发展起着至关重要的作用。因此，中国应尽快完善建立现代职业教育体系，大力发展中等职业教育，系统培养初级、中级和高级技术技能人才，建设具有中国特色、世界水准的现代职业教育体系框架。

（李群，中国社会科学院数量经济与技术经济研究所。原文出处：《社会科学家》2016年第1期，第61—66页）

就业政策的阶段特征与调整方向

都　阳

中国经济正处于向高收入国家行列迈进的关键阶段。在刘易斯转折点之前，中国具有典型的二元经济特征，农业中大量剩余劳动力使得促进农业劳动力向非农经济部门转移成为二元经济时代的核心政策，发展战略的关键之处是要尽可能多地创造非农就业机会。在刘易斯转折点之后，劳动力短缺的出现，不仅使得劳动者在劳动力市场上的谈判地位增强，也使得追求更多、更好就业的目标成为可能。同时，在新的经济增长模式下，经济增长动力需要从以往主要依赖生产要素的积累，逐步向以全要素生产率推动过渡。相应地，产业政策和劳动力市场政策也应该促成经济增长方式的转变。

一　我国产业政策的演进

低收入国家有相似的禀赋特征。总体上看，低收入国家资本短缺、劳动力丰富。基于这种生产要素结构，合宜的产业政策应该鼓励劳动密集型产业的发展，以使产业发展的方向与资源禀赋结构相协调。

在改革开放之前，中国实施赶超战略，强调重工业的优先发展。但重工业部门使用大量的资本却提供有限的工作岗位，这种发展战略显然与当时中国的禀赋优势相背离。在改革开放后，中国开始明确鼓励轻工业的发展，而其中绝大多数部门具有劳动密集的特征。除了发展战略的转移，中国还成功地实施了对外开放战略，以弥补资本的短缺。同时，鼓励乡镇企业的发展，推动了乡村工业化，促进了劳动密集型产业的发展。

在相当长的时间里，制造业都是吸纳就业最主要的产业部门。劳动密集型行业在中国的制造业部门占据了相当重要的地位。产业政策对劳动密集型的制造业发展也给予了较高的优先序，从而使中国用较短的时间发展成为"世界工厂"。以下几个方面体现了政策形成过程中政府对制造业在经济发展和就业创造过程中作用的高度重视。第一，在政府的"五年规划"和其他中长期发展计划中，对制造业部门都给予了详尽的规划。第二，除了在发展规划中明确产业政策的基本方向和定位以外，中国政府还利用其他政策工具支持劳动密集型制造业的发展。例如，出口退税政策。

近年来服务业的迅速发展，也得益于产业政策发挥了重要的作用。国务院专门颁发了《服务业发展"十二五"规划》（下文简称《规划》），并提出了一些促进服务业发展的具体措施。首先，《规划》提出了今后一段时间需要促进发展的几个主要服务业部门，如生产线服务业、高技术服务业、产品设计与咨询、人力资源服务、电子商务、节能与环保服务业等。同时，也列出了重点支持和发展的生活服务业。其次，《规划》提出在更大范围内实施服务业的对外开放。最后，支持服务业的创新。

二　产业结构变化与劳动力再配置

促进劳动力的再配置一直是劳动力市场政策的重要内容，伴随着经济结构的变迁和收入阶段的变化，其方向和重点也会相应地发生变化。

（一）工业化与劳动力转移

中国的经济体制改革首先发端于农村。在农村改革初期，农业劳动生产率的显著提升使得原本农业中的潜在失业现象得以显化。同时，城市经济尚未从重工业优先的发展路径中摆脱出来，吸纳劳动力的能力仍然有限。"离土不离乡"的劳动力转移方式应运而生，主要体现为允许农民从事非农经济活动，但劳动力跨地域尤其是跨城乡的流动仍然有很多的障碍。随着改革的进程由农村扩展到城市，城市经济的发展开始对劳动力产生增量需求。一些经济快速发展的城市，国有企业开始雇用农民工。城市中大量的生活服务业也成为吸纳农村劳动力的一个重要部门。

然而，从促进劳动力转移的政策看，并不是一帆风顺。在 20 世纪 80 年代末，为了应对急剧的通货膨胀以及迅速增加的固定资产投资等经济过热现象，宏观经济政策做出了相应调整，对劳动力流动也做出了严格的限制。在 1992 年前后，劳动力流动政策才回归到正常的、逐渐放松的轨道。进入 21 世纪，中国正式加入世界贸易组织以后，劳动密集型产业得到了迅速发展，为大量的农村剩余劳动力创造了充分的就业机会。劳动力流动政策改变体现在以下几个方面。首先，地方政府不得对农民工征收各种费用。其次，地方政府需要为农民工提供各种就业服务。再次，一些经济发达地区开始为农民工提供社会保护。总体上看，改革开放以来，中国从没有停止转移农村剩余劳动力的进程。劳动力流动与整个经济体制日趋自由的改革步调也是一致的。

（二）非农就业结构的多元化

在经济发展的初级阶段，伴随着就业向工业部门的集中，经济结构的专业化程度逐步提高。但进入中等收入阶段后，经济结构的多元化开始出现，并对经济增长方式的转变、劳动力再配置的方式和人力资本积累体系提出了更高要求。根据 2005 年 1% 人口抽样调查数据和 2010 年第六次人口普查数据计算，中国目前就业结构的变化符合中等收入阶段就业结构变化的典型特征，即就业在不同岗位上越来越分散，开始展现多元化的特点。

（三）顺应就业结构多元化的政策调整

首先，结构多元化意味着产业分工更加细密，产业政策的方向更难把握。因此，产业政策的设立机制和作用方式也应该有所转变，真正落实"产业要活"的要求。特别是在产业结构变化方向不明确的情况下，要谨慎使用对特定产业扶持和补贴的手段，以免造成价格信号的扭曲和新的产能过剩。其次，就业结构多元化意味着劳动力流动的模式也将发生转变。劳动力流动将不再以大规模城乡间、地区间的空间转移为主，而是体现为行业之间、企业之间的再配置。相应地，鼓励劳动力流动的政策将由消除空间转移的障碍，转向为劳动力在微观企业层面的再配置提供制度保障。最后，人力资本积累政策也应该发生相应的转变。产业结构的多元化意味着具有一般适应性的人力资本积累更加重要，专注于某一行业或职业的专业化教育，可能因结构变化的不确定性而面临较大的人力资本投资风险。

三 就业政策的实现机制

中国的政策制定者一直坚持"就业是民生之本"的思想。在中国开始实施第十二个五年规划的时候，正式提出了"就业优先战略"。在实际的政策过程中，政府也试图综合使用产业政策、劳动力市场政策和宏观调控政策，贯彻实施就业优先战略。首先，在宏观调控中将就业置于优先地位。2010年，时任国务院总理温家宝就明确指出，尽管宏观经济调控的目标每年都会发生变化，但确保就业增长却是一个长期的目标。2014年，李克强总理也指出中国经济增长可以容忍速度高一点或者低一点，但底线是确保充分就业。其次，在五年规划中设立就业目标。比如，在"十二五"规划中提出城镇登记失业率低于5%、在五年内创造4500万个就业岗位；"十三五"规划继续提出城镇新增就业5000万个的预期目标。再次，在区域发展计划中纳入就业目标。比如，在实施减贫的诸多政策中，促进贫困地区的劳动力向其他地区转移就业是非常重要的手段。2003年，国务院颁布的《关于实施东北地区等老工业基地振兴战略的若干意见》中就包含了发展劳动密集型产业、促进中小企业发展、改善就业公共服务、对就业困难家庭实施就业援助等内容。最后，就业部际联席会议制度。2003年，国务院提出建立"再就业工作部际联席会议"制度，以集中解决城市经济调整过程中出现的严重的下岗失业问题。2006年，国务院建立了"农民工工作部际联席会议制度"，以集中解决和落实农民工工作中遇到的问题。2004年，10个部委参加的大学生就业部际联席会议制度建立起来，其功能与其他关注就业的部际联席会议类似。

四 就业政策选择与实施面临的新挑战

（一）劳动力成本、生产率与竞争力

中国老龄化程度的迅速提高，对劳动力市场的发展目标提出了更高的要求：不仅要实现充分就业，还需要不断提升劳动生产率，以积累更多的养老资源。保持劳动生产率的增长速度快于老龄化的进程，将是实现充分就业以外劳

动力市场的另一个基本目标。同时，工资增长速度快于劳动生产率的增长，导致单位劳动力成本迅速上升。另一方面，结构调整并没有带来生产率的提升。从经济结构和就业结构的实际变化情况看，就业向第三产业的转化已经非常明显。如果第三产业的生产率没有显著的提高，继续提高劳动生产率将更为困难。

（二）结构调整仍面临挑战

刘易斯转折点后，劳动力短缺频繁出现，工资迅速上涨。劳动稀缺性的提高改变了资本和劳动的相对价格，并将在企业层面引发技术变化，推动资本对劳动的替代。从加总水平看，劳动稀缺性的提升会导致经济结构的变迁。尽管要素市场的价格信号已经为结构变化的方向给出了明确的指引，但是就业结构变化的趋势在过去十余年劳动力市场迅速变化的时期并未发生显著的变化。换言之，要素价格变化所预期出现的结构变化还没有出现。这意味着可能存在一些制度性因素制约了要素的重新配置和调整，从而使得结构性调整难以赶上要素价格信号的变化。

（三）就业相关政策的实施与评估

近年来，就业目标的优先地位逐步得以确立。然而，随着劳动力市场的逐步发育和收入水平的不断提高，需要进一步改革与就业相关的产业政策和劳动力市场政策的实现机制以及评估机制。在深化改革的过程中，以下几个方面值得关注：首先，要重视政策实施在不同群体之间的不同效应。其次，确立和推进产业政策应该以市场机制为基础。最后，建立政策评估机制是一项基础性的工作。

五　结论与启示

过去三十年的快速经济增长使得中国摆脱了绝对贫困，成长为中等收入国家。中国过去的经济增长是就业友好型的增长。其中，劳动力市场政策和产业政策都扮演了重要的角色。尤其在经济起飞的初始阶段，推动劳动密集型产业的发展有效地适应了资本匮乏、劳动力资源丰富的禀赋特征。顺应这一禀赋特征的政策也是多方面的，如消除劳动力流动的障碍、投资基础设施、合宜的税收政策、吸引外商投资等。中国的经验表明，综合使用多项政策的组合而不是仅仅依靠某一项单一的政策，对于达到这一阶段的就业目标至关重要。

经过多年的快速增长，中国经济见证了劳动力市场的转变。这也相应地要求就业政策的目标和工具发生转换。在劳动力无限供给的时代，政策的主要目标是尽可能多地促进岗位的增长，以减少失业和隐性失业。在跨越刘易斯转折点之后，由于劳动力的预期在不断提高，提供更多、更好的就业岗位开始成为就业政策和产业政策的主要目标。为了促成这种转换，需要不断完善劳动力市场制度，促进生产率的提升。

同时，在经济发展新常态下，中国经济越来越受到人口老龄化、对就业质量的需求、资本报酬递减等诸多因素的约束，提升生产率更成为未来经济发展的核心。此外，劳动力市场的变化导致的单位劳动力成本上升，正给中国优势产业部门的发展（如制造业）带来严峻挑战。相应地，就业政策和产业政策也需要通过促进经济结构和就业结构的调整来应对这些挑战。

未来促进经济增长方式的转型，就需要更加注重政策实施的有效性。而对于劳动力市场政策而言，以下几个方面尤其值得关注。首先，中国仍然需要消除一些劳动力市场的制度障碍，促进劳动力的流动和再配置。政策领域包括促进社会保护体制的一体化、深化户籍制度改革等。其次，在劳动力市场制度的基础框架已确立的背景下，进一步完善劳动力市场制度以寻求劳动力市场制度安全性和灵活性的结合仍然必要。有效的劳动力市场制度将有利于增强劳动力市场的竞争性，促进经济结构的转型。最后，就业质量的提升依赖于人力资本的改善。劳动力市场政策应有助于刺激个人的人力资本投资。同时，应该在中长期继续重视人力资本的公共投资，延续以前的人力资本积累趋势。

（都阳，中国社会科学院人口与劳动经济研究所。原文出处：《劳动经济研究》2016 年第 4 期，第 53—72 页）

人口老龄化对劳动力参与率的影响

周祝平　　刘海斌

劳动力参与率的高低对劳动供给和经济增长有重要影响。随着老龄社会的到来，老龄化对劳动力参与率的影响越来越重要。人口老龄化在解释劳动力参与率差异方面起到重要作用。该文首先对劳动力参与率指标测度以及人口老龄化对其影响的机制进行了理论分析。其次，通过年龄标准化的方法，对中国、巴西、法国、印度、日本和美国的劳动力参与率进行比较分析。再次，以中、日两国为例，通过人口学的差距分解方法研究两国劳动力参与率的差异有多大比重是由于年龄结构因素造成的。最后，利用中国省级数据和国际数据分别进行多元回归分析，进一步考察在控制其他变量的情况下，人口老龄化对劳动力参与率的影响大小。

人口老龄化究竟如何影响劳动力参与率？有学者研究发现国内劳动力参与率的下降趋势与老龄化显著相关。但是只利用五普和六普的数据进行分析，没有注意到老龄化与劳动力参与率的省际差异与国际差异，并且该研究只注意到人口老龄化对劳动供给的负向影响，没有注意到正向影响的可能性，因而无法解释为何2011年以来中国的劳动力参与率出现稳中有升的现象。鉴于此，该文试图在现有研究的基础上，进一步深入探讨人口老龄化影响劳动力参与率的内在机制。

一　理论框架

（一）劳动力参与率的概念界定

根据国际惯例，劳动力参与率是指劳动力占成年人口的比例。劳动力人口是就业人口与失业人口的总和。

劳动力参与率是一个与劳动力市场密切相关的概念。它指成年人口中参与劳动力市场求职活动的人口比例。也就是说，在法定劳动年龄以上的人口中，愿意为生产活动提供劳动供给的人口比例。按照世界银行的界定，它反映了一国 15 岁以上的成年人口中参与经济活动的劳动力状况。

此外，从 1990、2000、2010 年三次普查对劳动就业问题的设计可以看出，劳动就业是一个涉及多维度、多方面内容的复杂问题。当我们以劳动力参与率为指标来判断劳动力市场状况时，必须注意其隐含的丰富信息。

（二）人口老龄化对劳动力参与率的影响

衡量人口老龄化包括几种常用指标，如老年人口占总人口的比例、人口平均年龄、出生预期寿命、总抚养比等。国际上一般用 65 岁以上的老年人数占总人口的比重来衡量。而人口老龄化通常伴随着人口的平均年龄上升和预期寿命延长。该文把老龄化对劳动力参与率的影响概括为三种效应。

第一种效应是"退出效应"。当老年人口比例上升时，一方面，正规就业的老年人和有养老金的老年人很可能制度性地退出劳动力市场或主动选择退休，从而使老年劳动力供给下降，造成劳动力参与率下降；另一方面，没有养老金的老年人由于劳动能力下降，甚至失去劳动能力，被迫退出劳动力市场，造成劳动力参与率下降。

第二种效应是"长寿效应"。这是指伴随着人口老龄化进程，平均预期寿命上升，人们会增加劳动供给。对于理性人而言，需要提前为自己的老年生活做打算，增加劳动供给时间，以便获得更多的劳动收入并为养老而储蓄。

第三种效应是"挤出效应"。这是指随着老龄化、高龄化和失能化，家庭的中青年劳动力不得不增加老年人照料时间，进而减少参与劳动力市场供给的时间。因此，老龄化的初始阶段可能对中青年劳动力的劳动供给时间的"挤出效应"较小，而随着老龄化的继续推进，高龄化和失能化并存，将造成越来越大的"挤出效应"，对劳动力参与率产生负向影响。

第一种和第三种效应是负效应，倾向于降低劳动力参与率。第二种效应是正效应，倾向于提高劳动力参与率。

二　利用年龄标准化方法考察老龄化对劳动力参与率的影响

年龄标准化是人口学基本方法，主要针对受年龄结构影响的综合指标有效。劳动力参与率受到年龄结构的显著影响，五普和六普的数据表明，低龄劳动力的劳动力参与率较低，而45岁以上人口的劳动力参与率有明显下降。因此，当比较不同国家或地区的劳动力参与率时，应该考虑年龄结构的差异。

该文进一步通过年龄标准化方法来考察老龄化对劳动力参与率的影响。选取世界上几个代表性国家与中国进行对比，美国、日本、法国分别是北美洲、亚洲和欧洲的发达国家，中国、印度和巴西分别是亚洲和南美洲的发展中国家。在这6个国家中，中国的劳动力参与率最高，为71.3%；印度的劳动力参与率最低，为54.2%。印度作为一个经济比较落后的发展中国家，其劳动力参与率甚至低于许多发达国家，这是值得注意的现象。法国65岁以上人口的劳动力参与率最低，只有2.5%，远远低于同样作为发达国家的日本和美国。而印度65岁以上人口的劳动力参与率最高，这符合落后国家老年人积极参与劳动力市场的特点。日本和美国65岁以上老年人口的劳动力参与率均超过20%，大大超过作为欧盟成员国的法国。

在这6个国家中，印度是人口结构最年轻的国家，日本是人口老龄化最严重的国家。因此该文选择印度的成年人口结构作为年轻型的标准人口结构，日本的成年人口结构作为年老型的标准人口结构，分别计算另外几个国家在年龄结构标准化之后的劳动力参与率。结果显示，年轻型人口结构使劳动力参与率普遍提高，法国提高了8.9个百分点，而老年型人口结构使劳动力参与率普遍下降，中国下降了10.3个百分点。

我们希望深入了解两国之间的劳动力参与率差别究竟在多大程度上是由于年龄结构差别造成的，多大程度上是由于分年龄的劳动力参与率造成的。以中、日两国为例，2013年中、日两国的劳动力参与率差距是12.1个百分点。经过差距分解，有约 9.6 个百分点是由于年龄结构差异的影响，有约 2.5 个百分点是由于年龄别劳动力参与率差异的影响。这意味着，中、日两国的劳动力参与率差异，有 79.0% 是由于年龄结构差异造成的，只有 21.0% 是由于年龄别的劳动力参与率差异造成。

三 人口老龄化对劳动力参与率影响的实证分析

（一）数据和变量说明

国内模型所用的劳动力参与率数据，主要通过 1990、2000、2010 年三次人口普查，及 1995、2005 年两次 1% 人口抽样调查的资料计算得到。国内其他省级指标数据来自于相应年份的统计年鉴数据。国际面板模型中的变量数据则主要来自于世界银行 204 个国家 1990—2011 年的劳动力参与率指标和其他指标数据。

变量包括劳动力参与率、老龄化程度、人均国民收入、第二产业比重、第三产业比重、人口城市化率、劳动年龄人口数、高等教育水平、总和生育率、财政支出占 GDP 比重、人口密度、离婚率、城乡收入比。

（二）模型和实证分析结果

1. 国内面板模型结果

经过检验，采用广义最小二乘法。从省际面板模型的结果来看，在控制了人均收入、城市化等一系列劳动力参与率促进因素和抑制因素的情况下，人口老龄化依然对劳动力参与率具有显著影响。老龄化程度每提高一个百分点，劳动力参与率下降约 0.6 个百分点。在控制其他因素的情况下，如果未来 15 年，中国人口老龄化程度上升 7—10 个百分点，那么将使劳动力参与率下降 4.2—6 个百分点。

收入是一个二次变量，结果显示收入的一次项和二次项都是显著的，人均收入水平与劳动力参与率成倒 "U" 形关系。验证了 "后弯的劳动供给曲线" 理论，另一个二次变量是高等教育。高等教育水平与劳动力参与率呈 "U" 形曲线关系。

根据假设，其他控制变量将影响人口老龄化对劳动力参与率作用的效果大小。促进因素还包括：总和生育率、劳动年龄人口的增长率、离婚率、人口密度、城乡收入差距。抑制因素包括：城市化水平、社会保障水平、第三产业发展水平。

2. 国际面板模型结果

利用世界银行数据分别对国际模型进行固定效应和随机效应回归分析，随后通过 Hausman 检验说明应该选取固定效应模型。从国际面板模型的结果，并对比国内省际模型，该文有以下发现：第一，继续验证了前文的研究结论，即人口老龄化对劳动力参与率具有显著的负向影响。不过，国际模型与国内省际模型的结果相比，老龄化影响系数更小。第二，进一步验证了人均收入水平对劳动力参与率的影响具有倒"U"形曲线特征，与国内省际模型结果相同。第三，进一步验证了高等教育发展与劳动力参与率之间的关系呈现"U"形曲线特征。第四，与国内模型结果类似的还包括总和生育率的正向影响。不同的是，第三产业、财政支出比重、劳动年龄人口增长率对劳动力参与率有显著正相关关系，而城市化率的影响并不显著。

四　结论与讨论

劳动供给是一个复杂的人口、经济和政策相互交织的现象。在人口红利逐渐消失、劳动年龄人口逐渐减少、人口快速老龄化的条件下，现有的研究文献往往寄希望于劳动市场体制的改革和灵活的劳动政策来缓解劳动力供求矛盾。劳动力参与率的国内省际差异和国际差异都表明，不同的劳动供给条件将带来不同的劳动力参与率水平。该文的实证研究发现，未来缓解人口老龄化对劳动力参与率的不利影响，除了劳动政策以外，从经济、教育、生育等方面入手，可以制定多方面的长期政策，以利于长期维持较高的劳动力参与率。

人口老龄化在解释劳动力参与率差异方面确实起到重要作用。人口老龄化与劳动力参与率存在显著的负相关关系。人均收入水平与劳动力参与率之间呈倒"U"形关系，而高等教育发展对劳动力参与率的影响存在显著的"U"形关系。中国目前仍然处于中等偏低收入水平，因此经济增长对劳动力参与率的影响主要是促进作用。而中国的高校扩招已经使高等教育普及化，对劳动力参与率可能具有促进作用。基于此，我们就更容易理解中国近几年劳动力参与率不仅没有下降，反而稳中有升的现象。

总体而言，人口老龄化对劳动力参与率的负向影响是显著的，退出效应和挤出效应要超过长寿效应。但是应该看到，不只有人口老龄化的作用，宏观社会经济中的收入、教育等变量对劳动力参与率可能具有促进作用。这是我们在未来劳动力供给预测和劳动力参与率参数设定时需要留意的。

需要指出的是，该文虽然综合现有研究提出了人口老龄化对劳动力参与率影响的三种效应，但是并没有在实证模型中分别测量和检验这三种效应。该文的实证模型分析只是综合了三种效应之后的结果，希望未来研究能够建立合理的模型以测度不同效应的大小。国内面板模型和国际面板模型仅仅显示出有某些促进因素和抑制因素对劳动力参与率的显著影响，未来需要更深入地探究收入、教育、城市化、社会保障、婚姻和生育等因素影响劳动力参与率的社会经济机制。

（周祝平、刘海斌，中国人民大学人口与发展研究中心。原文出处：《人口研究》2016年第3期，第58—70页）

中国劳动者过度劳动的变动趋势及影响因素分析

郭凤鸣　　曲俊雪

一　引言

近年来，随着中国经济的持续快速发展，劳动者的工作时间不断延长，过度劳动现象也越来越普遍。过度劳动不仅影响劳动者的身体健康，还对劳动者的精神状态以及家庭关系均会产生负面影响。因此，对劳动者过度劳动影响因素的研究，不仅有助于了解中国劳动者的就业规律，也有助于促进中国劳动者适度劳动相关市场政策的评价与设计。

不同经济学和管理学理论对劳动者的过度劳动给出了不同的解释。根据消费主义理论，劳动者为了更高水平的消费而寻求更高的收入，因而可能工作更长的时间；根据工作规范相关理论，劳动者的行为态度、期望及晋升和奖励机制会促使其连续长时间工作；根据传统劳动供给理论，非劳动收入和工资是影响劳动者工作时间的重要因素，且家庭分工的差异导致男性比女性更容易过度劳动。此外，工作性质差异、不同职业的劳动者工作时间也存在差异，在专业性较强和管理类职业中，员工通常需要长时间的工作。

近年来，国外学者基于不同国家的数据对劳动者过度劳动特征及其影响因素进行了分析。国内学者通过定性分析或借助微观经济计量模型定量地讨论了我国劳动者的过度劳动现象及影响因素。然而，相关研究多基于横截面数据进行分析，基于面板数据对过度劳动变动趋势的相关研究比较鲜见。因此，该文基于面板数据对中国劳动者的过度劳动变动趋势及其影响因素进行研究。

二 数据的统计描述

该文使用的数据来自于中国健康与营养调查（CHNS）。选取 2000—2010年 10 年其间数据，并将个体限定为劳动年龄人口，删除非劳动参与样本及数据缺失样本，最后得到来自 7223 个劳动者个体的 13117 个观测。

不同类型劳动者过度劳动的统计结果显示（见表 1），2000—2010 年期间，劳动者过度劳动的比例在 20%—30%，且随着年份的增长，过度劳动的比例基本表现出上升的趋势。男性过度劳动的比例明显高于女性，且随着年龄的增加，劳动者过度劳动的比例逐渐降低。随着受教育程度的增加，劳动者的过度劳动比例逐渐降低。此外，不同工作所有制类型单位和不同职业中劳动者过度劳动比例存在明显差异。统计结果表明，过度劳动的选择一方面可能与劳动者的个体特征有关，另一方面可能与其就业的单位类型和职业有关。

表1　　　不同类型劳动者过度劳动（周工作时间≥50）的比例

单位：%

特征	2000 年	2004 年	2006 年	2008 年	2010 年
总体	20.88	25.18	27.59	29.42	26.56
性别					
男性	23.74	26.36	28.27	29.69	29.22
女性	16.69	23.49	26.58	29.01	22.76
年龄					
30 岁及以下	26.18	35.61	33.33	34.38	27.14
30—45 岁	19.82	24.06	25.77	29.52	25.83
45—60 岁	16.21	20.00	27.26	27.10	27.13
受教育程度					
小学及以下	31.14	42.70	50.52	49.03	40.84
初中	31.23	35.93	41.20	41.76	39.91
高中及中专	12.35	18.09	19.33	21.11	21.47
本科及以上	5.68	9.95	8.63	6.93	6.67

资料来源：根据 CHNS 数据计算得到。

三、过度劳动选择模型

将个体对过度劳动的选择设定为二元选择模型，潜变量模型可以设定为：

$$p_i^* = z_i' \beta_2 + u_i$$
$$p_i = \begin{cases} 1 & \text{if } p_i^* > 0 \\ 0 & \text{if } p_i^* \leq 0 \end{cases} \tag{1}$$

其中，p_i^* 表示不可观测的决定个体 i 是否过度劳动的潜在因素，p_i 表示个体是否过度劳动（1 表示过度劳动，0 表示非过度劳动），z_i 表示其他影响个体过度劳动的因素（包含常数项），β_i 表示非劳动收入变量和其他变量的回归系数，u_i 为随机误差项。当 u_i 服从 Logistic 分布的条件下，基于过度劳动选择方程得到的个体 i 过度劳动的概率可以表示为 Logit 模型：

$$\Pr(p_i = 1) = \Lambda(z_i' \beta_2) = \frac{\exp^{(z_i' \beta_2)}}{1 + \exp^{(z_i' \beta_2)}} \tag{2}$$

其中，$\Lambda(\cdot)$ 表示 Logistic 分布的累积分布函数。

可获得个体多年就业面板数据的条件下，可以将模型设定为：

$$\Pr(p_{it} = 1) = \Lambda(z_{it}' \beta_2) = \frac{\exp^{(z_{it}' \beta_2 + t' \beta_3)}}{1 + \exp^{(z_{it}' \beta_2 + t' \beta_3)}} \tag{3}$$

其中，t 表示年份变量向量。

基于面板数据的结构，每个个体拥有不同年份的多个观测，因而可以加入随机截距项来处理在同一个体不同观测之间的相关性：

$$\Pr(p_{it} = 1) = \Lambda(z_{it}' \beta_2) = \frac{\exp^{(z_{it}' \beta_2 + t' \beta_3 + \alpha_i)}}{1 + \exp^{(z_{it}' \beta_2 + t' \beta_3 + \alpha_i)}} \tag{4}$$

其中，α_i 表示个体随机截距项。如果 α_i 与其他解释变量不相关，同时服从零均值，方差为常数的正态分布，因而模型设定为随机效应模型[1]。

---

① 尽管 α_i 与其他解释变量不相关的假设条件较强，但由于该文所用面板数据具有较强的非平衡性，在 α_i 与其他解释变量相关条件下的固定效应模型回归将损失大量样本，且大量劳动者个体特征随时间变化不明显，导致大量变量的回归系数无法获得，因而该文选择随机效应模型。

四　劳动者过度劳动选择的回归结果

该文将周工作时间大于等于 50 小时视为过度劳动，依据 2000—2010 年 CHNS 数据，对个体过度劳动选择方程进行回归（见表 2）。结果表明，随着小时工资的提高，劳动者更不倾向于过度劳动，表明中国劳动者市场中的劳动者大多处于倒"S"形劳动供给曲线的下方，即大量劳动者工资水平较低，因而需要工作更长的时间以挣持维持生活的基本收入；女性比男性更不倾向于过度劳动，这是由于在家庭分工中，女性更多承担着照顾家庭和孩子的责任，因而长时间工作的倾向较低；已婚比未婚劳动者更加倾向于过度劳动，表明已婚使得劳动者承担更多的家庭责任，因而更倾向于工作较长时间；劳动者的受教育程度越高，其过度劳动的可能性越低，表明人力资本水平的提高有利于劳动者找到工作环境较好（固定工作时间）的工作；与国家机关和国有企业相比，私营企业劳动者过度劳动的可能性最大，这与私营企业工作时间管理不规范，雇主对工作时间具有较大控制权有关；与单位负责人相比，办事人员过度劳动的倾向较低，而生产运输人员过度劳动的倾向较高，进一步验证对技能水平要求越低的职业过度劳动越严重的结论；随着年份的增长，劳动者过度劳动的倾向不断增强，与统计结果基本一致。

表2　　　　　总体样本过度劳动选择的随机效应模型回归结果

变量	系数	变量	系数
非劳动收入①	− 0.0662	其他类型企业	1.219***
小时工资	− 1.590***	专业技术	− 0.248
年龄	− 0.0317	办事人员	− 0.677***
年龄平方	0.299	商业服务	0.243
女性	− 0.753***	生产运输	0.345**
已婚	0.275**	其他人员	− 0.0148
初中	0.0114	2004 年	0.719***
高中和中专	− 0.325***	2006 年	0.948***

① 以个体家庭每月劳动收入以外的所有收入来衡量个体的非劳动收入，并以 2000 年不变价进行调整。

变量	系数	变量	系数
本科及以上	− 0.572***	2008 年	1.333***
集体企业	1.028***	2010 年	1.519***
私营企业	1.983***	常数	− 0.0866
三资企业	1.182***		

注：***、** 和 * 分别表示回归结果在 1%、5% 和 10% 的水平下显著，下同。

资料来源：根据 CHNS 数据计算得到。

按不同教育程度分的低技能和高技能劳动者过度劳动选择模型回归结果[①]显示，与低技能劳动者相比，高技能劳动者的过度劳动对小时工资更加敏感，这可能是由于高技能劳动者的工资水平较高，处于倒 "S" 形劳动供给曲线的上方导致的；年龄、性别和婚姻状况对低技能群体过度劳动选择的影响较大，这可能是由于低技能劳动者多从事繁重的体力劳动，且工资水平普遍较低的缘故。

按不同单位类型分的劳动者劳动过度劳动选择模型回归结果显示，与私营企业相比，非私营企业中劳动者的过度劳动对工资变化更加敏感，女性比男性更不倾向于过度劳动，已婚劳动力较未婚劳动力更加倾向于过度劳动，教育水平的提高更有利于缓解劳动者的过度劳动，这是由于非私营企业劳动者对工作时间的选择更加自由，而私营企业雇主对劳动者工作时间具有较强的控制权。

五　结论

基于中国健康与营养调查数据，该文对中国劳动者的过度劳动变动趋势及其影响因素进行分析。结果表明，2000—2010 年间劳动者过度劳动表现出不断上升的趋势，暗示中国劳动者正在承受越来越严重的过度劳动。

小时工资的增加将有助于缓解劳动者的过度劳动，表明中国劳动者市场中过度劳动者大多处于工资分布的低端，为了获得更多的收入不得不过度劳动。劳动者教育水平的提高明显降低了其过度劳动的概率，表明发展教育将有助于

---

① 统计结果显示不同教育水平劳动者过度劳动的程度存在明显差异，因而该文依据受教育程度将劳动者分为低技能和高技能群体，其中低技能群体包括受教育程度为初中及以下的劳动者；而高技能群体包括受教育水平为高中及以上的劳动者。由于文章篇幅的限制，相关回归结果未给出，感兴趣的读者可以阅读原文。

缓解中国劳动者的过度劳动；私营企业劳动者的过度劳动最严重，表明私营企业对员工工作时间的控制更不严格，因而控制劳动者过度劳动的相关制度和政策应更加关注私营企业；专业技术人员的过度劳动概率较低，而生产运输人员过度劳动的概率较高，进一步表明过度劳动者集中于低技能要求的职业中。

因而，政府部门一方面从劳动者角度，应通过正规教育和职业培训提高低技能劳动者的知识和技能水平，进而有效缓解其过度劳动选择的概率；另一方面从企业角度，应监督企业对劳动时间相关规制的执行，并对私营企业等劳动者过度劳动严重的部门进行重点监管，保证劳动者的加班工资收入及其基本休息权利。

（郭凤鸣、曲俊雪，吉林大学商学院。原文出处：《劳动经济研究》2016 年第 1 期，第 89—105 页）

中国人口老龄化对劳动力供给和
劳动生产率的影响研究

周　浩　刘　平

中国已经成为一个典型的老龄化国家。近年来劳动参与率和劳动年龄人口都出现了下降，劳动力实际供给量也出现了下降。在此背景下，劳动力实际供给量下降的速度比劳动适龄人口下降的速度更快。随着劳动力供给数量降低，劳动力成本会上升，削弱了制造业产品的成本优势，将使很多出口企业利润下降，影响企业对科研、技术进步的投资，抑制了企业竞争力的提高。这些都对我国长期经济增长产生负面影响。如何在未来的发展中做出调整，对稳定中国经济增长具有重要意义。

一　中国目前劳动力供给现状

世界各国对劳动年龄有着不同的界定。国际上一般把 15—64 岁的人口算作劳动年龄人口，而中国现行的制度规定，男性的劳动年龄为 16—60 岁，女性则为 16—55 岁。由于劳动力的实际供给量等于劳动参与率乘以劳动年龄人口数量，下面将分别介绍我国目前的劳动参与率和劳动年龄人口数量情况。

（一）中国目前的劳动参与率

劳动参与率是指经济活动人口占劳动年龄人口的比率。经济活动人口是指所有年龄在 16 岁及以上，在一定时期内为各种经济生产和服务活动提供劳动力供给的人口，它处于就业或失业的状态，是就业人口和失业人口之和。在人口年龄结构上，老年人口部分增加，尤其是劳动年龄人口出现老龄化，会给整个社会经济发展带来不利影响，降低劳动参与率。根据统计数据计算，中国的劳动参与率正在呈现一个下降的趋势，由 2005 年的 76.0% 降到 2011 年的 70.8%。张车伟经过研究后发现，导致我国劳动参与率下降的原因包括两种：第一种是非市场因素，比如随着教育年限的延长以及不断严重化的人口老龄化程度；第二种因素是结构性失业，结构性失业问题不断凸显的时候，促使经济活动人口在劳动力市场中消失，转变为非经济活动人口，相应的我国劳动参与率也会下降。中国的劳动参与率目前处于一个下降的趋势，其中老年人口就业水平基本保持稳定。

（二）劳动年龄人口数量

根据 2013 年的《人力资源蓝皮书：中国人力资源发展报告》，我国劳动年龄人口比重不断下降，劳动年龄人口每年在减少，劳动力供不应求的问题逐渐凸显。第六次人口普查的相关数据显示，我国当前已经进入一个全新的人口发展阶段，即低生育率阶段，而针对这一特殊时代背景的政策调整也成为当前理论界研究的一个热点。蔡昉认为，即使我国当前的生育政策进行根本性的调整，也不会扭转人口红利消耗殆尽的不利局面。自 20 世纪 70 年代以来，在经济飞速发展的同时，人口生育率接连下降，这已使中国目前的生育水平接近了国际最低水平。目前我国的生育率在 1.4—1.5 之间，而这一数据将长时间维持。如果按照这一模式推算，在 2015 年后劳动人口总规模将首次降低，中国的劳动力供给也开始以更快的步伐下降。新增的劳动年龄人口基数已经持续低于劳动力的需求，并且这一差距仍在拉大。虽然大量农村劳动力涌入城市，能够在较长的一段时间内补充劳动力的短缺，但是当前的趋势已表明，中国越来越有可能面临劳动力短缺。

二　人口老龄化对劳动力供给的影响

人口转变是指随着社会经济条件的变化，各种人口现象呈现有规律的阶段性递进、转变的现象。人口转变通常是从高出生率和高死亡率向低出生率和低死亡率转变，因此随着人口转变而发生的人口老龄化是一个必然的现象，劳动力供给状况也必然受到影响。

计划生育政策的实施，导致生育率在很短的时间内迅速下降，年轻人口（这里指的是儿童和青少年）的比例大幅下降，老年人口比例迅速上升。在一定的时间中，青年人口下降幅度要比老年人口增加幅度明显，进一步会导致劳动年龄人口在总人口中占据的比重降低。我国目前的情况是劳动年龄人口占据的比重渐渐下降，而老年人口的比例不断上升。从整体上分析发现，小康社会还没有到来之前，我国老龄化人口社会便会到来。在不采取计划生育政策的情况下，中国的老龄化进程的加快与其他国家不会有很大的不同。然而，中国的人口变化是由经济社会的发展和计划生育政策的双重影响而导致的，计划生育政策对我国目前人口老龄化状况起了很大作用。相对其他国家，这不是一个自然的进化过程，这也造就了中国与其他国家老龄化的显著不同。在我国还没有进入小康社会的时候，就已进入老龄化社会，中国遇到了其他国家从未遇到的前所未有的问题和独特的政策挑战。

根据蔡昉等学者的分析，国内人口年龄在15—24岁以及25—39岁的两个年龄段人口所占据的比重会继续减少，55—64岁年龄段的人口比例会继续增加，40—54岁年龄段的人口比例会先降低后增加。这意味着不单是中国整体人口的老龄化，劳动年龄人口也在逐渐老龄化。另外，劳动供给量也会降低，这是因为15—24岁年龄段的人群主要任务是学习，而55—64岁年龄段的人口大部分已经离开工作岗位。因此，中国经济的持续增长将导致对劳动力的需求增加，劳动力供不应求必然成为我国经济发展的阻碍。

三　人口老龄化对劳动生产率的影响

随着我国劳动年龄人口的老龄化，必然会降低社会总体的劳动参与率，进而降低我国实际劳动供给量。老年群体劳动参与率随年龄而递减，折射出该部分人口的劳动生产率在递减。人口老龄化的发展趋势会降低整个社会的劳动生产率。大部分学者认为，在生产方面，由于生产者年龄增大会制约生产效率的稳步提升，从而制约社会经济发展。

第一，高龄化劳动群体身体机能会明显降低，伴随发生的还有其劳动技能的退步、劳动能力的下降等，因此开始和快节奏的生活模式脱离，进一步促使

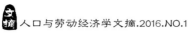

劳动生产率降低。即使我国当下劳动生产率在将来有可能会得到一定幅度的提升，但是如何消除人口老龄化给劳动生产率提高带来的负面影响还是一个很大的问题。

第二，因为老年人身体各方面机能下降，从而容易生病，请假次数也会增多，生病需要社会和企业为其支付一定的医疗费用，费用的产生会提高企业生产经营成本从而影响企业的发展。

第三，老年群体的创新能力以及业务水平均无法和年轻人抗衡，老年人在新知识面前还会存在一定的抗拒，习惯于旧的思维模式和旧的生产技术，企业要想使其掌握新的生产技术，提高其生产能力，就要拿出一定的培训费用来为其进行课程的培训，也相对延缓了未来的产业升级。

当然，也不能单纯从身体状况的角度出发，简单认为年轻人的创造能力一定优于老年人，反而劳动者在刚开始工作的时候，常常由于技术经验的缺乏而降低了劳动效率，而随着工作经验的逐步丰富，劳动效率的问题将得到改善，但在步入老年阶段后，这种技能有可能会因为身体因素而趋于降低。当然随着社会经济的飞速发展和科技进步，体力因素在工作过程中所发挥的作用越来越少，进而使得老年劳动者的丰富经验可以得到发挥。在这个意义上来讲，尽管整个社会的老龄化人口不断增加，但是在某些具体行业的生产发展实践中，人口老龄化已经不再成为影响劳动生产率的重要因素，人口老龄化不会对于整个生产效率产生巨大作用。

四 政策建议

第一，充分扩大就业以发掘人口红利资源。我国劳动力资源利用效率仍然有可以挖掘的空间，这一点在就业市场供需关系中可以得到明显的体现。创造新的就业岗位首先要通过产业调整扩大劳动力需求，对于提高就业作用突出的劳动密集型产业、第三产业、私有经济和社区服务业应给予政策鼓励，对劳动者自主创业和自谋职业者要给予更多的政策优惠，如小额担保贷款、税收减免和社会保险补贴等。

第二，提高劳动者素质以增强人力资本水平。现在的劳动力问题是总量过剩但结构性短缺，所以不只现在，就是在未来的几十年，我们面临的第一个矛盾不是劳动力数量问题，主要是整体劳动力的素质问题。我国当前的人均资本积累水平不高，因而应当在未来的发展进程中着重推进人力资本积累。这也就需要提升教育投入，加大对于基础教育和就业技能的培养力度，建立健全相关职业技能培训和终身教育等体系规范，通过行之有效的人力资源开发与管理，优化资源配置，从根本上促进劳动力资源的有序利用，全面提升从业人员的整体素质。

第三，开发老龄人口劳动力资源以延长人口红利期。由于老年群体自身具有丰富的工作经验和深厚的人生智慧，因而使其在就业领域可以通过有效的社会分工来充分体现自身才能与经验的社会价值。目前在我国的就业市场，从高级技术或者管理岗位上退休的老年人占据了主要部分，如果合理利用和开发这部分宝贵的人力资源，鼓励这部分老年人继续工作或参加社会活动，将有助于优化中国劳动力市场的供给结构，弥补人力资源短缺和缓解危机。

第四，消除劳动力流动障碍以完善劳动力市场。在市场机制的充分作用下，劳动力资源能够通过自由流动进行合理有效配置。要破除城乡之间、各地区之间存在的流动障碍，形成更加公平有序、统一开放、公平竞争的劳动力市场，进而优化资源配置，形成丰富的劳动供给。同时，改善劳动力就业信息的网络系统，加强监管劳动力中介机构，最终形成一个信息通畅共享的劳动力市场，使人力资源流动和分配能够满足中国经济未来的发展需要。

（周浩，山东大学经济学院；刘平，山东大学威海商学院。原文出处：《理论学刊》2016年第3期，第106—110页）

地区差异还是行业差异？

——双重劳动力市场分割与收入不平等

齐亚强　梁童心

一　研究背景

改革开放以来，随着国民经济快速增长和绝对贫困问题有效缓减，我国居民的贫富差距日益悬殊，收入不平等已经成为制约经济进一步发展和民生持续改善的关键问题。近年来多项社会调查显示，贫富差距已被受访者列为当前中国面临的最严重的社会问题，其焦点程度甚至远远超过廉政、就业、环保等其他重大社会问题。在这一背景下，如何正确认知并深入解读当前中国社会的收入分配状况及其背后的形成逻辑成为社会科学的一项重要研究议题。

以往不少研究考察了改革开放以来中国社会收入分配状况的变动趋势，记录了在短短几十年间中国从收入分配相对平均到贫富差距拉大、收入不平等程度居高不下的急剧转变过程。也有研究从市场转型、结构壁垒等角度出发探讨了这一剧烈转变背后的社会机制，指出城乡分割、部门分割、地区差异和行业差异等因素是导致当前中国收入分配不平等的重要结构性力量。不过，到目前为止，很少有研究将这些因素纳入一个统一的分析框架进行综合考察，因而尚未对它们之间的相互关系提供有说服力的理论探讨或经验分析。

现阶段，我国宏观社会经济结构和制度因素是如何影响收入分配的？哪些因素对当前居民收入的分化起着主导性作用？该文旨在以劳动力市场分割理论为指导，结合中国"条块分割"的制度现实，探讨地区和行业分割等宏观结构性因素对中国居民收入分配状况的相对贡献大小及其作用机制，为推进相关领域的理论和经验认识、促进社会不平等的有效缓解，实现更为公平、均衡和可持续的社会发展提供实证参考。

二　研究设计

该研究从长期以来中国"条块分割"的制度现实出发，综合考察不同行业、不同地区之间的劳动力市场分割与收入分配的关系，以期有效厘清行业分割和地区分割对当前收入分配格局的独立效应，系统全面地揭示中国市场化过程中的劳动力市场分割对居民收入分化的影响。

具体而言，首先，行业本身就是阻碍劳动力自由流动的重要壁垒。俗语说"隔行如隔山"，每个行业对从业人员的技能和训练往往有着特殊要求，劳动者在某一行业习得的专业技能和积累的工作经验很难在其他行业中实现"无缝对接"，这就使得劳动者在试图进行跨行业流动时往往面临着巨大的沉没成本和转换成本。因此，劳动者一旦选择进入某个行业，其后的工作流动往往在很大程度上局限于该行业内部。此外，许多特殊行业都存在严格的自然条件的限制或行业准入制度的约束（如农林牧渔业、采矿业等），还有一些行业，由于其对国计民生的重大作用，具有很强的国家垄断特征（如基础能源、公共设施、金融等行业）。尤其是在中国，经济发展具有强烈的国家干预色彩，不同行业／产业在国家发展战略中的地位往往决定了其所获得的国家政策扶持力度和资源分配的优先次序，这无疑进一步加剧了行业之间的差距。这些行业特征构筑了劳动力市场上不同行业间的壁垒，也在客观上为不同行业从业者的收入分化提供了制度屏障。因而，考察个人的收入差异不能忽视行业结构性因素的影响。

其次，劳动力市场还具有明显的地域性特征。这一点在中国现行户籍管理制度、区域化经济发展政策和财税核算体系下显得尤为突出。地方政府出于局部利益的考量，往往设定各种政策壁垒扶持本地经济发展、保障本地居民就业，从而在一定程度上阻碍了全国性商品和劳动力市场的形成。这些行政及社会管理的制度性分割不仅增加了劳动力跨区域流动的成本、加剧了劳动力市场的地域性分割，而且也在相当程度上决定着各地区不同行业发展的路径和比较优势。因此，地区分割与行业分割的作用相互叠加，深刻地影响和规制着个体的经济行为和收入回报。该研究在考察收入分化的影响因素时，将行业和地区因素统

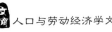

一纳入分析框架，通过系统地检验不同地区、不同行业成员的人力资本构成及其他社会特征对个体收入差异的影响，考察这些宏观结构性因素对收入分化的相对重要性及其具体作用机制。

再次，在行业和地区双重分割的基础上，该文还将影响个人收入的性别、城乡、教育、政治身份、职业、单位类型等因素纳入分析范围，试图在一个统一的框架下考察中国居民收入分配状况的基本特征和形成机制。虽然不少研究考察了性别、教育、职业、政治身份等微观个体因素对个人收入的影响，尚未有研究在地区和行业双重分割的视角下考察这些微观效应的变动性。以性别为例，地区社会经济发展水平的提高以及由此带来的性别平等观念的普及是否有助于消弭个体层面上两性之间的收入差距？作为女性，如果选择在从业人员中女性所占比例较高的行业就业是否能有效地避免在个人收入上的性别劣势？该文将对这些影响收入水平的宏观—微观互动机制加以探讨和分析。

利用上述设计，该文考察的研究问题具体包括：第一，地区分割和行业分割分别在多大程度上影响了中国居民的收入分化？二者作用的相对大小如何？第二，地区和行业间平均收入的差异是否可以由其成员的人力资本构成差异完全解释？也即，地区或行业特征是否对个人收入具有真实、独立的效应？第三，地区和行业特征是否以及如何对收入的微观影响因素产生作用，进而改变收入分配的格局？换句话说，地区和行业因素影响个人收入的具体作用机制是什么？

三 数据与方法

该研究使用的数据主要来源于 2010 年中国家庭追踪调查（Chinese Family Panel Study，CFPS）的个人数据和区县统计数据。此外，该文作者还根据 2008 年中国第二次经济普查统计资料整理计算了各行业的行业特征数据。该研究主要关注劳动年龄人口的收入分化现象，因而将分析样本限定为调查时点处于劳动年龄（16—64 岁）的在业人员。在去除个人收入、受教育程度、行业等主要变量值缺失的样本后，该研究的有效分析样本为 14698 名调查对象。

该研究考察的因变量为被访者的个人月收入，使用调查时点被访者上个月总收入的自然对数来测度。影响收入的因素既包括个人的人力资本状况、社会人口特征，也包括其所处的地区和行业等结构性因素。为此，该文通过构建多层模型重点考察这些不同层次的变量对个人收入的影响。具体而言，在个体层次，该文主要参考修正后的人力资本模型，解释变量包括被访者的性别、受教育年限、性别和受教育年限的交互项、工作年限及其平方项、党员身份，以及被访者的居住地、职业和单位性质，以考察这些因素对收入分化的影响。在地区层次，该文重点关注被访者所在地区的经济和社会发展状况对个人收入差异的影响，所使用的指标包括被访者所在区县的人均 GDP 和人均受教育年限。最后，在行业特征方面，该文使用的变量包括行业的产业属性（第一、第二或第三产业）、行业从业人员中女性所占比例、接受过高等教育的从业人员所占比例、行业企业中国有企业所占比例、行业年龄、行业规模、人均营业收入等指标。

考虑到该研究考察的劳动年龄在业人口同时隶属于特定的地区和行业，行业和地区属性相互叠加但不存在简单的嵌套关系，因此该文选用交叉分类多层模型（cross-classified multilevel model）。为了分解不同层次的结构性因素对个人收入的影响，该文首先拟合不包含解释变量的方差构成模型（variance components model）。在方差构成模型的基础上，该文进一步在模型中加入个体层次解释变量、地区及行业特征变量，以考察不同层次变量对个人收入的效应。最后，该文通过检验地区及行业特征与个人层次解释变量之间的交互效应，以探讨不同宏观制度环境下个人特征对收入影响的可能差异，从而更为系统地考察社会结构性因素对现阶段我国居民收入分化的影响机制。

四　结论与讨论

通过对 CFPS2010 数据拟合交叉分类多层模型的研究发现，首先，地区和行业分割都是导致我国居民收入不平等的重要原因，二者合计可以解释我国居民个人收入差距的五分之一。相对而言，行业因素对个人收入不平等的影响远大于地区因素，前者大概可以解释个人收入变动的 14%，后者约解释 7%。

其次，地区及行业特征对其所属成员的平均收入水平具有重要影响。地区经济和教育发展水平对当地居民的收入具有普惠性的促进效应，在非农产业就业、在女性从业者所占比例较低、高学历从业者比较集中以及国有企业所占比例较高的行业就业都有助于获得较高的收入水平。即便在控制了性别、受教育程度、工作经验、居住地、党员身份、职业和单位类型等个体特征的效应之后，地区经济和教育发展水平仍对居民收入具有独立的普惠性效应，非农产业就业者的收入仍远高于农业从业者。这些发现支持了分地区、分行业的双重劳动力市场分割理论的观点。也即，给定同样的个体特征和资源禀赋状况，不同劳动者的收入水平在很大程度上受到了其所在地区、所属行业的结构性因素的影响。

最后，该文进一步考察了地区和行业特征等宏观结构因素影响个人收入不平等的具体作用机制。相应结果表明，地区和行业因素对于不同性别、城乡居民、不同受教育程度、不同政治身份、不同职业、不同单位类型群体之间的收入差距都具有显著的影响。尤其值得指出的是，随着一个行业中国有企业所占比例的上升，该行业内部各社会群体之间的收入差距呈明显扩大的趋势。这突出反映了行业垄断因素已经成为导致我国居民收入差距过大的重要原因。如何有效地降低行业垄断的影响，充分发挥劳动力市场的引导和调节作用将是现阶段改善我国居民收入分配状况的关键所在。

该文的研究发现对于深刻理解我国目前突出的贫富分化和收入不平等问题具有重要的理论和现实意义。研究结果不仅为劳动力市场分割理论提供了重要的实证支持，而且还清楚地展示了劳动力市场分割的多重性和复杂性，这对于我们进一步发展和完善相应理论具有重要的启示作用。该研究的结果还表明，地区和行业等宏观结构性因素是造成我国贫富差距拉大的重要原因。积极推动区域平衡发展、努力缩小不同行业间的收入差距，对于解决我国当前贫富差距过大的问题具有重要意义。尤其是，行业垄断问题严重加剧了男女两性、城乡居民、不同教育程度、不同职业、不同部门和政治身份群体之间的收入差距，这一发现对于我们全面认识垄断的社会后果具有警示意义，也突出反映了相应领域改革任务的艰巨性和复杂性。打破行政垄断集团在收入分配中的特权地位，避免国有企业高级管理人员薪资过快增长，提高普通员工的收入水平，已经成为改善我国目前收入分配不合理现状的重中之重，这也与当前各级政府正在推行的国有企业薪酬分配制度改革不谋而合。

缓和我国社会目前存在的贫富差距过大问题，有赖于我们继续深化结构改革，破除地方保护主义和行业垄断壁垒，进一步解放生产要素的流动性，真正建立全国统一、高度开放的劳动力市场，利用市场力量打破由于不合理的结构分割所导致的收入分化。与此同时，我们还应警惕市场运行本身所带来的社会分化的风险。事实上，在过去几十年间，许多发达国家同样出现了收入不平等程度上升的现象，并造成了一系列的严重社会问题，甚至危及社会稳定。这就要求我们进一步发展和完善社会基本保障制度，建立起有效的社会安全网，从而有效规避和管理由市场竞争所带来的负面社会后果。

（齐亚强，中国人民大学社会学理论与方法研究中心；梁童心，中国人民大学社会学系。原文出处：《社会学研究》2016 年第 1 期，第 168—190 页）

要素禀赋对中国地区经济发展影响的统计分析

——基于 30 个省市的面板数据分位数回归

马立平　张　鹏　胡　佩

改革开放 30 多年来，我国经济总体上保持高速平稳增长，但是在经济总量快速增长的背后，是经济发展模式的亟待转型和区域经济发展不均衡导致的收入水平差距扩大。纵观我国经济发展模式与道路和世界发达国家经济发展与环境改善所遵循的一般规律，目前我国整体上已迈入经济发展与环境改善由"两难"到"双赢"转换的"阈值区间"。那么，现阶段如何实现发展与减排的双赢，如何根据地区经济发展现状采取有效的手段缩小地区间经济水平差距将成为我国经济持续发展的关键问题。我国区域社会经济发展水平差异的影响因素包括自然、历史、政治等各种复杂多样的原因。该文通过对地区要素禀赋的描述分析，在胡文国、吴栋建立的含有制度因素柯布 - 道格拉斯生产函数的基础上，建立包括劳动力、资本、环境等要素在内的分析分位数回归模型，研究不同经济发展水平地区要素禀赋对经济增长影响的差异，对进一步缩小地区间经济水平差距具有现实意义。

一　方法选择及模型的建立与估计

（一）数据来源

参照《中国统计年鉴》的行政区划，该文选取我国 30 个省、自治区、直辖市（西藏自治区、港澳特别行政区、台湾地区除外）2006—2013 年的面板数据作为样本。数据来源：国家统计局《中国统计年鉴》、中国知网、中国经济与社会发展统计数据库。

（二）方法选择

传统的回归分析主要关注均值，即采用因变量条件均值的函数来描述自变量每一特定数值下的因变量均值，从而揭示自变量与因变量的关系。但条件均值存在先天的局限性：首先，条件均值模型难以扩展到非中心位置，而非中心位置往往是社会科学研究的兴趣所在。其次，在现实生活中模型假设并不总会得到满足。更为重要的是仅关注中心趋势会忽视关于因变量整体分布的有用信息。由于传统回归分析的局限性，该文尝试采用分位数回归的方法研究要素禀赋对地区经济发展水平的影响差异。分位数回归是对以条件均值模型为基础的最小二乘法的延伸，用多个分位数来估计整体模型。在研究对象的分布呈现异质性，如不对称、厚尾、截断性等特征时，分位数回归方法具有明显的优势，主要表现在：一方面分位数回归对离群值的存在和模型假设的违反不敏感，具有较高的稳健性；另一方面分位数回归有利于反映因变量整体分布的信息，且对于因变量具有单调同变性。因而越来越多地应用于分析在被解释变量的不同水平下受到解释变量影响的差异。所以采用分位数回归的方法分析不同经济发展水平地区要素禀赋对经济发展的影响更具有现实意义。

（三）分析变量选择

被解释变量选取地区生产总值，以反映各地区的经济发展水平。

在要素禀赋指标的建立上，结合要素禀赋理论和新古典增长理论，分别选取反映劳动、资本、环境三个最主要的要素禀赋作为解释变量，并参考胡文国、吴栋实证模型的分析结果选取产业结构和对外开放度两个指标作为控制变量。

1. 劳动禀赋：劳动力是经济活动的主体，对经济增长具有直接且重要的作用。根据前人的研究和数据的可获得性及完整性，以地区城镇单位就业人员工资总额来反映。

2. 资本禀赋：主要分为实物资本投入和人力资本投入。该文使用地区固定资产投资额来反映地区实物资本投入。人力资本投资最核心的部分是教育投资，对教育的投入是一种将会在未来产生高收益的投资。关于人力资本的测算一直是国内学术界关注的重点问题，目前主要包括三种观点。一是以劳动者受教育的程度来反映该时期拥有的人力资本情况，二是以某个时期劳动者获得这样的教育水平所需要的国家教育投入间接反映人力资本情况，三是根据综合计算得到的人力资本指数作为衡量人力资本存量的指标。考虑到我国 30 个省区市数据的可获得性和完整性，该文选取地方财政教育支出作为反映人力资本投入的变量。

3．环境禀赋：作为生产要素之一的环境要素禀赋是指一国或地区的环境容量，与其他要素禀赋不同，环境禀赋不仅在生产过程中被消耗掉，往往还会相伴产生某些"坏"的效应，如环境污染等，因而在实际应用中通常从能源消耗和污染排放两方面来反映。二氧化硫作为主要的工业污染物，是形成酸雨的主要成分，也是当代人类面临的全球性环境问题的罪魁祸首之一。因此该文选取二氧化硫排放量作为衡量我国各省市污染排放的指标。此外，当前世界能源消费以化石能源为主，能源利用效率在一定程度上决定了环境污染的程度。该文依照惯例选取单位地区生产总值能耗来反映一个地区的能源利用和消耗状况。

4．产业结构：依据胡文国、吴栋的实证分析结果，产业结构的优化升级和对外开放程度是促进我国经济增长的重要影响因素，模型分析以第一产业从业人数与总从业人数的比值来反映产业结构。

5．对外开放度：该文以王文博、陈昌兵计算得到的国家对外开放度 ＝［（进出口总值／GDP）×0.4 ＋（对外资产负债总额／GDP）×0.3 ＋（利用外资和对外投资总额／GDP）×0.3］×100％的计算方法为基础，应用到地区对外开放度的测算中，以进出口总额和实际利用外资额与地区生产总值比值的加权平均为指标，即对外开放度＝［进出口总额／地区生产总值＋实际利用外资额／地区生产总值］／２×100％。

（四）引入环境要素禀赋的分析分位数回归模型

该文以柯布 - 道格拉斯生产函数为基础，加入环境要素禀赋建立如下形式的条件分位数模型：

$$Lny_i = \beta_0^{(p)} + \beta_1^{(p)} Lnx_{1i} + \beta_2^{(p)} Lnx_{2i} + \beta_3^{(p)} Lnx_{3i} + \beta_4^{(p)} Lnx_{4i} + \beta_5^{(p)} Lnx_{5i} + \beta_6^{(p)} Lnx_{6i} + \beta_7^{(p)} Lnx_{7i} + \varepsilon_i$$

其中，y 表示地区国内生产总值；x_1 表示地区城镇单位就业人员工资总额；x_2 表示地区固定资产投资；x_3 表示地方财政教育支出；x_4 表示二氧化硫排放量；x_5 表示单位地区生产总值能耗；x_6 表示产业结构，即第一产业从业人数与地区总从业人数的比值；x_7 表示对外开放度＝［进出口总额／地区生产总值＋实际利用外资额／地区生产总值］$/2×100\%$；$p(0<p<1)$ 表示数值小于第 p 分位数的比例。相比于最小二乘估计通过最小化残差平方和得到 LR 估计，分位数回归通过最小化加权残差绝对值得到 QR 估计。分布均值被看作最小化总体平均平方距离的值，而分位数 q 可被看作最小化平均加权距离的值。

模型估计结果表明，当分位数 p 分别取 0.1、0.3、0.5、0.7、0.9 时，在 0.05 的显著性水平下，所有模型均通过了整体显著性拟似然比检验。所有分位数回归模型的拟合优度均在 80% 以上，且对经济发展水平处于低位的拟合效果更好。

在不同分位点上，城镇单位就业人员工资总额、固定资产投资、二氧化硫排放量对地区生产总值的影响均显著，表明无论经济处于何种水平，劳动力、实物资本和环境禀赋都是影响经济发展的主要因素。而在 0.3、0.5、0.9 分位点上，地方财政教育支出对经济增长的影响不显著，表明我国经济发展现阶段中，人力资本并没有像该文预期的那样显著促进经济的增长。

二　要素禀赋对经济发展的影响及地区差异分析

为进一步探索中国地区要素禀赋对经济发展影响的地区差异，该文对不同分位点上的参数估计是否存在显著差异进行检验。结果显示当取 0.1、0.25、0.5、0.75 四个分位点时，Wald 检验对应 p 值为 0.0032。在 0.05 的显著性水平下，可以认为不同分位点上的参数估计存在显著性差异。即在不同经济发展水平上，要素禀赋对地区经济的影响程度有显著差异。

（一）劳动力投入的边际贡献大幅提升后趋于平稳

劳动力作为生产过程中的主要要素投入，劳动力增长率和劳动生产效率的提高将直接影响国民经济的增长。当经济水平处于 0.6 分位时，劳动投入对经济的促进作用大幅提升，加大劳动投入会快速带动经济增长。这主要是因为随着经济的发展，市场将提供更多的就业岗位以满足生产规模扩大导致的劳动力需求增加，进而促进地区人才引进和资本投资，带动经济进一步增长。但这种增长并不是无限的，当地区经济发展到较高水平时，劳动要素投入对地区经济的拉动作用趋于平稳。

（二）实物资本投资的边际贡献先增后降

在经济发展的各个阶段，经济增长都对实物资本投资较为敏感。在经济发展的最初阶段，实物资本对经济增长的促进作用逐渐加强，而当经济水平达到0.7分位后明显减弱。这一结果可以结合新古典经济理论和我国经济发展的实际情况来解释。各地区在经济发展初期，要素禀赋结构的特征是资本的严重缺乏，此时加大实物资本投入会明显促进经济增长。而随着经济不断发展，资本的边际产出效率随着资本积累的增加而减少。要素禀赋结构开始缓慢变化，资本和技术密集型产业得到发展，粗放的实物资本投资不易产生深化效应，实物资本对经济增长的边际贡献降低。

（三）我国人力资本需求尚未得到满足

在经济快速发展的21世纪，除劳动和实物资本外，人力资本也逐渐成为促进经济增长的主要因素。对员工知识技能的教育投入是产生创新价值的必要准备，也是现今社会经济持续增长的基础和动力。但就短期数据来看，人力资本并没有像我们预期的那样带动地区经济的发展。

（四）过度的环境投入对经济长期可持续发展无益

环境资源的过度投入并不利于经济长期可持续发展。在经济处于低位时，二氧化硫排放量的增加会在短期内促进经济增长，但随着经济的发展，这种促进作用逐渐减弱。单位生产总值能耗对经济发展有负面效应，过高的消耗会增加生产成本，造成资源的浪费和经济的损失，同时降低出口商品的国际竞争力，不利于经济持续发展。环境污染管制虽然在一定程度上限制了资源环境的投入，短期内有可能减缓经济发展，但长期来看必然会刺激技术创新和清洁能源的开发，有利于提高产品质量水平和国际竞争力。

三　主要结论

我国经济水平飞速提高，要素禀赋在数量和结构上都发生了明显的变化。但地区经济发展和要素禀赋的不均衡仍旧是我国经济所面临的重要问题。现将有关结论总结如下：（1）劳动禀赋、实物资本禀赋和环境投入是现阶段促进地区经济发展的三个主要的要素禀赋。而人力资本投资并没有像我们预期的那样发挥作用，我国区域经济的发展对人力资本的需求尚未得到满足。（2）在经济发展水平落后地区，实物资本对经济增长的边际贡献相对较高，以实物资本投入替代大量廉价劳动力，以要素禀赋结构的升级带动产业结构的升级是促进经济增长最有效的手段。（3）在经济发展水平处于中位的地区，生产规模扩大导致市场对劳动力和实物资本的需求显著增加。在这一阶段加大劳动和实物资本投入均能明显拉动经济增长。（4）在经济发展水平较高的地区，实物资本对经济增长的边际贡献率降低。粗放的实物资本不易拉动经济，活跃市场对创新技术和人力资本的需求是经济进一步增长的动力。

（马立平、张鹏、胡佩，首都经济贸易大学。原文出处：《贵州财经大学学报》2016 年第 4 期，第 94—102 页）

市场分割、资源错配与劳动收入份额

王宋涛　温思美　朱腾腾

　　与发达国家相比，中国的要素市场发育仍然相对落后，要素市场存在不同程度的分割（该文所指的分割，并非完全物理意义上的分割，只要存在市场摩擦、流动成本，即可称之为市场分割）。这种分割既体现在区域之间，也体现在行业之间甚至企业之间。具体而言，户籍制度、农村土地产权制度以及劳动保护法律等因素造成劳动力流动的极大成本，而地方保护主义、政务环境欠佳、利率的非市场化等因素造成资本流动的极大成本。要素市场分割必然影响资源的有效配置，进而导致一系列的经济后果，该文将探讨其中的一种，即市场分割对劳动收入份额的影响。要素市场分割影响劳动收入份额在逻辑上并不难理解。要素市场分割必然影响资源（资本—劳动）的优化配置（可用资本集约度的差异衡量），根据新古典模型，资本的收益率取决于资本的边际产出，而边际产出则取决于生产函数及资本集约度；因此，不同市场的资本集约度差异就会影响资本和劳动的收入分配，即影响劳动收入份额。那么，这种影响机制具体是怎样的呢？该文通过建立一个基于市场分割的新古典生产模型分析表明：在资本—劳动呈替代关系时，要素市场分割会加剧资本错配程度，进而降低劳动收入份额，随后该文利用中国工业企业数据展开实证研究，完全支持了上述观点。

一　理论分析

　　该文利用标准的新古典生产模型考察完全竞争市场的劳动收入份额决定机

制，再建立基于市场分割的模型，定义要素市场分割指数和资源错配指数，推导出理论命题和理论假设。

（一）完全竞争市场的劳动收入份额

在完全竞争市场中，资本深化会降低资本收益率、提高工资水平，在资本和劳动呈替代关系时，资本深化还会降低劳动收入份额，因为企业会用更多的资本来替代劳动。

（二）资源错配对劳动收入份额的影响

根据新古典经济学理论，在完全竞争市场，资源会实现最优配置。如果全要素生产率、劳动力同质，则不同区域的要素报酬会趋于相等。由于要素报酬取决于要素的边际产出，这意味着在资源实现最优配置时，不同区域的资本集约度应该趋于相同。因此，如果不同区域的资本集约度存在差异，则可认为存在"资源错配"。借鉴衡量收入差距的最常用指标，该文使用"人均资本基尼系数"(Gk) 来衡量资源错配，称为"资源错配系数"，其取值范围为 [0，1]，Gk=0 表示不存在资源错配，Gk=1 表示资源错配最严重。

不管是完全竞争市场还是存在市场分割，资本深化对劳动收入份额的影响相同，其都取决于资本－劳动替代弹性。目前大多研究认为中国资本劳动替代弹性大于1，该文使用省际面板数据的估计结果为1.33，因此提出该文的一个实证假设：

假设1：资本深化降低了中国的劳动收入份额。

当资本－劳动呈替代关系时，资源错配系数越大，国民劳动收入份额越低。进而提出第二个实证假设：

假设2：资源错配降低了中国的劳动收入份额。

（三）要素市场分割对资源错配和劳动收入份额的影响

资源之所以错配，原因在于其流动障碍，即流动需要成本，该文称之为要素市场分割。那么，如何衡量要素市场分割的程度？对于产品市场而言，学者们大都使用产品价格差异（相对价格法）来衡量市场分割。根据"冰川理论"，如果不存在流动成本，那么不同市场的产品价格应该一致。因此，当不同市场的产品价格差异越大，则表示产品流动的成本越大，产品市场分割越严重。对于要素市场而言，要素收益就是要素的价格，因此，可以使用要素的价格差异来衡量要素市场分割。具体而言，我们使用地区间的资本收益率基尼系数 (Gr) 来衡量资本市场的分割，用地区间的工资基尼系数 (Gw) 来衡量劳动力市场的分割。根据理论，我们提出两个实证假设：

假设 3：资本要素市场和劳动力要素市场分割都加剧中国的资源错配程度。

假设 4：要素市场分割降低了中国的劳动收入份额。

二　计量模型与数据说明

（一）基本回归模型

为检验要素市场分割对劳动收入份额的影响，设定回归模型如下：

$$\ln(ls_{it})=\alpha_0+\alpha_1 gini\_roa_{it}+\alpha_2 gini\_pwage_{it}+\beta X_{it}+\varepsilon_{it} \qquad (1)$$

（1）式中：下标 i 表示城市，t 表示年份，各变量（指标）含义如下：

（1）ls，劳动收入份额，通过计算每个企业的劳动收入份额，然后加权得到市级的劳动收入份额。对微观企业劳动收入份额的估计采用要素成本增加值的概念估算，具体计算公式为：

劳动收入份额 ls= 雇员工资奖金总额 /(企业利润总额 (含税费)+ 雇员工资奖金总额)

（2）$gini\_pwage$，劳动力市场分割指数。具体算法为，计算每个城市的每个企业的人均工资，再根据各个企业的人均工资数据拟合洛伦兹曲线函数，进一步计算得到市人均工资的基尼系数。

（3）$gini\_roa$，资本市场分割指数。计算每个城市中各个企业的资本收益率，利用各个企业的资本收益率数据拟合洛伦兹曲线，进一步计算得到各市的资本收益率的基尼系数。

X 为各控制变量，其中市级控制变量主要包括：

（4）pk，取对数，为人均资本，衡量资本深化，用全市工业企业的资本（总资产）除以劳动力数量得到。该变量用于检验假设 1，预期符号为负。

（5）sck，取对数，为市企业规模，利用全市工业企业的总资产除以企业数量得到。

（6）*roa*，总资产收益率，全市工业企业的总利润除以总资产。该控制变量主要用于控制每个城市的全要素生产率。

其他控制变量缺乏市际数据，使用省际数据代替，这些变量为：(7) *pEDU*，人均受教育年限，用于衡量人力资本，取对数；(8) *GOV*，政府支出占比 GDP 比重；(9) *pFDI*，人均实际利用外资，取对数；(10) *thdInd*，第三产业增加值占 GDP 比重。

此外，该文还考虑了模型潜在的内生性问题和中介变量的影响，并做了相应处理。

（二）数据来源

该文数据主要来源于《中国工业企业数据库》(1998—2007 年）和各省份历年统计年鉴。

利用《中国工业企业数据库》中 1205336 家企业的微观数据计算市际指标，一共得到 279 个地级市 10 年的面板数据；利用市际指际数据以及从各省份统计年鉴收集的省际数据计算得到省际指标数据。主要解释变量 *gini_pwage* 和 *gini_roa* 的具体计算方法为：计算每个微观企业的人均工资与资产收益率，并由此构建宏观的洛伦兹曲线，最终通过市际和省际的曲线计算出市际和省际的人均工资基尼系数与资产收益率的基尼系数。通过编程计算，最终得到 279 个地级市的 10 年面板数据。指标 (1)(4)(5)(6) 则取城市均值。指标 (7)(8)(9) 使用省际数据，原始数据来源于各省份历年统计年鉴。原始数据都利用 1998 年的定基价格指数进行了价格调整。

需要说明的是，考虑到数据库中微观企业数据存在一些异常值，这些异常值使得变量指标容易出现偏态分布。因此在计算市场分割指数之前，该文剔除了异常值样本 (如实收资本额为负和员工工资奖金为负的企业)，并对模型的关键变量在样本 1% 和 99% 分位数处做 Winsorize 处理，得到 1205336 家有效微观企业数据。同时，在计算市际市场分割指数时，为保证通过曲线计算得到的基尼系数一定的精确性，该文剔除了样本企业数少于 5 的地级市。

此外，由于要素市场分割既可以体现在地理上的区域分割，也可以体现在行业之间、企业之间的要素流动障碍。使用市际面板数据，则要素市场分割可能体现在行业、企业以及区域之间的流动障碍。但在中国，区域的要素市场分割，更多体现在省或市之间，这种分割的严重程度更甚，因此，该文还构建省际面板数据对模型的稳健性进行检验。该文使用微观企业数据计算得到市际数据进一步计算省际数据，如省的资本市场分割指数和劳动市场分割指数则利用该省份内各个城市的资本收益率和人均工资计算基尼系数得到；其他省际层面的指标值则由该省份内各个市的指标值加权得到。根据数据的可获得性，最终得到 27 个省份 10 年的数据样本 270 个。

三 实证分析结果

回归结果显示，市场分割指数与劳动收入份额呈显著负相关。这意味着，市场分割越严重，劳动收入份额越小，假设 4 成立。同时，在做了内生性处理后，市场分割指数对劳动收入份额的负影响仍然显著存在，即资本市场分割和劳动力市场分割都会显著降低劳动收入份额。

进一步考察各个控制变量对劳动收入份额的影响：

（1）人均资本对劳动收入份额的负面影响在 1% 水平上显著，表明资本深化降低了中国工业企业的劳动收入份额，即假设 1 成立。人均资本的影响系数为负，也间接表明资本－劳动替代弹性大于 1。

（2）企业资产规模对劳动收入份额的影响在 1% 水平上显著为正。表明企业规模越大，规模经济越明显，并能为员工提供更好的劳动报酬。

（3）资本收益率对劳动收入份额的影响在 1% 水平上显著为负。由于人均资本对劳动收入份额影响为负，而根据模型，人均资本水平越高，资本的边际收益越低，容易推导出，全要素生产率越高（或技术进步），劳动收入份额越低。

（4）FDI 估计系数总体上显著为正，表明我国直接吸收外资能够提高工业企业的劳动收入份额。

（5）产业结构（第三产业增加值占 GDP 比重）对劳动收入份额总体上在 1% 水平上有显著正影响。由于该文的劳动收入份额是使用了工业企业的数据，因此结论意味着第三产业的发展提高了工业行业的劳动收入份额，这似乎符合逻辑：第三产业的发展会创造更多就业机会，这会减少工业行业的劳动力供给，从而会提高工业企业的工资水平。

（6）政府支出占 GDP 比重估计系数只有一个模型显著为正，其他都不显著，因此可认为政府支出对劳动收入份额影响不确定。

（7）人力资本对劳动收入份额的影响总体上显著为正，表明随着人力资本水平的提升，劳动收入份额也随之上升。这是由于人力资本能够提高劳动的边际产出，也能够提高雇员的工资谈判能力，从而提高工资水平和劳动收入份额。

根据中介变量的检测结果，资源错配指数在劳动力市场分割指数与劳动收入份额之间起着部分中介的作用。

为了验证省级区域要素市场分割对劳动收入份额的影响，该文分别用省际层面的数据对模型进行估计。结果表明所有变量的系数符号与基本模型（市际面板数据）一致，显著性水平也很高。此外，还可以看到，劳动力市场分割指数和资本市场分割指数对劳动收入份额的影响系数较之于市际面板有所增加，表明劳动力市场分割和资本流动障碍对劳动收入份额的负面影响随着地理区域的扩大而扩大了。

四　结论与启示

该文的研究发现，要素市场分割程度越严重的地区，其资源错配程度也越重，而劳动收入份额则越低，即便控制了可能存在的内生性和异常样本点以及使用省际面板数据替代，研究结论都是稳健的。同时，企业规模、人力资本、FDI、第三产业比重对劳动收入份额都有显著的正向影响，而人均资本、资本平均收益水平（全要素生产率）对劳动收入份额都有显著负向影响。

该文研究在学术上是对要素市场分割（资源错配）的经济影响以及劳动收入份额的决定因素两个领域的研究文献的有益补充。同时，该文也具备一定的现实意义。虽然，改革开放 30 多年以来，中国的市场化水平不断提高，但仍然存在着严重影响资本和劳动力流动的制度性因素，譬如户籍制度、农村土地制度、地方保护主义、利率管制等。只有对这些制度进行根本性改革，才能使资源在全国范围内实现优化配置，促进中国经济增长，提高劳动收入份额，缩小居民收入差距，实现全面建成小康社会的宏伟目标。

（王宋涛，汕头大学商学院、汕头大学粤台企业合作研究院；温思美，华南农业大学经济管理学院；朱腾腾，汕头大学商学院。原文出处：《经济评论》2016 年第 1 期，第 13—25、79 页）

供给侧结构性改革背景下优化
我国收入分配体制研究

任晓莉

一　我国收入差距的变化特征及症结分析

（一）基尼系数仍然超过国际公认贫富差距警戒线

从 2003 年至今，我国基尼系数呈现出先升后降的趋势，2015 年为 0.462。尽管从 2009 年开始，我国基尼系数实现了 7 连降，说明收入分配差距呈现逐步缩小的态势，但仍然超过国际公认的 0.4 贫富差距警戒线，也就是说，20% 最富的人分享了 40% 甚至 45% 以上的国民收入，剩下 80% 的人分享了不到 60% 的国民收入。这样的收入差距一旦扩大，会使得整个社会的消费倾向于下降，消费不足，产能过剩，不仅影响公平，同时影响效率，影响增长动力。

（二）城乡收入差距仍然处在高度不均等状态

我国城乡居民之间的收入差距一直处于较高的水平，从 2000—2009 年，城乡居民的收入差距比一直在扩大，2010 年至今才有所缩小。也就是说，2002—2013 年间，城乡居民之间的收入差距表现出了强劲的上升势头，保持在 3:1 以上，直到 2014 年，才开始呈现出缩小的势头。虽然自 2014 年始，城乡居民的收入差距开始显现出高度不均等减小的状态，但是，这种状态能否持续下去，很难有乐观的预期。如果再加上社会保障等实际福利的差异，真实的城乡差距会更大。

（三）区域收入差距仍是阻碍区域协调发展的关键问题

由于自然禀赋、发展机会、工业化传统、市场发育等历史和现实的原因，我国区域之间长期存在着发展差异，地区之间收入差别也非常大。根据东部、中部、西部地区和东北地区四大板块划分，该文作者汇集了近 10 年来四大板块城镇居民的人均可支配收入数据，从时间趋势上看，东部地区收入显著高于其他三大地区的收入，且增长速度比较快，与其他三大地区的收入差距呈拉大趋势，而中部、西部和东北三大区的城镇居民收入差距变化不显著，增长速率比较接近。可见，我国区域收入差距可归纳为发达地区和欠发达地区的收入差距，且有扩大之势。

二　分配体制改革需要遵循的原则及相互关系

（一）遵循分配实质平等原则

分配实质平等原则的核心思想和内涵是，要实现收入分配的相对公平和平等，即要求社会成员之间的收入差距不能过分悬殊，要求保证人们的基本生活需要。分配的实质平等原则是指一切合法公民都具有不能被剥夺的基本权利，包括基本的政治自由、生存、安全等经济、社会方面的基本权利和利益等，其中最为紧要的，是对于世界资源共同占有的平等权利。从一般的意义上来讲，分配实质平等原则包括三个方面的平等，即资源共有的平等、权利的平等和机会的平等。资源共有的平等意味着在共有的资源面前，所有人都是平等的，没有任何人有权利将其中一部分在完全意义上据为私有。权利的平等意味着每个人在人性上都是平等的，每个人所具有的尊严是没有程度差别的。机会的平等意味着对权利平等的实际操作和运用。有了权利平等不一定能够实现机会平等。机会平等要求人们对智力、体能以及性格等自然禀赋诸方面的差别予以承认和尊重，前提是这种天赋因素不造成机会上的垄断。

（二）遵循分配应得报酬原则

分配应得报酬原则也称贡献原则。所谓贡献，是指一个人通过努力增加了个人、群体或社会所享有的功利总量。应得报酬原则是以广义的财富——包括物质财富和精神财富——创造为基础的。分配的应得报酬原则即贡献原则包括三个方面：财富与价值的贡献、生产劳动的贡献和非生产劳动的贡献。财富与价值的贡献是指在分配过程中，作为劳动力的所有者与拥有其他生产要素的所有者一样，都可以参与对财富的分配。资本、技术、管理等要素所有者按照其投入劳动的贡献得到合理的回报。生产劳动的贡献是指在生产资料共同所有的经济中，人们根据劳动贡献取得的收入。非生产劳动的贡献是指超出经济领域之外的劳动者，比如政治、文化、教育领域的工作者，他们同样因为对于社会财富的创造做出了贡献，从而取得相应收入，虽然这种创造可能不是直接的。

（三）遵循分配基本需要原则

分配的基本需要原则旨在进行必要的社会调剂，其目的在于满足一部分社会成员的生活必需，保证他们的基本生存和发展。这一原则的实施主要是通过税收和转移支付手段。它不以分配物品的极大丰富为前提，而以处在不利地位人们的需要为前提，也不以物质产品的极大丰富为基础，在产品相对匮乏的情况下同样可以通过社会调剂来实现。

上述三项分配原则是相互联系、相互补充又相互之间存在着比较大的区别。首先，实质平等原则在逻辑和重要性上优先于应得报酬原则。其次，实质平等原则和基本需要原则存在若干相互重合的地方。再次，应得报酬原则与基本需要原则的关系则比较复杂。应得报酬原则是任何一个社会发展的基本法则，尤其是在市场经济条件下，市场经济要获得长足的发展，应得报酬原则是其基本法则，这个法则不用指引，可以在市场机制的作用下自发地实现。而基本需要原则则要集中社会的力量，把它用于那些有所需要的人。这是个别社会成员所无法胜任的，必须借助公共机构即政府的调剂来实施。

三　供给侧结构性改革背景下深化分配体制改革的政策建议

（一）坚持市场导向性，着力初次分配体制改革

一是尊重和鼓励公平的收入差距，处理好效率和公平的关系。二是完善初次分配制度，健全科学的工资水平决定机制、正常增长机制、支付保障机制，提高劳动报酬在 GDP 的比重，即提高劳动分配率，特别是要逐步提高企业职工的最低工资标准，健全工资增长的一系列机制。三是进一步深化垄断行业改革，

完善对垄断行业工资总额和工资水平的双重调控政策，规范国有企业、金融机构经营管理人员特别是高层管理人员的收入。四是规范初次收入分配秩序，增加收入分配的透明度。

（二）提高分配公平性，深化再分配体制改革

再分配要充分发挥政府的调节功能，实现收入分配的相对公平，限制社会各类人员之间收入差距的过分悬殊，通过税收、财政转移支付等政策措施，使高收入者个人、阶层、行业或机构收入的一部分再转化为社会的收入，并使低收入阶层成为收入再分配的主要获益者。一是优化税制结构，加强税源监控和税收征管。二是改革完善以养老、医疗、伤残为主的社会保障制度。

（三）注重分配创新性，推进配套制度改革

收入分配差距问题的复杂性以及相关的公正性问题，已经形成了非常严峻的挑战，仅仅依赖初次分配政策和再分配政策的改革和创新是不够的，要把分配差距控制在各个方面能承受的范围之内并使公众感受到公平正义，还需要供给环境、机制优化创新等一些其他的配套改革措施。如增加公共服务供给，稳定和扩大就业等。一是创新公共服务提供方式，不断增加公共服务供给。二是着力促进教育公平，在保障教育公平和提高教育质量上下功夫。三是积极扩大就业和再就业渠道，为经济持续健康发展奠定稳定的社会基础。四是深入进行产业结构和区域结构的调整和改革。

（任晓莉，河南省社会科学院区域经济研究中心。原文出处：《中州学刊》2016 年第 3 期，第 26—32 页）

中国近年体制内工资溢价趋势

——来自中国综合社会调查（CGSS）数据的证据

孙文凯　王　晶　李　虹

一　引言、文献及本文内容

（一）引言及文献

在完全市场化的劳动力市场中，具有相同人力资本的个体在不同部门间收入应该是近似的，从而部门间溢价能从一个方面反映劳动力市场的市场化程度。中国在从计划经济向市场经济转变的过程中，经济迅速发展，但由于改革不彻底，形成了国有体制内劳动力市场和体制外劳动力市场并存的局面。体制内部门的工资决定很大程度上受非市场因素的影响，而体制外部门的工资决定机制则以市场竞争为主。体制内就业往往能够获得高于在竞争性市场就业的收入，因此这种劳动力市场结构不利于资源的有效配置，也会带来收入分配方面的问题。

国有体制内部门和体制外部门收入差异可以联系到劳动力市场分割理论上。Fields 将劳动力市场分割定义为两个维度：相同生产率的劳动者在不同部门赚取的工资是不同的，且高工资部门的工作是稀缺的。公共部门和私人部门之间的分割满足这两个概念。Smith、Krueger、Gyourko & Tracy 对美国的公有部门和私有部门工资上的差异进行了各种探讨，包括收入分解、就业单位选择的内生性等问题的处理；Mueller 采用了分位数回归的方法研究了加拿大这两个部门间的工资差异。总体上说，公共部门工资溢价在世界范围内都不同程度地存在。在对中国的研究中，邢春冰发现在中国经济转型过程中，城镇居民的劳动收入很大程度上也取决于企业的所有制性质。Knight & Song 的研究表明，不同所有制、不同经营模式企业的并存对劳动力市场和城镇内部的收入分配产生了深刻的影响。陈斌开等人研究了 1990—2003 年间中国城镇居民收入差距的演变机制，发现所有制结构变迁是中国城镇居民收入差距扩大的主要动因之一。赖德胜和陈弋等人的研究证明了中国劳动力市场所有制的差别是劳动报酬差异的主要决定因素之一。尹志超和甘犁利用 Heckman 样本选择模型估计了中国公共部门和非公共部门的工资差异，发现 1989—1997 年公共部门工资低于非公共部门工资，而 2000—2006 年前者却高于后者。

（二）该文贡献及结构

该文的贡献在于方法和内容。该文使用倾向得分匹配方法而不是普通最小二乘法，对比了 2003 年和 2010 年不同地区、不同所有制及内部细分部门溢价变动，更为细致地研究了所有制部门之间的收入差异。

该文第二部分介绍方法与数据；第三部分列出实证分析的主要结果，并进行补充检验；最后为总结。

二　模型与数据描述

（一）模型简介

不同于 Mincer 的基于线性回归模型的估计方法，基于倾向得分匹配的平均处理效应（Average Treatment Effect on the Treated，ATT）方法通过计算一个倾向得分后，匹配得到的可比的控制组和对照组估计处理效应。具体估计步骤如下：首先，基于各类协变量估算个体 i 会出现在处理组（该文为进入体制内工作）的概率，即用 Logit 模型估计倾向得分。之后基于倾向得分采用几种匹配方法计算处理效应，这些匹配方法包括最相邻样本匹配、最小半径匹配、核估计匹配等。

使用倾向得分匹配方法的前提条件有两个：第一，条件独立假设，即在控制了混淆变量 X 以后，其他因素独立于单位所有制类型；第二，密度函数同支撑假设，即满足 0<P(X)<1。条件独立假设要求我们在估计时尽可能多地控制那些可能对收入及个体选择的工作单位所有制性质产生影响的因素，共同支撑假

设可以通过软件估计时去掉处理组概率过大和控制组概率过小部分达到。

（二）数据描述

该文所使用的数据来自中国人民大学和香港科技大学调查中心联合进行的中国综合社会调查（Chinese General Social Survey，CGSS）。该调查数据几乎覆盖了中国所有的省份及直辖市，具有分层随机抽样、大样本和调查信息全面的特点。该文采用了 CGSS2003 年和 2010 年的城市数据进行分析。

该文的被解释变量为个人职业收入，该文使用各省 2003—2010 年的消费物价指数，将 2010 年的调查收入调整为用 2003 年不变价格表示的收入。对于体制变量，该文将单位所有制性质划分为两类：一是国有体制内部门，包括党政机关、国有企业和事业单位；二是体制外部门，包括集体所有、私有 / 民营、港澳台资、外资所有、中外合资所有。部分缺少工作部门性质的样本通过问卷中其他问题作了补充。

描述统计发现 2010 年较 2003 年体制内和体制外的职业收入都有明显的提高。其中，体制内职业收入高于体制外，且其提高的幅度也大于体制外。体制内外劳动者的性别差异两年间并没有发生特别明显的变化，体制内的劳动者男性居多也是比较正常的现象，且体制内的党员比体制外多，2010 年体制内外党员比例差比 2003 年有较大提高；城市户口比例在体制内外差也显著提高。在工龄方面，较为明显的是体制内的劳动者平均工龄在减小，这与近年来大学毕业生青睐国有企业、对考公务员有更强的偏好有关。体制内"本科及以上教育水平"的劳动力明显增加，且体制内高学历比例显著高于体制外。体制内劳动者的父母亲也多是体制内的工作者。

三　实证分析结果

（一）体制内溢价水平的变化情况

表 1 列示的是在利用 Logit 回归得到个体倾向得分后进一步的匹配对比结果，此处采用一对一（也称为最邻近）匹配办法。从匹配法计算出的体制内溢价来看，由体制内劳动力市场分割所导致的收入差距缩小了：2003 年体制内工资收入高于体制外 16.5% 左右，高度显著，而 2010 年则为不显著的负值，显然

体制内溢价水平有显著降低。

表1   一对一倾向得分匹配法得到的ATT值

年份	处理组样本量	控制组样本量	体制内溢价（ATT）	标准误	T 值
2003	2632	1375	0.165***	0.054	3.08
2010	1105	1753	− 0.004	0.099	− 0.04

注：*、** 和 *** 分别表示 10%、5% 和 1% 的显著性水平。

（二）分地区估计体制内溢价水平

采用相同的方法，该文对不同地区进行分析，东中西部地区的划分按照国家统计局的划分标准。出于篇幅考虑未将结果列出。如果没有进行匹配对比，三大地区在体制内的收入显著高于体制外收入，但是匹配之后，只有 2003 年的东部和中部地区体制内有明显更高的收入，其中中部地区体制内溢价相对更高。西部地区虽然在匹配前有最高溢价水平，但是匹配后体制内外差异变得不明显。

从时间上进行纵向比较看，到 2010 年，所有地区匹配后的体制内收入溢价都不再显著。这意味着，虽然从简单统计上看体制内人员收入较高，但是这多半是由于其个人特征等因素造成的，当其他特征相似时，平均意义上体制内外收入差异不大。这也从侧面反映了劳动力市场资源配置能力得到全面提高。

（三）体制内外内部不同所有制部门的比较

该文将体制内部门细分为党政机关、国有企业和事业单位三个类别；将体制外部门细分为集体所有企业、民营企业和含外资成分的企业（含外资成分的企业具体包括中国港澳台资、外资所有和中外合资三种）三个类别。通过比较可以看到：首先，对于体制内部门，在 2003 年党政机关与企事业单位之间有显著的"溢价"。对于可比的个体，党政机关和事业单位相比于国企都有较高收入水平，党政机关的工资收入溢价水平更高。对于体制外部门，2003 年集体企业相对于民营和外资企业的工资溢价显著为负，而民营企业和外资企业间则差异不明显。到了 2010 年，无论是体制内还是体制外部门内部，工资溢价都不再明显。这意味着劳动者在各部门间实现了较为充分的流动，使得各个部门间相同素质的劳动者获得大致可比的收入。和前文对地区的分析一样，这也意味着劳动力市场的逐步完善。

（四）补充分析

　　该文采用两种方法对主要结论进行补充检验，一是采用分位数回归方法，二是采用另外两种匹配计算平均处理效应（ATT）的方法。

　　该文应用分位数回归的方法观察 0.1、0.25、0.5、0.75 及 0.9 分位点上，单位所有制类型对职业收入的影响。通过分位数回归，该文发现体制内劳动者对体制外劳动者的优势在不同分位点上呈现出明显的变化。2003 年的结果表明从低收入群体到高收入群体，体制内劳动者的优势在减弱，0.1、0.25 和 0.5 分位点上体制内的系数分别为 0.254、0.136、0.087，高度显著；0.75 分位点上回归结果不显著，但在 0.9 分位点上，系数为－0.106 且显著。2010 年的分位数回归结果总体上也呈现出类似的特征，不过体制内部门在更少的分位点上有优势，只有在 0.1 和 0.25 分位点上的收入高于体制外，而在 0.9 分位点上的收入反倒偏低 15.8%。这些数据说明越是在高收入群体中，具有高能力的劳动者在体制外甚至能获得更高收入；但在中低收入群体中，体制内的工资决定机制使得体制内这部分群体仍有一定收入优势。但从总体平均意义上看，体制内外收入溢价随着时间变得不再显著。

　　在前文中匹配方法该文主要采用了一对一匹配，该文此处采用最小半径匹配和核匹配进一步检验。这两种匹配方法在寻找体制内个体的可比对象时分别采用在一个倾向得分半径内的所有控制组对比和使用核概率加权所有控制组样本对比。表 2 为两种算法对应的计算结果。

表2　　　　　　　　　　　　　其他匹配方法估计

年份	匹配方法	处理组样本量	控制组样本量	体制内溢价（ATT）	标准误	T 值
2003	最小半径法	2501	1375	0.101**	0.043	2.32
	核匹配法	2501	1375	0.098**	0.041	2.36
2010	最小半径法	1050	1753	0.049	0.087	0.56
	核匹配法	1050	1753	0.057	0.077	0.74

　　与表 1 的结果相比较，两种匹配方法得到的 2003 年 ATT 值有微小的下降，

但仍然高度显著，而 2010 年的溢价水平仍然不显著，可以说前文的实证结果是可靠的。

四　总结

通过 2003 年与 2010 年的比较，该文发现中国的体制内溢价水平有明显下降的趋势。另外，通过地区间的横向比较和各地区时间上的纵向比较，该文发现早期中国东部和中部地区的体制内溢价水平相对较高，但随着时间推移也变得不再明显。最后，细分部门的分析表明早期中国党政机关和事业单位存在较高水平溢价，集体企业的待遇最低，民营企业及含外资成分的企业所构成市场竞争较为充分，可比个体在 2010 年不同部门间收入差异不大。这些结果意味着体制分割程度一定程度得到缓解。采用分位数回归发现，体制内溢价主要体现在中低收入者的溢价上，意味着僵化的体制内劳动力市场可能主要保护了较低素质的劳动力，而对高素质劳动者，体制内溢价甚至是负的。这一点在 2003 年和 2010 年没有本质变动。

（孙文凯、王晶、李虹，中国人民大学经济学院。原文出处：《劳动经济研究》2016 年第 4 期，第 73—97 页）

劳动关系

经济新常态背景下的和谐劳动关系构建

赖德胜　李长安

　　准确判断和认识我国经济社会发展的阶段性特征，把握劳动关系变化的新趋势，对于构建和谐劳动关系，推动实现"两个一百年"奋斗目标和中国梦，具有重要的理论和现实意义。

一　我国经济已进入"新常态"

　　什么是经济新常态？根据习近平总书记的系列论述，它至少包括速度、结构、动力等方面。

　　第一，经济增长由高速到中高速转变。改革开放以来，我国经济增长速度年平均达到了 9.5%，属于高速度。自 2012 年以来，增长速度不断下滑，目前进入 7% 左右的阶段。同时，资源环境压力不断增大，新增劳动年龄人口不断减少，老龄人口不断增加，人口红利趋于消失，经济的潜在增长率较以往降低。当然，由于我国 GDP 总量 2014 年超过了 10 万亿美元，如此巨大的经济体量，即使增长 5%，其"重量"也相当可观。也就是说，客观上已没有必要维持以前那样的高增长了。

　　第二，经济结构不断优化升级。经济新常态是经济再平衡的过程。作为制造大国，将从低端制造向高端制造迈进，进而成为制造强国，产品的附加值更高，生产也更绿色环保。第三产业在经济增长中发挥更大的作用，特别是高端服务业，将成为新的经济增长点。新型城镇化稳步推进，城乡发展的统筹协调性进一步增强。产业的区域布局更加合理，区域发展有更好的平衡性。收入差距扩大的趋势得到有效控制，劳动收入占比上升，发展的成果更好地惠及广大民众。

第三，经济增长从要素驱动转向创新驱动。靠要素投入的增长模式不可持续，适应新常态，引领新常态，关键在于形成新的经济增长动力，而这其中的关键又在于创新。创新既是结果，也是过程，涉及诸多方面，包括产品创新、工艺创新、生产组织方式创新、商业模式创新、科技创新、体制机制创新等。当然，创新终归还得靠人来实现。因此，如何培育更多创新型人才，是实现创新驱动的关键。为此，要继续扩大人力资本投资，提高人力资本质量，优化人力资本配置。

二 经济新常态使劳动关系面临新变化

第一，劳动关系的矛盾将更加紧张。具体来说，以下几个方面的问题将更加凸显。一是劳动收入占比和收入分配。劳动关系的最主要体现之一是劳动收入与资本收入的比例关系。自 20 世纪 80 年代中期以来，我国劳动收入占比经历了一个不断下降的过程，直到最近几年才开始扭转这一局面。经济增长从高速到中高速转变，有可能使劳动收入占比出现反复，从而使收入分配状况恶化。二是就业压力和就业质量。经济速度的下滑，企业面临趋紧的市场环境，往往会使就业质量受损，一个突出表现是加班时间的延长，而且很多企业是不支付加班工资的，或没有按照国家有关规定，足额支付加班工资。这破坏了职工工作和生活的平衡度，会损害职工身心健康。三是劳动争议和劳资纠纷。随着经济形势的变化和职工诉求的多元化，劳资纠纷的发生频率和严重程度都将可能增加。

第二，劳动关系的主体将更加多元。劳动关系治理的主体现在主要是政府、工会和企业。随着国家治理体系和治理能力的现代化，社会组织将作为"第四方"在劳动关系的协调中发挥不可替代的作用。同时，既有的劳动关系三方内部，也将随经济结构的多元和劳动市场的分化而更加多元，比如行业协会和行业工会在劳动关系的建设中，作用将凸显。主体的多元化，将使劳动关系更加复杂多变，但也为劳动关系的和谐发展创造了更多机会。

第三，劳动关系的分化将更加明显。在经济新常态下，劳动关系的分化将有新的特点。这突出表现在具有不同人力资本的人群所面临的劳动关系宽紧不同。人力资本比较高的人群将具有更为宽松和谐的劳动关系，而人力资本比较低的人群则可能会面临比较紧张的劳动关系。创新还将产生许多新的产业形态，特别是"互联网＋"，既推动着产业的转型升级，创造出更多的就业岗位，但也会破坏原有就业岗位。岗位丢失者，需要再就业，压力可想而知。对于新业态的从业人员来说，既可能有更为理想的工作环境和权益保障，也可能会因为工会组织不健全等使得权益得不到保障。劳动关系的这种分化，要求有更具弹性的治理体系和治理模式。

第四，劳动关系的调适将更加从容。劳动关系是动态的，其调适状况取决于各相关主体的力量对比以及相应的制度安排。有三个因素将使劳动关系的调适空间更大。一是全面依法治国方略的提出和实施。全面依法治国方略的实施，将为劳动关系的调适提供基本的制度保障。二是劳动年龄人口的不断减少。人口红利的减少，也意味着劳动力供求矛盾某种程度的转化。这是有利于劳动者权益的保护和提升的。三是政府追求经济增长速度的动力在减弱。在新常态下，速度当然重要，但更重要的是质量和结构，作为三方协商机制的重要一方，政府将更中立、更公平地对待劳资双方的诉求，从而使劳动关系的调适更加从容。

三　以"四个全面"统领和谐劳动关系的构建

在新常态下，和谐劳动关系的构建要以"四个全面"为统领，切实贯彻落实《关于构建和谐劳动关系的意见》等文件精神。

第一，以全面建成小康社会为根本方向。习近平总书记说："人民对美好生活的向往，就是我们的奋斗目标。"美好生活应该是有"更好的教育、更稳定的工作、更满意的收入、更可靠的社会保障、更高水平的医疗卫生服务、更舒适的居住条件、更优美的环境"，而教育、工作、收入、社会保障、医疗卫生等都是劳动关系的重要内容，因此构建和谐劳动关系是全面建成小康社会的应有之义，劳动关系不和谐，就不能说小康社会已全面建成。

第二，以全面深化改革为动力源泉。劳动关系领域的改革，涉及面广，系统性强，要针对不断变化的情况进行顶层设计，而且要有时间表和路线图。现在仍有不少制度性因素影响着和谐劳动关系的构建，如户籍制度、用工制度、社会保障制度、官员的评价机制和激励制度等。根据《关于构建和谐劳动关系的意见》，尤其要健全劳动关系协调机制，全面推行合同制度，推行集体协商和集体合同制度，健全劳动关系三方协商机制；加强企业民主管理制度建设，推进厂务公开制度化、规范化，完善公司治理机制；健全劳动关系矛盾协调机制，包括劳动保障监察制度、劳动争议调解仲裁机制、劳动关系群体性事件预防和应急处置机制等。作为国家治理体系的重要组成部分，工会可以而且应该在和谐劳动关系的构建中发挥更大的作用。对此，要深化工会制度改革，为工会作用的发挥创造更好的条件。

第三，以全面依法治国为制度基础。构建和谐劳动关系，一方面要进一步健全和完善劳动法、劳动合同法、劳动争议调解仲裁法、社会保险法、职业病防治法等法律的配套法规、规章和政策，使相应工作有法可依；另一方面要严格执法，使有关法律规章能落地生根。特别是要提高工会的建会率和入会率，工会要依法开展工作，充分发挥工会组织在监督劳动法律法规执行中的作用，切实维护劳动者的合法权益，使劳动关系的建设和维护转到法治的轨道上来。

第四，以全面从严治党为坚强保障。劳动关系比较和谐的企业，大多数党组织健全和有活力，党员干部能起带头作用。全面从严治党，可以说是从制度上、组织上、纪律上、作风上，为和谐劳动关系的构建提供了坚强保障。

四 完善三方协商机制是构建和谐劳动关系的制度保障

2001年8月3日，由原劳动和社会保障部、中华全国总工会、中国企业联合会/中国企业家协会正式成立了"国家协调劳动关系三方会议制度"。2011年，全国工商联加入，三方协商机制扩展为三方四家。三方协商机制的建立对于化解劳资双方的矛盾、构建和谐劳动关系发挥了积极的作用。根据全国总工会的统计，2014年工会劳动争议调解组织受理劳动争议案件42万件，其中调解成功26.5万件。推进集体合同制度"攻坚计划"取得实效，截至2015年，全国共签订集体合同245.6万份；会同政府有关部门开展工资支付专项检查活动，共为176万名职工追回被拖欠工资113.9亿元。同时也应看到，我国的三方协商机制由于建立时间短，面对日益复杂的劳动关系，也表现出诸多的不适应。

例如工会组织和雇主组织的代表性不强、政府干预过多等，使得我国劳动关系的不协调现象依然大量存在，有时甚至引发群体性事件。基于此，该文提出一个具有中国特色的、能够适应经济新常态的三方协商机制的基本框架。

第一，加快政府职能转变，从包揽型政府转向协调型政府。在政府职能转变过程中，首先要做的就是确立政府在三方协商机制中的定位。劳动部门作为政府的代表，应本着公平、公正、公开的原则，采取不偏袒任何一方的中立态度，忠实履行劳动关系协调者的职能，通过制定法律规则和政策措施，努力把劳资双方各自的利益诉求统一起来，并与国家利益保持一致，使劳资双方达成共识，消除分歧，缓解劳资矛盾，以达到协调劳动关系、维护社会稳定的目的。

第二，推动工会组织角色创新，从福利型工会转向功能型工会。在我国，工会组织同时具备员工权益和社会稳定维护者的"双重角色"，这与欧美国家的工会性质存在着较大的差异。因此，在经济新常态下，必须尽快解决工会组织的代表性不足的问题，从过去简单的节假日给职工发福利、送温暖等事务中解脱出来，真正成为劳动者的代言人，成为职工权益的维护者，这是工会最基本也是最核心的功能。应围绕职工最关心和最直接的利益，把维权贯串到工会的日常工作当中。以推进集体劳动合同签约率、提高职工工会覆盖率等作为工作的"抓手"，形成三方协商机制中维护职工权益最可靠、最坚实的力量。

第三，强化雇主组织社会责任，从利益型雇主转向责任型雇主。在市场经济条件下，企业在追求利润的同时，还应该主动承担包括劳动者权益在内的社会责任。大多数的实证研究也证明，企业履行对劳动者权益越多的社会责任，企业价值也就越大，这是因为如果劳动者能够得到更多的尊重，那么可能会激发他们更大的生产积极性、更高的企业认同感，从而有益于提高劳动效率。

第四，发挥社会组织调解作用，从边缘性社会组织转向介入型社会组织。由于法律的欠缺，许多非工会社会组织的调解活动被视为不合法不合规，处于劳动关系的边缘和灰色地带。近些年随着将社会组织管理纳入政府职能转变之中，一些地方相继出台了各自的社会组织管理办法，从而使社会组织开始步入了法制化、规范化的轨道。这其中，专业性的调解劳动关系的社会组织数量将不断增长。因此，加大对专业调解社会组织的扶持力度，规范各类收费调解，并将社会组织调解纳入三方协商机制这个大调解体系，以充分发挥社会组织在劳资纠纷调解领域中的积极作用，成为进一步完善我国三方协商机制、构建社会主义和谐劳动关系的必然选择。

（赖德胜，北京师范大学经济与工商管理学院；李长安，对外经济贸易大学公共管理学院。原文出处：《中国特色社会主义研究》2016年第 1 期，第 42—46 页）

新常态下国有企业和谐劳动关系的构建

韩喜平　周　颖

当前，我国经济发展已进入新常态。新常态呈现出的不同以往的特点，对包括国有企业在内的企业劳动关系产生了直接而深刻的影响：经济增长放缓影响国有企业员工工资增长，但生活费支出并不会同步降下来，甚至还可能有所增长，增加了员工的不安全感；经济结构调整导致加快企业兼并重组，涉及更多批企业员工下岗、解雇或分流安置问题，劳动关系矛盾进入凸显期和多发期；产业结构偏向于第三产业的发展，将对工会的组织化程度提高提出严峻挑战。经济新常态对国有企业劳动关系造成的影响和挑战，迫切需要从短期措施和长效机制两方面寻求妥善防范和有效化解的对策。

一　政府引导是构建国有企业和谐劳动关系的重要保障

政府引导是近现代以来各国协调劳动关系的重要特征。政府在劳动关系中主要扮演五种角色：政府扮演第三方管理者角色，为劳资双方提供互动架构与一般性规范；政府扮演法律制定者的角色，通过立法规定工资、工时、安全和卫生的最低标准；如果出现劳动争议，政府提供调解和仲裁服务；政府作为公共部门的雇主；政府还是收入调节者。

改革开放以来，我国政府高度重视国有企业和谐劳动关系构建，一是推动劳动关系建立进入法治化轨道。相继颁布了《劳动法》《企业劳动争议处理条例》《就业促进法》《劳动合同法》《劳动争议调解仲裁法》《劳动保障监察条例》等，为规范国有企业劳动关系和劳动争议调处提供了法治保障。二是初步建立了劳动关系协调机制。全国省一级和市一级的劳动关系三方(国家、企业、职工)协商机制基本建立,并逐步向县(市、区)和产业一级延伸。三是加强了劳动人事争议调解仲裁工作。2009年,人力资源和社会保障部下发了《关于进一步做好劳动人事争议调解仲裁工作的通知》,全国各级劳动保障监察机构按照《通知》要求,加大了查处各类劳动保障违法案件力度,对突出违法问题开展专项整治,联合开展清理整顿人力资源市场秩序专项行动,及时有效处理劳动人事争议以应对企业劳动争议增多问题。这些努力,对于形成目前国有企业较为和谐的劳动关系具有重要意义,也是国有企业构建和谐劳动关系的前提基础。但与经济新常态提出的新挑战新要求相比,仍有较大差距。

一是法律尚有完善空间。在经济新常态下,国有企业改制、搬迁、股权变更、转型裁员、劳动者权益保障问题日益突出。为此,应当加快立法进程,完善落实劳动关系法律法规,依法惩处各种违法行为特别是侵犯劳动报酬权、休息权、劳动安全卫生保护等涉及职工基本权益的行为;完善劳动基准法律制度,解决分散存在于《劳动法》《劳动合同法》及一些行政法规、规章之中的劳动基准法律规范因位阶不同、立法时间不一导致的冲突;完善基准制度,解决定员定额基准,填补劳动者加班超时等立法空白。同时,还"应当完善《公司法》《劳动法》关于企业并购、分支解散时劳动关系的存续规则及适用范围,特别是完善劳动者的参与规则,明确违反劳动者参与企业并购规则的法律后果"。

二是健全工资决定和正常增长机制。经济发展进入"新常态",国有企业一方面转型升级压力加大,另一方面又面临着用人成本上涨的问题,员工工资增长好像是个很矛盾的问题。但"这两年,职工平均工资的变化刚刚与GDP增速相匹配。虽然农民工的工资增速很快,但并没有超过劳动生产率的增长速度。从这个意义上说,中国经济的增长要素还有很多,工资的增长空间也仍然很大"。新颁布实施的《关于构建和谐劳动关系的意见》也将"取得劳动报酬的权利"列为四项基本劳动权益之首。把经济增速放缓问题与减少劳动者的工资收入等同起来,是绝对不可取的。政府要通过改善生产经营环境,适时减免税收,减轻企业负担,为企业获得比较稳定的增长创造环境,提升企业提高劳动者工资待遇的意愿和能力。

三是完善劳动关系协调机制。国有企业和谐劳动关系构建,不提倡以对抗方式协调劳动关系,不简单照搬西方的工会维权理念解决劳资矛盾,要体现中国特色和中国国情。完善劳动关系协调机制，不仅仅是企业和劳动者之间的问题，而是涉及企业、员工以及政府三者之间关系的复杂问题，应通过多种协调手段完成。要充分发挥协调劳动关系三方机制的作用，加强政府与工会、企业组织三方合作，对三方协调的原则、职能、内容、程序加以规范，建立协调平台，保持三方的经常性沟通与协调，共同协调解决劳资问题；要畅通立体化职工诉求表达渠道，继续发挥座谈会、定期走访、专门工作室等传统诉求渠道的作用，建立微博、微信等新媒体诉求表达平台，使企业能够深入了解员工的愿望及需求，关注企业员工的心理波动，满足员工心理契约预期；完善劳动争议处理机制，实行劳动关系预警网格化管理，建立预警预报互通制度，发挥预警的前端性作用；同时，要提高劳动仲裁的效力，加强仲裁机构与司法机关的联动协作，妥善化解劳动纠纷。

二　劳资力量均衡是构建国有企业和谐劳动关系的基础条件

计划经济时期，工人阶级的主人翁地位得到了显性显现，但随着市场经济体制的建立，国有企业不再由政府包办，成了独立法人实体和市场竞争主体，并建立起与之相适应的劳动用工制度、收入分配制度，劳动关系发生了根本性变化。国有企业劳动关系的变化，并没有从根本上改变工人阶级和劳动者的主人地位，也没有改变国有企业劳动关系的社会主义性质，这是由我国的国家性质决定的，由我国的国体、政体决定的。但从具体的企业劳资纠纷来看，市场经济条件下，随着体制改革的深化和劳动者维权意识的增强，国有企业劳动关系矛盾也在明显增多。"在国有企业出现的劳资冲突，主要是由于企业改制、关闭破产和裁员过程中劳动者权益受损所致。如经济补偿标准过低、社会保险关系难以接续和职工得不到合理安置，或改制方案不按法律程序运作，不提交职工代表大会审议通过，无视职工的知情权和民主参与权，搞暗箱操作等。在非国有企业出现的劳资冲突，主要是劳动条件和就业条件恶劣，特别是企业拖欠职工工资问题已经成为劳资冲突的主要原因。"这些矛盾一旦处理不及时，就有可能激化，影响社会稳定。

政府要创造条件促进劳资力量均衡。在市场经济条件下，劳资矛盾和劳资冲突某种程度上是不可避免的。在成熟的市场经济国家，劳资冲突在某种程度上成为解决劳资矛盾的一种手段，是弱势地位的雇员对处于强势地位的雇主施加压力的一种手段，所以，政府有时对于一定范围内的劳资冲突采取保护或放任的态度，从而增强劳动者的力量，平衡劳资关系力量对比态势。我国国有企业与工人没有根本利益上的矛盾，政府调解劳资矛盾和冲突，不能像西方国家一样，抬一方打一方，但也要防止一些地方政府对国有企业不良行为的护短。"个别地方政府在劳资矛盾或冲突中，完全站在雇主方面，结果将劳资矛盾转化为工人和政府的矛盾和冲突。这种做法似乎在维护稳定，实际上不仅酝酿了更严重的社会不稳定，而且还形成了政治不稳定的严重隐患。"政府要扮演"公正者"的角色，确保市场经济条件下劳资关系的权利平等，平衡缓释劳资关系，不能以发展经济为理由，在劳动争议案件的处理中偏袒企业，更不能因为政府的偏私，造成劳资体制失衡，引发受损工人寻求体制外的救济或自救。

企业要承担劳资和谐的社会道德责任。我国国有企业是国有经济的重要组成部分，是全民所有制的一种实现形式，其公有制性质决定了国有企业不能仅仅以实现价值最大化为目标，必须承担社会主义国家赋予的其他类型企业无力承担的责任。国有企业承担劳资和谐的责任，不仅是一种道德责任和社会责任，更是一种政治责任。这种责任，在经济新常态下不仅体现为工资、保障方面的物质责任，而且还包括技能培训和思想培养责任。国有企业要保证经济新常态下工人工资福利与企业发展的正相关性，重视改善工人工作、生活条件，在全社会为企业"以工人为本"树立表率。这种责任虽然短期来看对企业造成了一些经济损失，但有利于形成国有企业发展的长期优势。

工会要切实发挥维护职工群众合法权益的职能。工会维权要讲全面，也要讲重点，重点就是职工群众最关心最直接最现实的利益问题，就是职工群众面临的最困难最操心最忧虑的实际问题，在经济发展的基础上不断提高职工群众生活水平和质量，使他们不断享受到改革发展成果。工会要自觉把维权工作纳入党政主导的维护群众权益机制，依法保障职工的劳动就业权利、获得劳动报酬的权利、休息休假的权利、获得劳动安全卫生保护的权利、享受社会保险的权利和接受职业技能培训的权利。

企业民主管理是企业职工权利行使的重要平台。工人参与企业管理是体现国有企业工人主人翁地位的显著标志，由我国的国家性质决定和工人阶级的领导地位决定。过去，国有企业民主管理的主要形式是职工代表大会，而随着社会主义市场经济的发展，除职工代表大会外，还出现了职工董事、职工监事、厂务公开等新的企业民主管理形式。要进一步加强和改进国有企业民主管理，"要健全以职工代表大会为基本形式的企事业单位民主管理制度、厂务公开制度，组织职工依法实行民主选举、民主决策、民主管理、民主监督，使职工群众的知情权、参与权、表达权、监督权得到更充分更有效的保障"。

以思想政治工作引导职工正确对待利益关系调整。劳资力量抗衡，有体制因素、利益因素，也有认识不到位的因素。要"注重职工的精神需求和心理健康，及时了解掌握职工思想动态，有针对性地做好思想引导和心理疏导工作，建立心理危机干预预警机制"。引导"我国工人阶级和广大劳动群众要发扬识大体、顾大局的光荣传统，正确认识和对待改革发展过程中利益关系和利益格局的调整，正确处理个人利益和集体利益、局部利益和全局利益、眼前利益和长远利益的关系，树立法治观念，增强法律意识，自觉维护社会和谐稳定"。要及时发现职工群众工作生活中的难点热点问题，主动提供及时有效的思想引导，积极应对新问题、新现象，开辟思想政治工作的新阵地。

三　集体协商是构建国有企业和谐劳动关系的重要机制

在西方国家，集体谈判是调整劳动关系的一种通用机制。我国劳动法规没有采用"集体谈判"这个名称，而是称为"集体协商"。集体协商制度在20世纪90年代初进入我国。1994年颁布的《劳动法》、2001年修改后的《工会法》都对集体协商作了规定。我国的集体协商制度建设总体上还处于起步阶段，存在着诸如流于形式的不足。概括其原因，一是《劳动法》《劳动合同法》《工会法》对集体协商的规定过于原则，难以操作。而原劳动和社会保障部的《工资集体协商试行办法》作为部门规章，效力又非常有限。二是国有企业工会、管理者定位难。工会享有集体谈判权，这是法律赋予工会的权利，但国有企业的工人是企业的主人，不是资本主义制度下和私营企业中的雇佣劳动者，国有企业的经理也不是资本主义企业和私营企业的雇主，而是工人阶级的一分子，是工会的成员，国有企业实行集体协商和集体合同制度面临理论和实践上的双重探索。三是协商环节缺位。集体协商是一个讨价还价、求同存异、解决矛盾的过程，集体协商达成的协议只是协商的最终结果。但在实践中，有的地方重签约、轻协商，把协商变成了签合同，变成了完成"达标"任务。合同条款大多照抄法律法规，原则性条款多，结合企业实际的少，对劳动关系有协调力度的条款更少，结果只能是协商流于形式。

在经济新常态下，国有企业处于经济下行期，这或许为全面规范和调整集体协商制度提供了重要机遇期。要抓住这个机遇，一是完善相关法律法规。完善工资、工时等劳动标准，使集体协商具有可操作性的依据；完善集体协商刚性程序，当工会提出集体协商要约时，企业必须把回应邀约当成义务来履行，履行义务不到位就要承担相应的法律责任；完善集体协商争议处理制度，劳动争议仲裁部门在集体协商在规定时间内不能解决争议时，有权采用强制仲裁方式解决集体合同利益争议。二是要解决国有企业集体协商中工会与谁协商的问题。应按照国际通用规则和我国实践，明确在国有企业拥有对设定工资、利润分成、劳动用工等这些重要事情决定权的，就是法律意义上的雇主。在集体协商过程中，国有企业经理是以资本的人格化代表出现的，已经不是劳动关系中的劳方。他们在集体协商和集体协议中是雇主一方，而不属于工会方代表的成员。三是政府要在集体协商制度中发挥指导与服务作用。政府不能干预具体协商过程，但要承担起制定规则、创造条件、处理争议、提供信息的角色。不断完善集体协商的制度规则，细化集体协商的内容、程序、形式；进一步明确集体协商双方的权利与义务，解决劳动者"不敢谈"、企业"不愿谈"的问题；增强企业自主调整劳动关系和解决纠纷的能力，对于重大劳动争议及时调停；建立和完善相应的数据信息发布制度，定期公布工资指导线、行业劳动定额标准等与集体协商密切相关的信息，减少集体协商中的盲目性和片面性。

（韩喜平、周颖，吉林大学马克思主义学院。原文出处：《理论探索》2016年第1期，第75—79页）

马克思和谐劳动关系思想及其当代价值

杨　娟

一　马克思和谐劳动关系思想的主要内涵

马克思从揭示劳动的本质入手，以对异化劳动的批判为逻辑起点，对共产主义社会的自由劳动展望为终极指向，提出了"快乐劳动、体面劳动""劳动公平正义"和"劳动自由创造"的和谐劳动观，构建了完整的劳动价值理论体系，成为马克思主义哲学基础理论的重要组成部分。

1.揭示劳动的本质是马克思和谐劳动关系思想的理论起点。马克思从四个方面与层次揭示了劳动的本质：（1）劳动创造了人本身，体现着人的本质，是人类区别于其他生物的根本特质。（2）劳动是人的本质属性，是人类得以生存和发展的必要条件，是不以一切社会形式为转移的人类的生存条件，是人和自然之间的物质变换即人类生活得以实现的永恒的必然性。（3）劳动是人存在的方式，是人类获取社会物质资料和精神资料以维持生存的根本条件和源泉，是一切历史的前提和基础。（4）劳动是人展示本质力量、发展自己的本质力量的过程，在劳动发展的同时，人的本质力量和人的创造力也得到了极大的发展。在揭示劳动本质的基础上马克思阐述了自己的劳动观："我的劳动是自由的生命表现，因此是生活的乐趣。"

2.建立以公有制为基础的、人民当家做主的社会制度，是实现人的自由全面发展的前提和基础，是马克思和谐劳动关系思想重要的理论贡献。马克思认为劳动表现为双重关系：一方面是自然关系；另一方面是社会关系，社会关系的含义在这里是指许多个人的共同活动。劳动的自然关系表现为人的主体能动性越强、劳动能力越高，人通过劳动和自然进行物质变换过程中越处于主动地位，社会生产力会不断获得发展。劳动的社会关系，即人与人的关系则随着社会的发展变化而变化，在原始社会表现为多个人的分工协作获取更多的物质资料，从而使人类社会得以发展，在奴隶社会、封建社会及近代资本主义社会，随着私有制的出现，则出现了奴隶劳动、徭役劳动、雇佣劳动等异化劳动，不同个体在劳动中分化为不同的地位和生存状态："有产阶级在这种自我异化中感到自己是被满足的和被巩固的，它把这种异化看作自身强大的证明，并在这种异化中获得人的生存的外观。而无产阶级在这种异化中则感到自己是被毁灭的，并在其中看到自己的无力和非人的生存的现实"，劳动对于一部分人来说成了谋生的手段，不再是生命的需要，劳动本身成为一种桎梏。马克思指出，只有消灭私有制，建立以公有制为基础的全体人民当家做主的共产主义社会才能真正实现人的自由全面发展，建立一种不同于资本主义异化劳动的全新的劳动关系，才能实现充分的、体现人的自主性、创造性的自由劳动，使劳动得到真正的解放。

3. 从事劳动的自由、自由地从事劳动、快乐体面地劳动和确保劳动公平正义，是马克思和谐劳动关系思想的主要内容。人有从事劳动的自由是构建和谐劳动关系的前提。马克思认为劳动是人的本质与内在规定，是劳动者的自我表达和社会认可、肯定方式。人只有在劳动中才能将自己的官能全部打开，在满足物质需要生产的同时，按照美的规律进行生产，并在劳动中不断发展，这是人之为人的本质，也是建立劳动关系的前提。人能快乐体面地从事劳动是建立和谐劳动关系的重要基础。马克思指出劳动创造人，劳动者只有体面地劳动才能为其他人创造更好的劳动产品、更好的生活条件。如果人无法快乐体面地从事劳动，人们就会像逃避瘟疫一样逃避劳动，或者消极怠工，甚至采取暴力反抗手段，和谐劳动关系就无从谈起。确保劳动公平正义是实现和谐劳动关系的根本保障。公平正义是劳动关系的基本价值标准。马克思认为，如果无法确保劳动公平正义，劳动者将在他们那里已经失去了任何自主活动的假象，而且只能用摧残生命的方式来维持他们的生命，人们就会失去劳动的自主性和创造力。人能自由地从事劳动是建立和谐劳动关系的根本目标。

二　马克思和谐劳动关系思想的当代价值

当前，中国经济进入全面发展的新常态，经济增速放缓，"三期"叠加效应、过剩产能处置等问题集中并发，各种矛盾和问题相互交织。新常态给构建和谐劳动关系带来新挑战。马克思的和谐劳动观，对于当前构建社会主义和谐劳动关系具有重要的启示意义。

1. 构建社会主义和谐劳动关系必须大力弘扬正确的劳动观。要使全体社会成员深刻认识到劳动是人的本质属性，是人存在的根本方式，是获得社会认可的根本途径，是创造幸福的根本源泉。人只有通过辛勤劳动、诚实劳动、创造性劳动，才能实现自身的发展、获得生活的幸福。引导广大人民群众自觉树立劳动光荣的思想理念，坚决抵制与摒弃好逸恶劳、不劳而获的错误思想，形成热爱劳动、尊重劳动的良好社会风尚。要进一步激发全社会参与劳动的积极性、主动性、创造性，使人人参与劳动、共同为社会创造财富、共同分享社会财富成为全社会的基本价值取向。要使广大劳动者充分认识到劳动是展示本质力量的过程，知识和技能影响着劳动的最终成效，引导广大劳动者树立终身学习理念，不断提高自身素质，增强参与社会竞争的能力。

2. 构建社会主义和谐劳动关系必须坚持中国特色的社会主义道路、坚持中国共产党的领导。坚持中国特色社会主义道路是构建社会主义和谐劳动关系的根本。中国特色的社会主义实行以公有制为主体、多种所有制共同发展的基本经济制度，使劳动关系表现为全新的平等合作的关系。人民群众成为国家的主人，党和国家代表全体人民的利益，通过立法、制定政策等措施保障劳动者的劳动权利，实现了国家、社会、企业、劳动者根本利益最大程度的一致性。坚持中国特色的社会主义道路，就是要进一步巩固和发展好以公有制为主体的经济制度，全面推进深化改革，确保国有资本的保值增值，使全体人民能够更多更好地分享社会发展成果。要加强劳动关系运行机制的法制化、规范化建设，促进劳动关系双方地位的平等与力量的均衡，更好地处理好双方利益关系，确保劳动公平正义，更好地激发广大劳动者的积极性、创造性。坚持中国共产党的领导是构建社会主义和谐劳动关系的核心。历史实践证明，党的坚强领导，是中国经济社会健康持续发展的根本保证,也是最广大人民群众利益得以有效保障的根本。坚持中国共产党的领导,就是要坚持党总揽全局、协调各方的领导核心作用,推动社会各方达成共识,营造构建社会主义和谐劳动关系的良好环境。要大力推进党建改革,确保党的纯洁性,增强党的先进性,使党始终成为最广大人民群众利益的代表者。

3.构建社会主义和谐劳动关系必须坚持以人为本的科学发展观。首先,要切实保障劳动者从事劳动的权利和自由,要坚持实施积极的就业政策,创造更多就业岗位,为劳动者从事劳动提供机会。其次,要切实加强劳动保障制度及法制法规建设,提高劳动者依法维权能力,维护劳动者权益。要不断提高劳动者就业质量,改善劳动环境,增加劳动者劳动报酬,切实保障劳动者能体面地从事劳动。再次,要进一步开展群众路线实践活动,深入人民群众实际生活,切实了解人民群众的真实需求,扎实解决好群众最关心最直接最现实的利益问题。要不断强化对劳动者的人文关怀,高度重视劳动者的精神需求和心理健康,采取切实措施丰富劳动者业余文化生活,切实保障劳动者能快乐地从事劳动。最后,要强化劳动者技能培训,不断提高劳动者整体素质,促进劳动者全面发展,为劳动者自由地从事劳动提供便利条件。

4.构建社会主义和谐劳动关系必须大力发展社会生产力。生产力是人类生存和社会发展的决定力量,没有高度发达的社会生产力,就不可能建设和谐的劳动关系。大力发展生产力,在当前,就是要在"三个有利于"的前提下,大力推进"四个全面""五个发展理念"的战略布局,推动我国经济社会健康发展。要进一步深化改革,不断调整生产关系中与生产力发展不相适应的部分。要深入实施科教兴国战略,不断推进科技创新。要大力实施人才强国战略,高度重视科技教育,把提高人口素质作为一项长期的战略任务,常抓不懈、抓铁有痕。要坚定不移地实施创新驱动发展战略,不断推进企业创新,提高企业社会竞争力。要不断优化企业发展环境,加大企业政策扶持力度,有效激发市场主体创造活力,提高企业盈利水平,进而为劳动者提供更高的劳动报酬和更好的劳动环境,为劳动双方互利共赢、平等合作奠定坚实的物质基础。

三　加强马克思和谐劳动关系思想教育

1. 加强马克思和谐劳动思想理论研究，为构建中国特色的和谐劳动关系提供理论支撑。加强马克思和谐劳动观的理论研究，是建立中国特色和谐劳动关系理论的重要途径。加强马克思和谐劳动思想的理论研究，要建立专业的研究人才队伍，确保研究的科学化与系统化。要加大对马克思和谐思想理论研究的投入力度，为理论研究提供切实的经费保障。在研究方法上，要以马克思主义基本原理为准则，以科学发展观为指导，以群众实践经验为基础，以预防危机出现和降低危机危害程度为宗旨，以构建有中国特色的社会主义和谐社会为目标，注重理论研究的实践性、实用性和可发展性。

2. 大力推动马克思和谐劳动思想与中国传统文化及当前实际相结合，形成完善的有中国特色的社会主义劳动关系思想体系。要加强有中国特色的社会主义劳动思想体系内容的研究与开发，加大对和谐劳动思想体系研究的力度和资金投入，建立专门的教育经费管理制度。要大力推动把马克思和谐劳动思想与中华民族固有的勤奋、宽容、仁爱等优秀传统文化相结合，形成针对性强、操作性强、科学化、系统化、易被民众广泛接受的理论体系。要紧密联系当前建立和完善社会主义市场经济体系的实际情况，对马克思主义劳动观进行理论创新，形成完善的、超越和发展的有中国特色的劳动关系理论，并进而以中国特色社会主义劳动理论重塑广大劳动者勤奋、诚实、创新劳动的情操。

3. 加强马克思和谐劳动思想教育，强化劳动价值认同，广泛凝聚人民共识，为构建和谐社会奠定坚实基础。当前，我国正处于社会转型期，各种文化思潮不断涌现，国外敌对势力的文化渗透更加隐蔽与频繁。强化劳动价值认同，成为当务之急。要大力加强马克思和谐劳动关系思想教育，以马克思和谐劳动观引领劳动关系建设。积极推动劳动关系法制化建设，不断完善具有中国特色的劳动关系法制体系，将和谐劳动关系建设全面、系统地纳入法制化轨道。要建立完善的教育体系，形成以政府为主导、社会各方共同参与、协调发展、自动调节的教育机制。要不断创新教育形式，强化活动载体，积极开展寓教于乐、形式多样的教育活动，通过专家讲座、开办培训班等形式，强化和谐劳动思想教育。要高度重视青少年和谐劳动思想教育，积极推动危机教育进校园、进教材、进大脑。要充分利用报纸、杂志、电视、网络等现代信息传播载体，构建综合化、立体化、数字化的教育传播体系，增强宣传教育的覆盖率、辐射率、渗透率，在全社会树立客观、全面、辩证的思想导向，营造良好社会氛围。

（杨娟，中国社会科学院健康业发展研究中心、中国华融资产管理股份有限公司。原文出处：《理论与改革》2016年第3期，第26—29页）

企业工会效用与员工满意度相关性分析

杨正喜　　冯嘉萍　　朱妍然　　颜家鹏　　许燕玲

近年来，随着工人增长工资诉求日趋强烈，围绕增长工资的工人罢工事件不断增多，这对工会提出挑战。维护职工合法权益是工会的基本职责，但工会是否能真正代表工人利益，以及在哪些方面能代表工人利益，受到各方面的关注。在一些小的港资企业和私营企业中，基本没有工会。而一些大型企业法人治理结构相对完善，有较完善的工会等机构设置。这一类企业工会是否在劳动保护、工资增长、提升福利方面能发挥相应的作用？在发挥作用方面，工会在哪一个方面的作用最为明显？工会发挥作用是否能提升员工满意度？这对我们理解工会角色以及未来工会改革具有重要意义。

一　理论分析与研究假设

（一）工会效用

理查德·B.弗里曼和詹姆斯·L.梅多夫在《工会是做什么的？》一书中指出，在大多数环境条件中，工会代言人/应答人面孔的正效作用抵消或胜过了垄断者面孔的负效作用。其分析表明，在效率和效益方面，垄断者面孔的工会减少了工会企业部门的就业量，代言人/应答人面孔的工会对资方管理有所促进，让工人的报酬水平价值更高；在分配问题上，代言人/应答人一面的工会削减了工资的不平等并降低了利润率；在社会性组织方面，大多数工会为其所属的全体劳工提供政治发言权，而且他们在推进普遍性社会立法上的效率，要高于它们在国会赢得特殊利益立法上的效率。在一个政府、企业和工会合作不

充分——有时有利于普遍利益,有时有悖于普遍福祉——的经济体中,工会有了发挥作用的空间,不仅提高了成员的福利,也改善了整体社会的利益,从而提高了工会的产品和服务的总量,包括工人的尊严和权利。

受这一研究的启发,该研究将劳动法所列劳动者劳动权利如取得劳动报酬的权利、休息休假的权利、获得劳动安全卫生保护的权利、接受职业技能培训的权利、享受社会保险和福利的权利、提请劳动争议处理的权利以及法律规定的其他劳动权利归纳为劳动保护、工资和福利,并相应从劳动保护、工资增长和提升福利这三个维度对企业工会效用进行探讨,并假设工会在这三方面发挥积极的作用。

(二)员工满意度

员工满意度是员工的一种主观的价值判断,是员工的一种心理感知活动,是员工期望与员工实际感知相比较的结果。由此,该文把工会维护和代表职工合法权益,根据工会三大效用从劳动保护、工资和福利三个大的方面来考量,并通过员工这三个方面满意度来分析工会效用。工会作为劳资双方沟通中的重要桥梁,能否代表和维护工人权益?工会在企业中是否发挥其作用?工会在哪些方面发挥作用更突出?基于此,该文提出以下假设:

H1:企业工会在劳动保护方面发挥的效用与员工对工会的劳动保护满意度呈正相关关系,工会在增强劳动保护方面起积极作用。

H2:企业工会在促进工资增长方面发挥的效用与员工对工会的工资增长满意度呈正相关关系,工会在促进工资增长方面起积极作用。

H3:企业工会在提升福利水平方面发挥的效用与员工对工会的提升福利满意度呈正相关关系,工会在提升福利水平方面起积极作用。

H4:工会在提升福利水平方面发挥的作用比在增强劳动保护和促进工资增长方面的作用大。

二 数据来源与变量描述

该文数据源自课题组在2014年5—6月对广州珠江啤酒股份有限公司、广汽本田汽车有限公司的员工问卷调查。该文通过选择两家工会功能较为健全的具有代表性的企业中工会效用发挥的状况与员工满意度之间的关系进行小样本分析，通过对数据的预处理阶段加入劳动保护、工资和福利三大因子分析，可以对原始数据所包含的信息进行明确归类，以简化运算数据。同时减少自变量之间分布的差异，以及由于数据差异造成的不可比性，避免了信息的重复。同时通过对代表性企业的调研一方面得出的调研结论适用于绝大部分企业，利于发现问题并寻找解决方案，另一方面可以在既定的精确度和可靠性下，使调查费用尽可能少，保证抽样推断的最大效果。问卷调查遵循随机抽样的原则，在课题组成员的现场监督下，向企业员工发放问卷并要求其如实进行调查问卷填写。共发放问卷179份，回收问卷179份，其中有效问卷152份，有效回收率为84.9%。变量的基本统计特征见表1和表2。

表1　　　　　　　　　　企业工会效用状况描述

单位：%

		很有用	比较有用	作用一般	没什么作用	完全没作用
劳动保护	检修和更新车间的安全保护措施	19.3	37.3	28.7	11.3	3.3
	组织劳动安全卫生教育	56.0	22.7	8.7	6.4	6.4
	薪酬调整	16.0	25.3	34.0	17.3	7.3
福利	购买社会保险方面	29.3	39.3	22.0	6.0	3.3
	各种补贴	30.0	38.0	23.3	7.3	1.3
	休息休假权利	22.7	44.0	23.3	6.0	4.0
	服务性福利	26.0	40.7	26.0	5.3	2.0

表2　　　　　　　　　　员工满意度描述

	很不满意	不太满意	一般满意	比较满意	非常满意	满意度平均分
劳动保护方面	2.0%	3.3%	20.7%	48.7%	25.3%	7.34
促进员工基本工资提高方面	8.7%	12.0%	24.7%	36.0%	18.7%	6.35
争取获得各种福利方面	2.0%	2.7%	22.0%	37.3%	36.0%	7.54
对企业工会工作的总体满意度	2.0%	4.0%	21.3%	40.7%	32.0%	7.43

三　实证分析

（一）工会效用与员工满意度交互与相关性分析

工会效用与员工满意度之间是否相关？H1、H2、H3 是否成立？为此，对工会效用与员工满意度进行交互分析与双相关性分析。结果表明：（1）安全保护设施（sig=0.000，r=0.585）、安全教育工作（sig=0.003，r=0.244）与劳动保护满意度存在显著相关，且呈正相关关系。因此，企业工会在安全保护设施方面发挥作用越强，工会组织劳动安全卫生教育频率越频繁，员工对工会在劳动保护方面发挥效用就越肯定，员工对其满意度越高。因此，H1 成立，工会在增强劳动保护方面起积极作用，即企业工会在安全保护方面发挥的效用与员工对工会的劳动保护满意度呈正相关关系。（2）工会在薪酬方面发挥效用的与工资增长满意度两变量间是显著的正相关关系（sig=0.000，r=0.440），即企业工会在薪酬调整方面发挥的作用越突出则员工对工会促进工资增长的满意度越高。尽管企业工会在促进工资增长方面发挥的效用与员工对工会的工资增长满意度呈正相关关系，但工会在薪酬调整方面发挥的作用有限。因此，H2 不成立。（3）工会在促进保障性福利、物质性福利、服务性福利、休息休假权利方面发挥的效用与提升福利满意度存在显著的相关性（sig=0.000），且都是正相关关系（r=0.463、0.553、0.492、0.408）。因此，H3 成立，即企业工会在提升福利水平方面发挥的效用与员工对工会的提升福利满意度呈正相关关系，工会在提升福利水平方面起积极作用。

（二）工会效用现状与员工满意度回归分析模型

1. 企业工会效用现状与员工满意度回归分析模型的构建

初步假定员工对工会的劳动保护满意度、工资增长满意度和提升福利满意度为自变量，员工对工会的总体满意度为因变量，对相关数据进行偏相关性分析。结果表明，在控制其他的因素的作用后，劳动保护满意度和总体满意度存在正相关关系；提升福利满意度和总体满意度存在正相关关系；而工资增长满意度和总体满意度的相关性不显著。究其原因，一是工会在集体谈判中的弱势使其在促进工资增长方面发挥的作用很小，而且随着市场化经济的建设，企业收益的多少直接影响员工的薪酬水平，从而进一步降低了工会在工资增长方面的作用。因此，员工在工会促进工资增长方面发挥的效用的满意度，对工会的总体满意度影响不显著。

将初步拟定的自变量——劳动保护满意度、工资增长满意度和提升福利满意度，以及因变量总体满意度进行回归分析。结果显示：提升福利满意度对总体满意度的影响最大，其次是劳动保护满意度，最后是工资增长满意度。工会在提升福利水平方面发挥的作用比在增强劳动保护和促进工资增长方面的作用大，从而验证 H4 成立。

2. 企业工会效用现状与员工满意度回归分析模型的检验

利用 SPSS2.0 软件，对以上建立的回归模型进行独立性检验、正态性检验和方差齐性检验。由独立性检验得出该模型的 Durbin-Watson 值为 1.893，大于 Durbin-Watson 取值范围的上界，说明残差间是相互独立的。对回归模型进行正态性检验后，发现模型的残差基本上服从正态分布，没有严重的偏离正态分布假设。因此，所构建出来的回归模型的残差满足服从正态分布的条件。对回归模型进行方差齐性检验后，拟合的直线平行于横坐标，因此残差满足方差齐性的检验。可见，拟合的回归模型的残差满足独立性、正态性和方差齐性等基本条件，即所拟合的二元回归线性模型是具有统计意义的，进一步论证了 H4 成立，即工会在提升福利方面的效用比增强劳动保护和促进工资增长的效用大。

3. 企业工会效用现状与员工满意度回归分析模型的分析

从回归模型中可以看出，员工对工会的总体满意度主要受员工对工会在提升福利方面的满意度和在劳动保护方面的满意度这两者的影响，其中提升福利满意度对总体满意度的影响是最大的，而工资增长满意度对总体满意度影响不显著。从对工会增强劳动保护的效用与劳动保护满意度、工会促进工资增长的效用与工资提高满意度、工会提高福利水平的效用与福利满意度的相关性分析中，确定了工会在各个维度的效用与相应的满意度是正相关关系。因此，员工对工会各个维度的满意度间接反映了工会相应的效用状况。从而，回归模型验证了 H4 的成立，即工会在提升福利水平方面发挥的作用比在增强劳动保护和促进工资增长方面的作用大。

四 结论与启示

通过研究发现，工会在工人的劳动保护、福利水平的提升等方面发挥着积极作用，但在工资提高方面发挥作用相对较小；同时，工会在提升福利水平方面发挥的作用比在增强劳动保护和促进工资增长方面的作用大。随着劳动关系的市场化和劳资纠纷的增多，工人对工会维护职工权益的诉求也不断增加，对工会角色提出新的要求，工会意识到向市场经济转型意味着工会在代表工人利益方面要起到更积极的作用。这就要求这些从传统国企变革过来的企业工会发挥重量作用，尤其是在劳动争议和工资增长这些方面。

第一，发挥企业工会在劳动保护方面的积极作用，有助于更好地激励员工，从而提高生产效率，增加企业的效益。政府和社会要把更多的资源赋予工会组织，企业要给予工会在劳动保护方面更大的发展空间以及更多的支持力度，为工会工作提供更好的环境和条件，力争让工会发挥其在劳动保护方面应有的作用，为员工争取更多的权利，切实维护员工的劳动安全利益，营造一个良好的生产环境，从而提高生产效率。

第二，企业工会应积极推进工资集体协商制度的落实，积极为员工争取工资利益，实现企业与工人共建共享。然而，工会真正通过平等协商和集体合同制度，协调劳动关系，维护企业职工劳动权益，还存在相当的难度。为了改变工会与企业在工资分配制度和工资收入水平等制度协商上的力量不对称局面，政府要支持工会与企业沟通，在工资集体协商制度上争取更多的话语权，从而为员工争取更多的工资利益，实现企业与员工共建共享。

第三，企业工会积极参与企业福利事宜，促进员工福利提升，可进一步保障员工的利益，同时为企业的稳定发展提供保障。企业应在现有的基础上，以社会化和高层次水平为方向，满足员工多层次的福利需求，优化员工福利结构，提高福利水平，有助于企业维持劳动力再生产，提高企业生产效率，实现企业留住、吸引和激励人才的目标，提升企业竞争力。

第四，政府要推进企业工会建设，发挥工会积极作用，使之成为工人利益代表者和代言人。作为企业与员工之间理解和沟通的桥梁，工会是员工利益的代表者，应从各方面发挥其作用，包括劳动保护、促进工资增长以及福利提升等多方面。实践上，要减少劳资纠纷，必须充分发挥工会协调作用。当然，工会的全面建设离不开政府的支持。政府应通过立法等措施，为工会的建设提供一个平稳的发展环境。工会如果能够切实维护职工合法权益，做工人利益代表和代言人，将有利于凝聚、团结职工，促进企业科学发展，实现企业与工人的共建共享，推动经济社会和谐发展。

（杨正喜、冯嘉萍、朱妍然、颜家鹏、许燕玲，华南农业大学公共管理学院。原文出处：《中国人力资源开发》2016年第1期，第97—104页）

社会保障

供给侧改革：降费对社会保险结构性改革的意义

郑秉文

2015 年 12 月召开的中央经济工作会议提出供给侧结构性改革，并进一步指出要降低社会保险费。实际上，社会保险主要完成两项任务：一是将多年来居高不下的社会保险费确实降下来，以确保供给侧结构性改革顺利进行；二是以降费为契机，按照三中全会精神，对社会保险制度进行全面深化改革，通过制度的结构性改革，达到降费不减收入、降费不减待遇、降费坚持精算平衡的目的。

不同社会保险项目所面临的降费压力是不同的，存在的问题也是不同的，应对措施和改革路径也必然是不一样的。鉴于此，该文基于拉弗曲线理论，以养老保险和失业保险为主要分析对象，对其降费后面临的潜在风险和挑战进行详细分析，并对降费倒逼制度结构性改革的现实意义做出回答。

一 理论分析：拉弗曲线的解释

拉弗曲线可以很好地解释高税率低税收的这个奇特现象：当税率是零时，税收也是零；当税率是 100% 时，即所有的收入都缴税的情况下，工厂便停业，税收也是零。在这两个端点之间，当税率越高时，税收收入越多，但如果税率超过某一限度，企业经营成本大幅度提高，企业主不愿再扩大投资，税基就会减少，政府的税收也相应减少。正常情况下，社会保险费率越高，制度的缴费收入越多，但当费率水平超过一定的限度时，企业难以承受过高的经营成本，逃费现象增多，制度收入开始减少，拉弗曲线开始出现转折。费率过高之所以导致缴费收入出现"断崖式"下滑，是因为在道德风险猖獗甚至雇主与雇员合谋、雇主与地方当局合谋、纪律约束受到限制和法不责众的情况下，高费率将导致低收入，也就是说，名义费率很高，但实际收入很低，这是典型的缴费者与决策者之间信息不对称和博弈的结果。

博弈论说明，在政府和企业的"囚徒困境"中，政府无法知晓企业愿意承担多大的缴费义务，企业也无法知晓政府是否愿意承担财务"兜底"的责任或愿意承担多大的兜底责任，博弈双方存在严重的不信任和相互猜忌。在"囚徒困境"中，政府与企业的地位不对等，无法实现对彼此都有约束力的"合作"。因此，猜忌在无法相互约束的情况下将导致双方都采取对各自"超优解"的策略，即政府试图通过制定法规让企业承担较高的缴费比例，以减轻自身的"兜底"责任；而企业则想方设法逃避缴费，试图让政府承担责任，这种不完全信息下的非合作博弈最终的结果是社会总支出受损。

二　养老保险降费：面临潜在财务可持续性风险

中国基本养老保险的收入结构比较复杂，除了"正常缴费""投资收益""财政补贴"之外，还有"非正常缴费"收入，几乎每年都占"正常缴费"的12%左右，这是其他国家罕见的现象。"非正常缴费"由"预缴""补缴""清欠"和"其他"四部分构成，其中"补缴"占了大部分，这部分收入主要来自地方政府的临时决策，即针对临近退休的某个群体在免除滞纳金的条件下，采取趸交的方式，用较少的代价（一般是3万—5万元）加入到养老制度中，从某种意义上说，这是地方政府采取特殊政策"扩大"覆盖面的激励结果，属于"欠规范"的行为。于是，当观察分析2010—2014年养老保险的收入结构时，会发现存在以下三种情景：

情景一：仅将"正常缴费"＋"利息收入"作为总收入的话，每年都收不抵支，这个缺口逐年呈扩大趋势，从2010年的473亿元、2011年的261亿元，扩大到2013年的1067亿元、2014年的2442亿元。

情景二：如果仅加入"非正常缴费"，每年不仅不会出现缺口，还会略有盈余，但盈余呈逐年减少的趋势。2010年盈余为829亿元，2011年为1637亿元，2012年为1478亿元，2013年为806亿元，2014年则出现逆转，即使加上"非正常缴费"，也出现缺口 464 亿元，这说明，"正常缴费"和"非正常缴费"增幅在下降，并低于"总支出"的增幅。

情景三：如果将"非正常缴费"和"财政补贴"等其他收入都纳入，每年就形成了十分可观的结余。在过去 2000—2014 年间，当年的基金结余规模逐年增加，从 2000 年的 163 亿元（总收入 2278 亿元减总支出 2115 亿元），直线上升到 2012 年的峰值 4439 亿元，由此也成为拐点，2013 年首年开始下降，2014年再次下滑。

养老保险制度的收入结构十几年来始终处于一个纠结和复杂的状态：在28% 的费率下，正常收支难以平衡，出现了情景一的情况；因此，降低缴费水平就意味着减少"正常缴费"收入，扩大本来就已存在的收支缺口，于是，短期内沿海发达地区还可以使用累计基金结余弥补缺口，但对中西部本来每年就需要财政补贴的地区来说，地方政府的选择不是加大正在进行的"非正常缴费"力度（情景二），把风险推向未来，就是要求申领更多的财政补贴（情景三），导致更大的财政压力，或是二者并用，使收入结构更加不规范。而长期看，即使基金结余较多的发达地区，其基金余额也将逐渐萎缩，最终不得不诉诸财政手段，届时财政将面临更大的风险。

概而言之，养老保险降费之后面临的主要是潜在的财政风险，应尽快采取有效措施，利用降费的历史性契机，对养老保险的财务可持续性实施彻底改革。

三　失业保险降费：有效覆盖率低的制度缺陷仍未解决

在这轮降费改革中，到 2015 年，唯有失业保险费率下调两次，这充分说明，与其他险种相比，失业保险的缴费水平和基金积累都有较大的调整空间。自 1999 年实施《失业保险条例》以来，失业保险制度的参保人数稳定增长，从1999 年的 9852 万人增加到 2015 年的 1.7326 亿人；随之，失业保险基金收入十分稳定，1999 年为 125 亿元，2015 年为 1368 亿元；基金支出从 1999 年的 92亿元，增加到 2015 年的 736 亿元。由于支出的增长低于收入增长等原因，基金累计结余越来越大，从 1999 年的 160 亿元开始起步，2015 年已达 5083 亿元，增加了 31 倍多。

支出增长率慢于收入增长率的主要原因是失业保险受益人数即失业金领取

人数逐年减少。这是因为，失业保险制度瞄准率低下，广大高失业风险的群体没有被失业保险制度覆盖，而覆盖的主要是低失业风险的正规部门和大中型国企职工，几乎不存在任何失业风险的事业单位人员反而实现了全覆盖。2015年的数据显示，在近千万城镇登记失业人员中只有1/5享有失业金，这就足以说明瞄准率的低下。这种"撇奶油"的做法导致失业保险基金规模持续膨胀，甚至在失业保险基金扩大支出试点已持续10年的情况下，失业保险基金规模依然超过5000亿元。失业保险制度属于大数法则最为典型的制度之一，收入与支出的平衡应维持在经济景气的循环之上。例如，美国的失业保险制度每年收入几百亿美元，七八年遇到一次经济危机和失业高峰，积攒的一两千亿美元全部支出用于反周期；然后，下一个循环开始。所以美国的失业保险基金余额的消长呈现出十分规律的锯齿形状，从未出现过一条向右上方永远攀升无尽头的斜线。因此，美国的参保失业率平均在5%左右，是一条较为平稳的直线，远高于中国，重要的是，与中国直线下滑的曲线形成鲜明对照。

因此，在失业保险基金无节制地快速增长的趋势下，阶段性下调缴费水平，甚至未来长期降至较低的水平，以控制基金规模的增长，减少企业负担，就不是一个非理性的政策选择，尤其在经济下行压力下，失业保险降费就必然首当其冲。需要指出的是，降费无疑对减轻企业负担尤其是控制基金规模做出贡献，但还应考虑这样几个问题：

一是如果领取失业金的人数比例依然很小，基金规模无节制增长的趋势就没有从根本上彻底解决，因为随着失业保险覆盖面的扩大，参保失业率持续走低将是必然的，因此，表面上看，降低缴费率是降低基金增长率的主要手段，是供给侧的主要政策选择，但却未解决基金增长的根本问题。由此得出结论，降低基金增长率的另一个主要政策选择应该是提高领取失业金人数的比例，提高参保失业率。

二是如果绝大部分失业群体没有领取失业金，实际等于变相扩大了低保制度的覆盖范围，即失业群体的家庭人均收入降低之后将有可能自动被低保等来自财政转移支付的社会救助制度所"替补"，这无疑将增加各级财政的支出负担。

三是大部分失业人员在没有领取失业金的条件下即使被低保制度所覆盖，其消费能力和生活水平也大大下降，因为低保的家庭成员补差标准远低于失业金的社会平均工资替代率水平，从全国的层面来看，这就既不利于控制城镇贫困率的发展，也不利于扩大城镇内需，还不利于维护社会稳定。

四是为控制基金增长率而将失业保险费率降到与之相匹配的很低程度时，失业保险支出水平就很低，受益范围很小，仅具有象征意义的失业保险就愈不发达，现实中代之而盛行的将是"辞退赔偿金"现象。

上述分析显示，失业保险降费可以减少企业负担，但失业保险制度存在的诸多问题却仍未解决，长期看将不利于劳动力市场建设。

四　结语

（一）降费后五项社会保险结构性改革的政策思考

在供给侧方面，社会保险降费之后应加快改革步伐，针对不同险种各自存在的问题制订不同的改革方案。如前所述，养老保险的问题主要是制度收支的平衡问题，降费后这个矛盾将会尖锐起来，正如十八届三中全会和中央经济工作会议指出的，近期主要改革任务有两项：一是完善个人账户制度以加强多缴多得的激励机制，二是尽快实现全国统筹以减少财政风险。失业保险的问题主要是提高瞄准度和扩大目标群体的覆盖率以控制基金疯涨，近期主要改革任务应该降低制度"门槛"，扩大农民工群体和城镇灵活就业人员的参保覆盖面，长期看，要警惕企业辞退赔偿制度的蔓延和扩展，最大限度保持劳动力市场弹性。工伤和生育保险降费后的主要任务是尽快将目前的市县基金统筹水平提高到《社会保险法》规定的省级水平，旨在提高集合风险的水平和能力，在较长期内把费率控制在目前的较低水平上。医疗保险费率目前暂未下降，其主要考虑一是基金累计结余不多，且一半为个人账户资金，其中统筹基金的支付能力仅为4个月；二是在生育保险合并之后，还将"内置"一个"长期照护保险计划"，降费将有可能影响这个"大医保"目标的实现。尽管如此，诸如完善个人账户等医疗保险的制度结构问题亟须尽快解决，以提高制度的财务可持续性。

社会保险降费，在表面上是供给侧的阶段性改革举措，但在新常态下，要有中长期的心理准备；从深层次看，借用降费作为契机进行制度结构性改革，将会在中长期内成为支撑降费的基础。换言之，降费率与调结构不要偏废，要相互促进。

（二）社会保险降费的历史意义

从结构性改革来看，降费具有双重政策含义。一是降费是对社保体系参数的调整，从稳定收入预期和保证消费需求的角度看，社保体系改革属于中国的长期结构性问题。从企业财税体系的角度看，减税降费无疑也属于经济体系的结构性问题。二是降费是表象，背后触及的是社保体系的结构性改革，否则，降费将是不可持续的。换言之，作为降低制度性交易成本的重要举措，降费将面临一系列制度结构上的严峻挑战。

（郑秉文，中国社会科学院美国研究所。原文出处：《中国人口科学》2016 年第 3 期，第 2—11 页）

我国基本养老保险扩面的收入分配效应研究

李　培　刘苓玲

　　随着人口老龄化程度的加深，养老保险制度的收入分配作用日益受到了社会各界的关注。历史经验表明，社会保障制度越健全，社会保障水平越高，国家干预分配的力度也越大，由分配导致的贫富差距就越小；反之，则反是。随着我国"统账结合"制的日益健全和完善，制度覆盖面已扩展至城镇灵活就业人员和农民工等群体，保障水平也逐步提高。但我国基本养老保险覆盖面扩展是否改善了收入分配，缩小了贫富差距？收入分配和再分配的作用方向和作用力度又是怎样的？该文基于一般均衡分析框架，构建我国"统账结合"基本养老保险跨期的异质性交叠动态经济理论模型，并引入国发〔2005〕38号文的主要内容，运用一般均衡分析、政策仿真、参数估值和敏感性检验等方法，对我国基本养老保险覆盖面扩展的收入分配和再分配效应进行了实证研究。

一　研究思路

　　根据目前我国"统账结合"的养老金制度，该文对养老保险制度覆盖面扩展的收入分配效应提出如下推论：

　　推论1：在其他条件保持不变的情况下，只要第1类劳动者的人力资本水平高于第2类劳动者（根据人力资本水平的不同，该文将城镇企业职工、灵活就业人员和农民工分别设为第1类劳动者、第2类劳动者和第3类劳动者），那么前者的终生收入值就高于后者；社会统筹缴费率的提高能够缩小收入分配（终生收入值）比，改善收入分配状况；当个人账户记账率小于资本利率时，个人缴费率的提高缩小了收入分配（终生收入值）比，也改善了收入分配状况；反之，则会扩大收入分配（终生收入值）比，恶化收入分配状况。

推论2：在其他条件保持不变的情况下，社会统筹缴费率的提高能够缩小收入再分配（养老金收入净值）比；而个人缴费率的提高则扩大了收入再分配比。也就是说，社会统筹账户改善了收入再分配状况，缩小了收入差距，个人账户又维持了一定程度的差距。

二 社会统筹缴费率变动的收入分配与再分配效应

在分析国家规定三类劳动者（即城镇企业职工、灵活就业人员和农民工）个人缴费率为8%的基础上，社会统筹缴费率变化对收入分配和再分配的影响。结果显示，随着社会统筹缴费率的增加，城镇企业职工、灵活就业人员和农民工三种类型劳动者的缴费额及其领取的养老金在增加，收入分配值在减少，且都为正值。但收入再分配值在不同类型劳动者之间发生了分化，城镇企业职工的收入再分配值符号为负，说明收入发生了向外转移，此类劳动者在制度中的利益受损，但随着个人缴费率的增加，养老金收入净值在变大，即向外转移额在减少。而灵活就业人员和农民工两类劳动者的收入再分配值为正，说明收入发生了向内转移且随着个人缴费率的增加而增加，从制度中获得的好处更多。

从收入分配比看，城镇企业职工与灵活就业人员和农民工的比值分别都大于1，说明人力资本水平高的劳动者的终生收入值较高。收入分配比随着社会统筹缴费率的增加而减少，这说明社会统筹缴费率的增加缩小了收入差距，改善了收入分配状况。从收入再分配比看，随着社会统筹缴费率的增加，城镇企业职工与灵活就业人员和农民工的比值都在减少，这说明社会统筹账户的扩大改善了收入再分配，缩小了收入差距。在个人缴费率不变的情况下，社会统筹缴费率的提高缩小了收入分配（终生收入值）比，使不同类型劳动者间的终生收入值缩小了，原因在于社会统筹缴费率的提高会产生两种相反的效应：一是个人工资水平的下降，高人力资本水平（收入水平高）的劳动者的缴费额较大，工资下降较多，缩小了与低人力资本水平劳动者的差距。二是社会统筹账户养老金的增加。低人力资本水平的劳动者又从社会统筹账户中获得了好处，而高人力资本水平的劳动者利益受损，但缩小了差距。

社会统筹缴费率的提高缩小了收入再分配（养老金收入净值）比，即改善了收入再分配。这主要依靠的是社会统筹账户的熨平作用。目前我国规定，退休时的基础养老金月标准"以当地上年度在岗职工月平均工资和本人指数化月平均缴费工资的平均值为基数，缴费每满 1 年发给 1%"。此规定是待遇确定型和缴费确定型两种模式的结合。"当地上年度在岗职工月平均工资"类似于待遇确定型，领取的统筹基金养老金与当地上年度在岗职工的平均工资相关联，收入分配调节效果相对较好，易从收入较高的人向收入较低的人转移；而"本人指数化月平均缴费工资"又类似于缴费确定型，养老金水平与个人贡献直接相关，个人工资水平越高，达到规定条件时领取的养老金的水平就越高，此种方式的收入再分配调节效果相对较差。我国将两者相结合计发基础养老金待遇，一方面弱化了待遇确定型较为明显的收入再分配效应，另一方面也强化了缴费确定型不明显的收入再分配效应。也就是说，劳动者退休后领取的养老金并没有和就业时期的缴费完全对应起来，而是部分依靠当前就业职工的缴费支撑。因此，社会统筹账户也使得低人力资本水平的劳动者能够从同代的高人力资本水平劳动者处获得一定的收入转移，改善收入分配。

三　个人缴费率变动的收入分配与再分配效应

考察社会统筹缴费率在国家规定城镇企业职工 20%，灵活就业人员和农民工 12% 的基础上，三类群体个人缴费率从 4% 到 10% 的变化对收入分配和再分配的影响。随着个人缴费率的增加，城镇企业职工、灵活就业人员和农民工三种类型劳动者的缴费额、领取的养老金和收入分配值都在增加，且都为正值。收入再分配值方面，依然是城镇企业职工收入向外转移，利益受损，且随着社会统筹缴费率的增加向外转移额度也越来越大，而灵活就业人员和农民工则从制度中获益。

从收入分配比看，城镇企业职工与灵活就业人员和农民工的比值都大于 1，说明人力资本水平高的劳动者的终生收入值较高。收入分配比随着个人缴费率的增加而减少，这说明个人缴费率的增加缩小了终生收入值的差距，改善了收入分配状况，这与推论 1 中"当个人账户记账率小于资本市场利率时，会缩小收入分配（终生收入值）比，改善收入分配状况"的推论是一致的。从实际运行看，我国养老保险个人账户记账率一般也小于同期资本市场利率。从收入再分配比看，随着个人缴费率的增加，城镇企业职工与灵活就业人员和农民工的比值都在增大，这说明个人账户的扩大恶化了收入再分配。这与推论2中的结论是一致的。在社会统筹缴费率不变的情况下，个人缴费率的提高缩小了收入分配（终生收入值）比，使不同类型劳动者间的终生收入值缩小了，原因在于个人缴费率的提高也会产生两种相反的效应：一是个人工资水平的下降，高人力资本水平（高收入水平）的劳动者的缴费额较大，工资下降较多，缩小了与低人力资本水平劳动者的差距；二是个人账户养老金的增加。随着个人缴费的增加，个人账户的养老金在增加，扩大了与低人力资本水平劳动者的差距。此外，低人力资本水平的劳动者又从社会统筹账户中获得了好处，而高人力资本水平的劳动者利益受损，缩小了差距。因此，综合来看，收入分配值比随着个人缴费的提高而降低。

个人缴费率的提高扩大了收入再分配（养老金收入净值）比，即恶化收入再分配的原因主要在于个人账户完全积累所形成的养老金差距。随着个人缴费率的提高，个人账户规模越大，高低人力资本水平之间的差距就越大，也扩大了收入再分配比。

四 统账动态组合的收入分配与再分配效应

这里考察了在国家规定城镇企业职工总缴费率28%，灵活就业人员和农民工总缴费率20%的范围内不同缴费组合的收入分配效应。结果显示，收入分配方面，三种类型劳动者的收入分配值都在减少；收入再分配值方面，依然是城镇企业职工收入向外转移，利益受损，且统筹账户越大，向外转移额越多，利益受损越多，而灵活就业人员和农民工从制度中获益。

在收入分配比方面，随着社会统筹缴费率的增加、个人缴费率的降低，城镇企业职工与灵活就业人员和农民工的比值都在减少，说明社会统筹账户越大，个人账户越少，越能够缩小收入差距，改善收入分配状况。在收入再分配比方面，随着社会统筹缴费率的增加、个人缴费率的降低，城镇企业职工与灵活就业人员和农民工的比值都在减少，说明社会统筹账户越大，个人账户越小，越能够改善收入再分配，缩小收入差距。此种情形产生的原因和上述社会统筹缴费率和个人缴费率静态变化时的原因一致。同样，"大统筹、小账户"的收入分配和再分配效应都是累进的，这也说明社会统筹账户改善了收入分配和再分配状况。

为了保证估计结果的可靠性，我们对参数的取值范围进行了敏感性检验。总体上看，参数估值范围变动引起的收入分配和收入再分配值的变动与基准模型中收入分配和收入再分配值的差异不大，表明该文参数赋值是稳健的，模型估计的结果是可靠的。

五　结论与政策建议

通过实证研究，该文得出如下结论：第一，在个人缴费率不变的情形下，社会统筹账户的扩大缩小了收入分配比和收入再分配比；第二，在社会统筹缴费率不变的情形下，个人账户的扩大缩小了收入分配比，但扩大了收入再分配比；第三，在动态组合下，"大统筹、小账户"的收入分配和再分配效应都是累进的；第四，我国基本养老保险扩面有利于改善收入分配和收入再分配，缩小不同类型劳动者之间的收入差距。由此该文给出如下建议：

第一，继续扩大统账结合基本养老保险覆盖面，实现应保皆保。应把在城镇具有固定工作岗位的农民工和户籍制度改革中的进城务工人员纳入制度，一方面可以扩大养老保险统账规模，更好地发挥统筹账户的再分配效应；另一方面，可为较低人力资本水平劳动者的老年生活提供基本的保障。对于工作岗位较为灵活的就业人员，可以按在不同的工作岗位、不同时期的缴费累计计算，以填补高流动性带来的参保缺失，实现应保皆保，为全体劳动者构筑一张老年"安全网"。第二，实行差异化的个人账户策略。将灵活就业人员和农民工纳入统账制时，可以设计与城镇企业职工不同规模的个人账户，即灵活就业人员和农民工的个人账户要适当"做小"，城镇企业职工实行比前两者规模较大的个人账户。第三，强化统筹账户再分配功能。一是加强政府的转移支付力度，做大统筹账户基金，进一步优化转移结构，提高转移质量；二是提升养老保险社会统筹层次，适当优化不同类型劳动者的社会统筹账户，由国家统一管理社会统筹基金，充分发挥更大规模统筹账户的再分配功能。

（李培，西南财经大学保险学院；刘苓玲，西南政法大学经济学院。原文出处：《财经研究》2016年第4期，第15—25页）

中国"十三五"时期社会保障制度建设展望

王延中

中共中央《关于制定国民经济和社会发展第十三个五年规划的建议》明确提出,"十三五"时期要建立更公平、更可持续的社会保障制度。

一 社会保障为全民共享改革发展成果奠定了重要制度基础

改革开放以来特别是"十二五"时期,我国社会保障制度快速发展,社会保障体系不断完善,基本实现了制度全覆盖;社会保障参保人群数量日益增加,社会保险基金规模不断扩大;社会保障待遇水平不断提高,社会保障调节收入功能进一步发挥;更加注重立法与管理能力建设,社会保障法制化水平明显提高,对经济社会的协调发展发挥了日益重要的作用。总结"十二五"时期我国社会保障的发展状况,有以下几个方面的突出特点:一是越来越强调社会保障的顶层设计与协调推进,注重加强社会保障发展战略的理论研究与政策设计,努力克服之前应急式改革的不足,不断优化各项社会保障制度。二是社会保障发展的目标更加明确,努力追求社会保障的公平与可持续发展,对之前我国社会保障在公平性与可持续性方面存在的问题进行政策改进,努力增强社会保障的公平性与可持续性,强调发挥社会保障在促进收入再分配、维护社会公平正义方面的作用。三是积极推进社会保障的城乡统筹发展,推进社会保障制度的整合,实现城乡居民养老保险的统一,并努力实现城乡居民医疗保险、最低生活保障的统筹发展。四是积极推进社会保障的法制化发展,尤其是《社会保险法》《军人保险法》等社会保障法律的颁布与实施,使得我国社会保障的法制化迈出了重要步伐，必将助推我国社会保障的科学发展。五是注重社会保障体系协同发展，在注重经济保障的同时，越来越重视服务保障；在注重基本保障的同时，越来越重视补充保障的发展；在完善社会保险制度的同时，越来越重视社会福利与社会救助制度的发展。六是开始重视政府与市场的有效结合。政府始终是社会保障的主导者和重要的责任承担者，在强调政府作用的同时，社会保障的改革越来越重视市场和社会的力量，努力实现社会保障公平与效率的共同提升。

二　社会保障制度的公平性和可持续性依然面临巨大挑战

社会保障收入再分配的正负作用取决于制度模式、覆盖范围、制度设计、制度转轨、管理服务等相关影响因素。需要充分发挥社会保障对收入再分配的正向调节作用，防止和避免其负向调节作用。同时，社会保障制度建设，是在我国经济社会剧烈转型的宏观背景下进行的。我国社会分层结构的变化和社会保障体制的改革几乎同步进行，二者相互联系、相互影响。不同社会分层的经济社会地位和群体意识大相径庭，判断社会公平的标准更加多元，在社会保障制度改革和发展过程中很难形成一致意见，这也加剧了社会保障制度改革的难度。在新时期的社会保障制度改革与建设过程中，如何确保每个阶层、每个群体（比如农民、农民工等）都能够更加公平便捷地得到合理的社会保障资源，如何确保越来越多的人享受到不断提高的待遇水平，不同群体之间的社会保障待遇差距趋于缩小，让更多的人甚至每一个人都能够实实在在地提高获得感，等等，这都是进一步提高社会保障制度公平性必须面对的巨大挑战。

另一个重大挑战是如何提高我国保障制度特别是基本养老保险等社会保险制度的可持续性问题。一方面，我国的人口老龄化速度和趋势十分迅猛。如何在人口老龄化高峰时期使养老金的增长与国民经济、城乡居民收入的增长保持基本同步，又要为广大老年人口的基本生活、基本服务提供基本保障，已经成为摆在中国社会保障体系建设过程中十分紧迫而又异常艰巨的压力与挑战。另一方面，如何切实加强社会保障制度的管理能力，切实提高社会保障资金的高效合理利用，提高积累资金的保值增值水平，加强社会保障资金的风险防控和监管，也是当前社会保障制度建设的重要任务。

三　着力建设公平可持续的养老保障制度体系

老年保障是社会保障制度的核心，也是老龄化社会必须建立的基本保障和基本公共服务体系的基础。"十三五"时期，我国养老保险制度改革与发展的任务依然艰巨。根据"十三五"规划的建议，重点抓好以下几个方面的工作：一是，深化基本养老保险制度改革，完善职工养老保险个人账户制度。引入个人账户是我国养老保险制度改革的重要举措。在不影响制度公平性的前提下，可以适度调整个人账户的规模，完善个人账户计发方式，根据人均预期寿命调整个人账户计发月数，增强个人账户积累的灵活性，健全多缴多得机制；调动个人缴费的积极性，增强养老保险制度的激励性、效率性与可持续性。二是，实现职工基础养老金全国统筹，建立基本养老金合理调整机制。实现职工基础养老金的全国统筹，需要"全国一盘棋"，增强基本养老保险制度的互助共济性，在全国范围内统筹考虑基础养老金的筹资、给付、管理与监督行为。职工基础养老金的全国统筹，要求建立与之相适应的养老保险筹资机制，建立和完善基本养老保险预算。规范养老保险收支行为，统一基本养老保险费基、费率与征收行为。统一基础养老金的支出行为，平衡不同地区之间的养老负担差异。需要建立合理的责任分担机制，明确中央和地方的关系以及地方政府间的关系。三是，加强和改进养老保险基金投资，提高社会保险基金抗风险能力。要进一步完善养老保险的管理体制与管理模式，发展一批专业化的基金投资机构，并实现适度、有序竞争，降低投资成本，提高投资收益；严格规范养老保险基金投资机构的准入门槛，尝试建立养老保险基金投资最低收益担保机制。养老保险基金投资的多元化要求进一步拓宽基金投资渠道，完善投资组合策略，积极稳妥地推进养老保险基金进入资本市场；加强养老保险基金对基础设施建设的投资，有效缓解长期投资资金不足，又可以明显提高投资回报率；建立养老保险基金投资的信息披露机制，健全养老保险基金投资风险防控机制，防范保险基金的投资风险，及时解决基金投资过程中存在的问题。四是，渐进式延迟退休年龄，完善基本养老金领取激励约束机制。延迟退休年龄有不同的路径和方法，"先女后男、小步渐进"是一种可取的方式。在近期内，需要将男、女性的退休年龄统一设定为 60 岁。在此基础上，再共同渐进延迟男女退休年龄。可以采取"先慢后快"或"匀速推进"的办法，通过 20—30 年的时间将退休年龄延迟到位。应该在国家经济社会整体利益框架下充分考虑不同人群的利益，既要考虑到部分人的就业意愿和发展需求，也要考虑到部分人的休息意愿、健康权益和社会保障权益。同时，要探索建立退休年龄与人口预期寿命关联的灵活调整机制，增强养老金领取制度与工龄、年龄、缴费年限等因素的有机联系，强化养老金对退休制度的激励约束作用。五是，完善多层次养老保险体系，逐步建立高龄老年人口基本服务照料制度。养老保障制度具有显著的多层次性，既包括基本养老保险制度，也包括补充养老保险制度和个人储蓄养老保险制度，同时还有家庭养老保障、社会慈善、社区服务等多层次的养老保险体系。这种多层次性，可以适当降低政府在养老保障制度方面的财政压力，也有利于满足不同人群差异化的养老保险需求，提高养老保障待遇水平，兼顾养老保险制度的公平与效率。建立和完善多层次的养老保险体系是我国养老保险制度改革与发展的重要目标。

四　医疗保险深化改革助推"健康中国"建设

（一）整合城乡居民医保政策和经办管理，逐步实行职工退休人员医保缴费参保政策

随着我国各地区城镇化的加快，当前的城乡居民分割参保和制度分块经办管理的模式将越发制约农村劳动力的有序流动和城镇化推进。这种模式导致地方政府的经办管理成本过高，影响参保信息共享。在加快城镇化建设和深化政府管理体制改革的背景下，必须加快推进城乡居民医保政策和经办管理的整合，积极探索城乡居民医保政策与城镇职工基本医疗保险制度的衔接与整合，提高医保基金管理效率，从制度上消除重复参保现象，促进劳动力跨城乡和跨地区间的自由流动。研究实行职工退休人员医保缴费政策应当不仅是医疗保险走向定型优化的内在要求，还是增强参保者之间的横向公平性、制度的保险性、财务的可持续性的重要举措。可以在试点基础上，进行《社会保险法》有关条文的修订，逐步探索实施离退休职工参加基本医疗保险缴费办法。在过渡期内，可以适当加大政府专项财政补贴引导个人参保的力度，通过划拨国有资产收益等方式解决不适合缴费人群参加基本医疗制度的成本。

（二）改进基本医疗保险个人账户，深化医保支付方式改革

目前，我国城镇职工基本医疗保险制度因建立初期就已经建立"个人账户"，存在大量的资金沉淀量，在一定程度上制约了患者在一些费用较高的慢性病和门诊大病方面的报销额度，医保基金使用效率不高。"十三五"规划建议明确提出改进个人账户制度，逐步把个人账户资金纳入门诊统筹，既可以提高参保人员门诊看病的报销范围和比例，同时也可以提高医疗保险财务的可持续性。

我国医疗费的支付由医疗保险经办机构和医疗服务提供机构直接进行结算，对按项目付费为主体的医疗费用后付制，控费效果有限。作为医疗总费用的主要来源和组织化的集团购买机制，医疗保险基金应当发挥好控制医疗费用过快增长的导向功能。要改革按项目付费的后付制，积极推进按人头付费、按病种付费和总额预付等多元化、复合型医保付费方式，完善医保费用支付方式的谈判机制，加强对医疗服务行为的全流程监管和内在约束。要深化以公立医院改革为重点的医疗服务体制改革，遏制公立医院的趋利性。

（三）全面实施城乡居民大病保险制度，发展多元医疗保障体系

目前我国大多数省份建立了大病保险制度的框架，但覆盖面比较窄，筹资规模较小，作用有限。要抓住实施"十三五"规划的良机，进一步健全大病医疗保险制度的运行体制和管理机制，更好地发挥商业保险机构的积极作用，为大病保险制度的运行提供更多管理支撑。在完善现行医疗保险制度的同时，需要进一步完善税收优惠等手段鼓励企业建立补充保障，支持个人购买补充医疗保险和商业健康保险，营造商业保险机构积极有序承保居民健康保险的社会氛围和法制环境，积极利用市场化解风险的优点来化解城乡居民因病致贫的风险。

（四）深化医疗保险管理体制改革，加强医疗保险管理经办能力

目前，我国城镇职工五项社会保险制度分散管理，人为割裂了基本医疗保险与生育保险两个制度的内在联系，"十三五"时期要探索城镇职工生育保险和

基本医疗保险合并实施的新体制。同时，我国城乡居民基本医疗保险制度按照属地管理的原则，统筹层次相对较低。为改善这一情况，主要改革措施包括：提高医疗保险的统筹层次，将基本医保制度逐步提升至省级统筹；整合各省份医疗保险信息管理系统，搭建国家医保信息共享平台，为实施跨区域异地医疗费用直接结算提供强有力的技术保障；加强医保基金的监管，加大对套取骗保机构、人员的惩罚力度，确保基金安全。

五　更好发挥社会救助制度反贫困的兜底功能

（一）做好生存型社会救助，统筹推进发展型社会救助

未来需要在完善社会救助"保障生存"功能的同时，改进其救助方式，调整救助待遇水平设置，使其在保障生存的同时越来越突出"促进发展"的功能，通过促进人的发展来提高其收入水平，进而实现良性循环。除了发展传统的生存救助和提高社会救助的待遇水平外，应该越来越重视就业救助、教育救助和医疗救助，通过救助改善受救助对象的健康状况与劳动能力，提升人力资本水平，提高其生活质量。

（二）统筹推进资金救助、实物救助与服务救助，发挥社会救助体系综合扶持作用

社会救助的对象往往是一些老年人、残疾人等贫困人口和弱势群体，他们不仅需要资金支持和物资提供，而且还有着迫切的服务需求。在资金救助和实物救助的基础上推进服务救助，有利于提高社会救助的效果。社会救助服务主要包括生活帮扶、心理疏导、精神慰藉、资源链接、能力提升、社会融入等多样化、个性化服务。由于社会救助服务的特殊性和专业性，应该培养大量专业化的社会救助服务人才，提高社会救助服务的专业化水平，改善社会救助服务的效果。应该整合社会救助服务资源，大力开展社会工作、志愿服务、社区服务，为不同人员提供不同类型的社会救助服务。可通过政府购买服务的方式，充分利用民间社会救助服务资源，向社会组织购买救助服务，完善政府购买社会救助服务的体制机制。

（三）统筹考虑有劳动能力低保对象的生活救助与就业开发，实现社会救助与社会保险、扶贫开发政策的有机衔接

生活救助与就业救助的统筹发展是生存型救助与发展型救助统筹发展的重要体现。在积极保障困难家庭生存需求的同时，应该通过各种举措激励和约束有劳动能力的受救助对象积极参加劳动，通过劳动获得收入和生活资料。社会救助的改革与发展应该基于社会保障和民生建设的整体框架进行，实现社会救助与社会保险、社会福利、扶贫开发的统筹发展，发挥社会保障体系的综合功能。社会救助与扶贫开发都是反贫困的直接举措，二者的统筹发展有助于更好地改进反贫困效果。尤其是在最低生活保障与扶贫开发的衔接方面，应该树立精准保障理念，实现精准救助与精准扶贫；应该树立发展型救助与发展型扶贫理念，完善最低生活保障与扶贫开发的"造血"功能。

（四）探索社会救助制度区域统筹发展体制，发挥多元社会救助主体脱贫兜底作用

在积极推进社会救助城乡统筹发展的同时，也应该同步推进社会救助的区域统筹发展。建议以省为单元，按照收入与生活费支出的实际情况及城乡居民社会救助需求，建立全国统一的社会救助制度体系和大致均衡的分类分层保障标准，规范社会救助的实施机制和实施行为，建立和完善社会救助标准体系，遵循公平优先的原则，保障地区内各类人群差异化的社会救助需求。要建立社会救助的区域统筹与协调机制，加强地区之间的社会救助合作，确保实现人口流动时社会救助的无缝隙与全覆盖，促使同一区域内社会救助对象获得大致均衡的保障待遇，增强社会救助的统一性与公平性。改革目前以户籍身份作为享受社会救助待遇的做法，应该弱化户籍因素，建立居民居住证制度，以实际生活和居住需要作为享受社会救助待遇的重要依据。

（五）发挥好政府、市场与社会等不同社会救助主体的兜底作用

政府始终是社会救助中最重要的责任主体。政府在社会救助中的主导作用主要体现在统筹规划、制度建设、财政投入、人才培养、组织协调等方面。应该在政府的主导下，建立统一、完善的社会救助制度体系，并积极推进社会救助的法制化进程，加大对社会救助管理与服务人才的培养，协调不同救助主

体之间的救助行为。在强调充分发挥政府主导作用和兜底责任的同时，建立责任共担机制；同时，更应该积极运用市场和社会的力量，充分调动个人的积极性。

（王延中，中国社会科学院民族学与人类学研究所。原文出处：《辽宁大学学报》（哲学社会科学版）2016年第1期，第1—14页）

社会保障支出、地区差异与居民幸福感

殷金朋　赵春玲　贾占标　倪志良

　　社会保障制度是保障和改善民生、调节收入分配、促进经济发展、维护社会公平正义和和谐稳定的基本社会架构安排。中国当前覆盖城乡的社会保障制度体系已基本形成，但社会保障支出的地区差异仍然十分显著，对居民幸福感产生了重要影响。2013 年中国综合社会调查（CGSS）显示，36.07% 的居民认为社会保障是目前政府最急需改进的基本公共服务。那么，中国社会保障支出的地区差异到底有多大？作为民生支出的主要方面是否真正提升了居民幸福感？社会保障支出地区差异对居民幸福感产生了怎样的影响？对这些问题的关注与回答，对于优化社会保障支出的地区结构，更好地发挥社会保障提升居民幸福感的积极作用，具有重要的理论和现实意义。因此，该文在测算中国社会保障支出泰尔指数的基础上，结合 CGSS2013 微观数据，采用有序 Probit 及双变量有序 Probit 等模型考察社会保障支出及地区差异对居民幸福感的影响。

一　数据说明、变量测度与模型设定

（一）社会保障支出统计口径的界定

　　该文采用的社会保障支出统计指标即为财政社会保障支出、财政医疗卫生支出和社会保险基金支出的加总值。

（二）地区差异的测算

该文利用泰尔指数将从人均社会保障支出与社会保障水平两个视角分析社会保障支出的地区差异。计算结果显示，无论是人均社会保障支出还是社会保障水平，中国的社会保障支出存在显著的地区差异，且差异较大的省份主要分布于东部和西部地区，中部地区最少。

（三）模型设定、变量选择及描述性统计

为探析社会保障支出及其地区差异对居民幸福感的影响，该文参照并扩展MalesevicPerovic 和 Golem(2010) 以及 Hessami(2010) 的相关模型，将模型设定如下：

$$H_{ij} = \alpha + \beta Security_j + \gamma Individual_{ij} + \lambda Macro_j + \varepsilon_{ij} \tag{1}$$

（1）式中：i、j 分别表示被调查个体和地区，H 表示自陈主观幸福感（reported subjective happiness）。数据源于中国综合社会调查 (CGSS) 中 2013年的相关调查。在 CGSS2013 问卷中对应的问题是："总的来说，您认为您的生活是否幸福？"在剔除拒绝回答、不适用及不知道等缺失值后，最终进入实际分析样本的个体为 2365 个，其中非常幸福占比 13.12%，比较幸福占比59.92%，一般占比 20.21%，比较不幸福占比 5.75%，非常不幸福占比 0.80%。

核心解释变量 (Security) 为人均社会保障支出、社会保障水平 (社会保障支出规模占 GDP 的比重) 或其地区差异。控制变量选取个体社会学特征变量(Individual) 及相关宏观变量 (Macro)。个体变量主要选取了性别、年龄、民族、宗教信仰、婚姻状况、教育程度、工作性质、收入情况等；宏观经济变量包括人均 GDP、房价和城镇化水平。ε 为模型随机扰动项。

鉴于主观幸福感及个体特征数据的有序 (Ordinal) 特征，该文主要采用Ordered Probit 估计。需要指出的是，主观幸福感是人们对自身一段时间内情绪、认知和行为的综合评价，受到前期条件和公共服务等影响，因此宏观数据采用 2012 年的数据，其主要来自《中国统计年鉴》《中国财政年鉴》《中国劳动统计年鉴》等。为控制异常值的影响，该文对所有连续变量在 1% 和 99% 分位数上进行了 Winsorize 处理。

二　实证结果与分析

（一）社会保障支出对居民幸福感的影响

回归模型的模拟结果如下：社会保障支出对我国居民主观幸福感有明显的促进作用。人均财政社会保障支出和人均社会保险基金支出的正向影响显著，表明二者有利于居民主观幸福感的提升；而人均财政医疗卫生支出显著为负值，即不利于居民主观幸福感。该文考察的社会保障水平各变量中，除财政社会保障水平不显著外，其他变量均与居民主观幸福感呈现"U"形关系。

社会保障支出对居民主观幸福感的影响机制是多方面的。首先，社会保障支出主要来自税收或是从当期工资额中扣除，而这直接影响居民当期可支配资源，减少了产生舒适感和愉悦感的防御性消费和创造性消费，这必然带来由以上两种消费兴奋产生的积极情绪占比的下降，进而降低居民幸福感。其次，居民作为理性人将权衡短期损失和长期收益，预期政府能够为其所缴纳的税费提供一个较为安全的保障和长期收益，从而忍受跨期消费带来的痛苦。但这种为增加长期收益而减少短期体验性消费享乐的认知和行为将显著提升居民的主观幸福感。最后，社会保障制度自身所具有的收入再分配功能在一定程度上降低了居民对未来不确定性的预期，减弱了个体间的相对收入差距，释放了私人消费需求，进而强化了大脑中组成情绪、认知和行为的幸福回路。社会保障支出、财政社会保障支出及社会保险基金支出的人均值对居民幸福感的正向作用均表明，目前我国社会保障的后两种效用（增加长期收益和减少相对收入差距）更为明显。

就财政医疗卫生支出而言，城镇居民基本医疗保险、新型农村合作医疗的落实理应有利于居民幸福感的提升，但实证结果却显示其具有显著的负向影响。这可能源于多个原因。一方面，虽然医疗卫生支出在总量上有所增长，但是同比增长速度在2011年后陡降，从34.41%下降为2013年的14.40%，低于财政支出平均增速18.34%。而这与2009年公布的"新医改"中"政府卫生投入增长幅度要高于经常性财政支出的增长幅度，使政府卫生投入占经常性财政支出的比重逐步提高"相悖。同时，老龄化加剧及医疗技术发展等快速释放的医疗需求以及医疗卫生资源配置效率的低下，造成大城市的一些大医院始终处于"战时状态"，人满为患。这种医疗保障供求结构间的矛盾显然不利于居民幸福感的总体提升。另一方面，近年来，医患关系紧张、医疗纠纷多发，也是不可忽视的重要原因。

就社会保障水平而言，该文通过计算得到社会保障总体水平、财政医疗卫生水平及社会保障基金支出水平的拐点分别为 0.1054、0.0214 和 0.0399。比对 2013 年各项目的全国均值（0.1263、0.0171、0.0478）可发现，提高当前我国的社会保障总体水平和社会保障基金支出水平，有利于提升居民幸福感；而财政医疗卫生水平却在拐点的左端下降区域，即现阶段财政医疗卫生支出对民生幸福的提升作用微弱，与人均医疗卫生支出的实证结果一致。

上述模型中个体变量与宏观变量对居民幸福感的影响方向及显著性与大多数的研究基本一致。这也从侧面说明了该文结论的稳健性。其中值得关注的几点如下：宗教信仰与居民幸福感存在负相关关系。该文利用社会保障支出与宗教信仰组成的交互项为变量作进一步的分析得到，在 10% 的统计水平下影响系数显著为负，证实了宗教与政府提供的社会保障功能具有一定程度上的替代性。受教育程度的反向关系可能与样本的选取有关，从统计描述可以看出教育程度较高的人数仅占样本的 40% 左右。房价的估计系数与人们的直觉并不一致，但通过分析可以发现，虽然近年来商品房的平均销售价格一直上涨，但在 2003—2013 年间，其上涨幅度仅高出同期城镇居民人均可支配收入变化幅度 2.17 个百分点。并且房价收入比自 2009 年一直处于下降趋势，从 6.59 降至 2013 年的 5.83，进入国际公认的 4—6 的合理范围。此外，随着小产权住房和保障房市场的不断规范将进一步提升居民的主观幸福感。城镇化水平的估计结果为负，对此，该文认为中国虽然进入了城镇化改革的快通道，但农村居民还未真正"同步市民化"地融入城市的经济社会生活，进城农民在经济社会地位和心理认知上尚未真正实现市民化，相应的就业、医疗和养老保险等社会福利没有落实，存在显著的"不平等城镇化效应"，这将明显影响进城农民和城镇居民主观幸福感的提升。

（二）社会保障支出地区差异对居民幸福感的影响

结果显示，人均社会保障支出省际差异与居民幸福感之间存在三次项非线性关系，通过 R 软件编程计算得该一元三次方程的实根为 0.0637。就数值而言，在同样的幸福水平下，2013 年各省份均未达到该拐点，居民可以容忍的省际差

异处于较大的区间内。但它对幸福感的作用区域并不好确定,这也给政策的制定带来了一定的难度。回归结果表明三区域内部地区差异与居民幸福感之间存在倒"U"形关系。比对现实数据,该文发现2013年的地区内差异为0.0384,略高于拐点(0.0382),这说明当前人均社会保障支出地区差异开始转向抑制居民幸福感的提升。模型3结果显示社会保障水平的省际差异与居民幸福感之间存在"U"形关系,对应的拐点值0.1272要小于2013年的0.1742,说明当前社会保障水平的省际差异有利于居民幸福感的提升。模型4显示,三区域内社会保障水平地区内差异对居民幸福感的影响系数显著为正,即当前的地区经济资源对社会保障的倾斜有利于提升居民幸福感。

显然,人均社会保障支出和社会保障水平所显示的地区差异沿着不同的路径作用于居民幸福感。从拐点值上看,人们对前者的容忍程度更强一些,对小区域也有更强的容忍度。究其原因,在拐点之前,较好的社会保障作为制度激励,不断吸引优秀人群的流入,促成人生意义感的实现;此外,人们更为关注优质公共产品的提供等非物质因素,产生了心理和认知上的攀比效应,一定程度上提升了辖区内居民的幸福感。而在拐点之后,人们追寻更为刺激的幸福参考点,比如将参考点放置在更大区域内比较,陷入"享乐水车"的恶性循环,进入福利陷阱,进而损害居民主观幸福感。

三 结论与政策启示

该文研究发现:第一,社会保障支出、财政社会保障支出和社会保险基金支出人均值的提高显著提升了居民幸福感,但人均财政医疗卫生支出却不利于居民幸福感的提升。进一步的研究发现,城镇居民基本医疗及新型农村合作医疗覆盖率的提高有助于提升居民幸福感,因此主要原因还在于医疗保障供求结构间的矛盾以及医生职业环境的恶化。然而,社会保障水平有着不同的影响路径,除财政社会保障水平外,其他各项社会保障水平均与居民幸福感存在"U"形函数关系。第二,两种指标表征的社会保障支出地区差异与居民幸福感之间也存在着迥然不同的关系。人均社会保障支出的省际差异与居民幸福感之间为三次项非线性关系,三区域地区差异则呈现倒"U"形关系;社会保障水平省际差异与居民幸福感之间存在"U"形关系,三区域地区差异则促进了居民幸福感的提升。显然，这种错综复杂的影响路径给政府制定和执行相关政策带来了一定的难度。

　　基于上述实证结论，该文得出如下政策启示：首先，社会保障支出的地区差异基本反映了各地区预算内的财政资金安排及保障职能的履行情况，但社会保障安排不能仅以当地人口基数为确定基础，还应与当地的经济发展水平相匹配，使经济资源更多地倾斜于社会保障。其次，坚持和完善社会保障支出政策，以居民幸福感和满意度作为社会保障支出的重要依据。需要注意的是，随着近年来中国基本医疗社会保障覆盖面的提高及制度完善，医疗保障供求间的矛盾以及多发的医疗纠纷、紧张的医患关系成为居民幸福感下降的主要原因。这意味着政府在继续加大医疗卫生投入的同时，鼓励并引导市场参与，有效解决医疗资源需求与供给的矛盾，加强医疗卫生领域的法治建设并完善相关监督机制，构建和谐的医患关系，同步提升医护人员和患者的幸福感。最后，应关注社会保障支出地区差异的合理区间。若越过临界点，认知和心理上的偏差会造成居民追求更高但无效的福利水平，落入福利陷阱。因此，各地区应合理安排社会保障资源，切实有效地提升居民幸福感。

　　（殷金朋，南开大学经济学院；赵春玲，南开大学马克思主义学院；贾占标，南开大学经济学院；倪志良，南开大学经济学院、中国特色社会主义经济建设协同创新中心。原文出处：《经济评论》2016年第 3 期，第 108—119 页）

中国社会保障发展空间非均衡及影响因素研究

吕承超

一 引言

改革开放以来，随着经济的发展和财富的积累，中国社会保障事业得到了飞速发展，社会保障支出和覆盖群体逐渐扩大，与此同时，社会保障也存在诸多问题，主要表现为保障模式、管理体制等存在巨大差异，政府、企业、个人权责边界不明确，社会保障统筹层次过低以及社保制度与标准不统一、地区间转移困难，不同地区和社会群体保障待遇不公平等一系列难题，最终出现了中国社会保障发展地区差距的现象，成为学术界和实践界关注的重要议题。那么，中国社会保障发展空间非均衡程度如何？各保障项目空间差距是多少？社会保障及其各项目是否存在空间极化现象？影响中国社会保障发展空间非均衡的因素有哪些？作用如何？该文将对上述问题进行解答。

尽管部分学者对社会保障发展空间非均衡和影响因素进行了相关研究，并积累了一定成果，但是仍存在以下不足之处：第一，社会保障支出界定不统一，多数以地区财政社会保障支出作为研究对象，而忽略了社会保险等项目的支出部分，不能反映社会保障的整体支出水平；第二，对社会保障地区差距的理论研究多集中于宏观政策分析以及制度设计层面，而缺乏从微观层面对中国社会保障发展态势和现状的研究；第三，在社会保障地区差距的研究中，偏重定性研究和对现有数据的描述性分析，定量分析和计量模型使用较少，对中国社会保障空间非均衡和空间极化测度的研究更是不足。为此，该文在现有研究的基础上，通过非均衡研究方法对中国社会保障及其各项目发展的空间非均衡程度和极化程度进行测度并分解，探寻影响中国社会保障空间非均衡发展的因素，进一步构建动态面板模型实证分析各因素影响程度和显著性水平，进而提出中国社会保障空间统筹发展的建议对策。

二　研究方法与数据

（一）非均衡研究方法

该文采取 Mookheerjee 和 Shorrocks 提出的方法来测算和分解基尼系数，用来衡量社会保障发展的总体非均衡程度。

（二）空间极化的测算方法

事件或事物沿某一方向持续发展并达到顶峰称为极化，这既表示出事件或事物发展的动态过程，也表示了发展结果。空间极化意味着极化的基本特征和过程在空间上的显著表现，也就是说，在一定的时期和范围内，事件或事物的发展存在不均衡性，发展要素在空间上存在差异与集聚现象。为此，该文通过 ER 指数、EGR 指数、LU 指数来测度中国社会保障发展的空间极化程度。

（三）系统 GMM 估计

系统 GMM 估计法具有更好的有限样本性质，在很大程度上可以降低差分 GMM 偏误，同时提高估计效率。因此，该文采用系统 GMM 估计处理动态面板数据，计量分析软件使用 stata12.0。

（四）数据来源及处理

该文采取人均社会保障支出作为衡量中国社会保障发展水平的指标，具体测算中该指标等于社会保障总支出同社会保障覆盖人次的比值。由于目前社会保障支出统计口径尚未统一、规范，为了方便数据的获取，该文从狭义的社会保障概念出发，参照"十七大"报告中对社会保障体系的描述，将社会保障总支出界定为社会优抚、社会保险、社会福利和社会救助支出。

该文使用的数据来自《中国民政统计年鉴》《中国劳动统计年鉴》和《中国统计年鉴》。为避免 31 个省份的数据之和与全国总量数据不一致，全国数据采用 31 个省份数据的加总。样本数据的时间跨度 2003—2013 年，根据地理位置、经济发展水平等因素，该文采取三区域分组方法，东部地区包括北京、天津、河北、辽宁、山东、江苏、浙江、上海、广东、福建、海南，西部地区包括广西、陕西、甘肃、四川、贵州、重庆、云南、新疆、宁夏、青海、西藏，中部地区包括内蒙古、黑龙江、吉林、山西、河南、安徽、湖北、湖南、江西。

三 中国社会保障发展空间非均衡和极化测算

（一）中国社会保障发展空间非均衡现状分析

1. 东部地区的社会保障支出和覆盖人次较中西部地区占有绝对优势，中国社会保障发展存在较明显的非均衡特征，空间分布上呈现出东、中、西部依次递减的趋势，其中，广东省的社会保障支出和覆盖人次均处于全国最高水平。

2. 从整体来看，2003—2013 年中国各区域的社会保障发展水平呈现出上升的趋势。在社会保障总支出方面，东部地区总支出处于绝对优势，占全国总支出的一半左右，但这种优势逐年递减；中部和西部地区社会保障总支出呈现逐年上涨的趋势，且西部地区的上涨态势高于中部地区。在社会保障覆盖人次方面，东部和西部地区出现小幅上升，中部地区则出现了下滑。

（二）中国社会保障发展空间非均衡测算及分解——基于基尼系数

1. 中国社会保障总体基尼系数的变化趋势虽波动较大，但呈现出总体下降的态势，从 2003 年的 0.1791 下降到 2013 年的 0.1369，表明样本考察期内中国社会保障发展的地区差距在逐渐缩小。

2. 在样本考察期内，中国社会保障各项目支出的地区内部差异对总体差异的贡献率保持着较为稳定的水平，保持在 27%—34% 之间；各项目支出的地区间差异和剩余项对总体贡献率则变化较大，随着时间的推移，社会优抚和社会保险地区间差异的贡献率出现较为明显的下降态势，分别从 2003 年的 64.82% 和 37.24% 下降至 2013 年的 45.97% 和 11.88%，社会救助和社会福利的地区间差异贡献率较前两者则出现相反走势，分别从 2003 年的 48.52% 和 32.60% 上升至 2013 年的 63.41% 和 49.12%。除少数几年外，社会保障各项目支出的地区间差异对总体差异的贡献率均大于地区内差异，这意味着地区间差异是造成中国社会保障各项目支出空间非均衡的主要原因。

（三）中国社会保障及分项目空间极化测算

中国社会保障的极化程度除在2008年出现较大波动外总体上呈现出下降的趋势。2003—2007年，以2003年为基期，中国社会保障发展空间极化的ER、LU和EGR指数年均增长率分别为－25.26%、－24.48%和－36.04%；2008—2013年，以2008年为基期，中国社会保障发展空间极化的ER、LU和EGR指数年均增长率分别为－17.80%、－17.33%和－29.80%。可见，中国社会保障发展的空间极化程度在逐渐缩小。

四　中国社会保障空间非均衡影响因素分析

在社会保障资金的分配使用过程中，影响社会保障支出的主要原因可归结为两个方面，一方面与收入因素有关，另一方面与人口因素相关。根据社会保障的收入来源分析可知收入因素主要包含经济发展水平、居民收入、政府财政支出、居民储蓄等，人口因素包括人口老龄化、受教育程度、劳动者就业水平等。根据社会保障支出的影响因素，该文分别构建以社会保障总支出、社会优抚支出、社会保险支出、社会救助支出、社会福利支出为被解释变量，以上述影响因素为解释变量的计量模型。

该文采用GMM估计方法对上述动态面板模型进行拟合，结果表明，循环累积效应对社会保障及各分项目支出具有显著的正向作用。人均地区生产总值仅对社会保障总支出和社会救助具有一定的正向影响；人口老龄化对社会保障总支出、社会优抚、社会保险存在一定的正向影响；教育对社会保险、社会救助产生了一定的负向作用；失业率仅对社会优抚和社会福利造成比较显著的负向作用；居民收入对社会优抚、社会救助和社会福利的支出起到了一定的负向作用，但对社会保障总支出和社会保险支出起到了较为显著的正向作用；地方财政对社会保障支出具有重要影响，尤其对社会救助和社会福利水平的提高起到了至关重要的作用；居民储蓄因素对社会保障和社会保险支出具有正向促进作用，对社会福利却呈现出负向影响。

334 人口与劳动经济学文摘.2016.NO.1

五 结论和对策建议

该文的研究结果表明：一是，2003—2013年中国社会保障发展迅速，社会保障支出及覆盖人次均实现了快速增长。从空间分布看，东部地区社会保障发展总体水平虽处于强势地位，但随着时间推移，中西部地区的人均社会保障支出水平逐步超过东部地区。二是，中国社会保障发展总体存在空间非均衡现象，但非均衡程度总体呈现出下降态势，东部地区和西部地区非均衡程度远高于中部地区，区域内非均衡对总体非均衡的贡献率维持在30%左右，区域间非均衡对总体非均衡的贡献率出现了大幅下降。从各分项支出分解结果来看，社会福利和社会优抚非均衡程度高于社会救助和社会保险，前面两者对社会保障总体非均衡起到扩大作用，而且社会保险对社会保障总体非均衡起到了决定性的作用。从区域分解来看，东部地区非均衡程度比较平稳，中西部地区非均衡程度均出现较大的波动。三是，中国社会保障发展存在空间极化，虽然社会优抚、社会救助和社会福利的极化程度有所上升，但是社会保障与社会保险极化程度保持了一致的下降走势。四是，在中国社会保障发展空间非均衡的影响因素中，经济发展水平、人口老龄化、居民收入、地方财政、居民储蓄等因素对社会保障及其各项目支出具有不同程度的影响，循环累积效应和地方财政均对社会保障及各分项目支出具有比较显著的正向促进作用。

上述结论对中国社会保障统筹发展与改革具有重要意义，基于此，该文提出以下的建议对策：第一，加快中西部地区经济增长，促进区域经济协调发展。经济发展水平是造成社会保障非均衡发展的重要原因。在经济新常态下，要发挥中西部地区后发优势和比较优势，加大对该地区的战略导向和政策支持，促进区域合作和要素自由流动，进而缩小区域经济差距。第二，加快完善收入分配机制，逐步缩小地区工资差距。合理配置劳动力资源，不断提高劳动生产率，强化初次分配效率，注重再次分配公平，协调经济与收入同步增长机制，统筹各区域经济发展水平，缩小地区收入差距。第三，完善财政社会保障制度，加大财政投入力度。完善财政社会保障支出预算、监督机制，实现社会保障全国统筹，保证社保基金在地区间合理流动，提高财政社会保障支出水平，适当向中西部地区倾斜，缩小区域间财政支出差距。第四，优化社会保障各项目结构，满足不同层次需求。逐渐调整社会保障各项目支出结构，加大对社会福利和社会优抚投入力度，缩小各项目区域间差异水平，弥补区域内各省份差异，逐步改革养老保险、医疗保险制度，缩小不同群体间保障差异，应对老龄化人口高峰，满足不同层面保障需求。

（吕承超，青岛科技大学经济与管理学院。原文出处：《中央财经大学学报》2016 年第 2 期，第 10—21 页）

城镇流动人口社会保障参保率的影响因素研究

——基于京津冀流动人口动态监测数据的分析

韩　枫

截至 2013 年，我国流动人口规模已达 2.45 亿，在人口总量中所占比重为 18.01%，伴随工业化与城市化的继续深入，未来 30 年还将有 3 亿农村人口进入城镇。在空间流动过程中，社会保障是规避风险和预防不确定性的重要途径，因此通常流动人口更加需要社会保障，这对于改善流动人口福利和促进社会稳定具有重要意义。

一　流动人口社保参保率特征的交叉分析

该文采用 2013 年流动人口动态监测调查京津冀数据进行分析，抽样总体为在当地居住一个月以上，非本区（县、市）户口且年龄在 15—59 岁的流动人口。结合该文的研究需要，选取城镇流动人口个体特征、职业特征和地区特征三个维度的相关指标，经过筛选得到有效样本 10786 份，其中北京市 3636 份，天津市 2904 份，河北省 4246 份。据有效样本的整体统计结果来看，城镇流动人口至少参加一项社会保险的比率为 35.0%，失业保险、工伤保险、医疗保险和养老保险的参保率分别为 22.5%、28.1%、25.0% 和 24.4%，城镇流动人口的社会保障仍处于较低水平。考虑内在因素和外部环境的差异性，下面从城镇流动人口的个体特征、职业特征和地区特征对其参保状况进行交叉分析。

（一）个体特征分析

从交叉分析结果来看，城镇流动人口获得社会保障的比率与性别、年龄、教育程度、户口性质和婚姻状况显著相关。第一，性别差异显著。女性在失业保险、医疗保险和养老保险中的参保率高于男性。第二，参保率随年龄层级的递增呈快升缓降的趋势。第三，参保率与教育程度呈显著正相关关系。第四，非农户口的参保率显著高于农业户口。第五，婚姻状况的参保差异也比较明显。未婚者的工伤保险参保率显著高于在婚者，其他社保的参保率二者比较接近，均在 25% 左右。然而，两类人群的参保率均显著高于离婚或丧偶人群，后者的最高参保率只有 18.9%。

（二）职业特征分析

卡方检验结果表明，城镇流动人口社保参保率的职业差异十分明显，与所属行业、单位性质、就业身份和上月收入显著相关。首先，行业差异显著。高端服务业的参保率较高，均在 55% 以上，商业服务业的各项参保率都较低。其次，不同就业单位的参保率分化明显。外资企业的参保率最高，机关事业单位和国有企业的参保率比较相近，民营集体单位的参保率低于国有企业，而工商个体的参保率最低。最后，参保率随着收入层级的递增而提高。

（三）地区特征分析

北京市经济发展水平最高，相应的政策环境也更加优越，城镇流动人口的参保率明显高于天津市和河北省。不同地区之间通常具有经济环境和制度环境上的差异性，因此城镇流动人口的社保参保率与地区发展环境显著相关。经济发展水平越高的地区往往拥有更加良好的制度环境，流动人口的收入水平会更高，一些强制性政策也会提高参保水平，从而使得城镇流动人口的社保参保率呈现出明显的地区差异。

二　流动人口社保参保率影响因素的回归分析

该文采用二元 Logit 模型对城镇流动人口社保参保率的影响因素做回归分析。借鉴以往的研究经验，该文引入个体因素、职业因素和地区因素的相关指标,以考察城镇流动人口在不同影响因素上的参保优势比。在前文变量独立性检验基础上,进一步引入居留时长(1年左右、2—4年、5—9年和10年及以上)和居留身份(有否居住证/暂住证)两个变量,并对婚姻状况、所属行业、单位性质、就业身份和省市差异五个多分类无序变量设置了哑变量。初步检验结果发现,性别在四个模型中均不显著,这说明城镇流动人口在获得社保优势上并无性别差异。剔除性别变量后得到最终模型,其中个体因素包括年龄、教育程度、居留时长、户口性质、婚姻状况和居留身份,职业因素包括所属行业、单位性质、就业身份和上月收入,地区因素以省市代码作为经济环境和制度环境的代理变量。

(一)个体因素的影响

在个体因素中,年龄与参保优势呈负相关关系。每提高一个年龄组,城镇流动人口参加失业保险、工伤保险、医疗保险和养老保险的可能性分别降低29.0%、20.0%、26.5%和26.6%。教育程度对参保优势具有显著的正效应,教育程度每提高一个层级,失业保险、工伤保险、医疗保险和养老保险的参保优势分别增加32.0%、14.9%、35.0%和30.4%。居留时长能显著提高失业保险、医疗保险和养老保险的参保概率,但是却降低了工伤保险的参保优势。居留时长每增加一个等级,失业保险、医疗保险和养老保险的参保优势比分别提高18.7、28.2和30.7个百分点,而工伤保险则降低了5.3%。相对于非农户口的城—城流动人口,农业户口的乡—城流动人口更加不容易获得社会保障,失业保险、工伤保险、医疗保险和养老保险的参保优势比分别下降了65.0%、42.3%、66.1%和62.4%。婚姻状况的结果有些出乎意料,相对于离婚或丧偶者,未婚者和在婚者的参保优势均大幅度降低,未婚者的降幅更大。居留身份显著影响参保优势比,办理居住证/暂住证的城镇流动人口获取社会保障的概率更高,在失业保险、工伤保险、医疗保险和养老保险中分别有32.1%、70.0%、26.7%和44.0%的优势。

(二)职业因素的影响

职业因素变量显著影响城镇流动人口的参保优势。月收入水平对失业保险和工伤保险的参保优势具有显著正效应,每增加一个等级,参保概率分别提高 20.4% 和 22.0%，而对医疗保险和养老保险参保优势的影响不显著。不同行业的规范程度和收入水平存在显著差异，因此所属行业对城镇流动人口的参保优势具有重要影响。相对于社会服务业，制造采供业和高端服务业表现为正效应，显著提高了城镇流动人口的参保优势比。商业服务业表现为负效应，失业保险、工伤保险、医疗保险和养老保险的参保优势比分别下降 39.2、30.5、30.7 和 34.3 个百分点。建筑农牧业的意外伤害风险较高，因此在工伤保险中具有 115.4% 的优势，但是在失业保险、医疗保险和养老保险中却有 56.5%、55.1% 和 56.5% 的劣势。工商个体户在获取社保福利上属于弱势群体，机关事业单位、外资企业、国有企业和民营集体单位则具有较大的参保优势。其中，外资企业和国有企业具有更高的参保优势比，其次是机关事业单位，而民营集体单位的参保优势比显著低于机关事业单位。就业身份的分化也决定了参保优势的显著差异，雇主和自营劳动者相对于雇员具有明显的劣势。自营劳动者处于更加不利的地位，失业保险、工伤保险、医疗保险和养老保险的参保优势仅为 24.3%、15.1%、31.9% 和 37.1%。

（三）地区因素的影响

地区因素反映了经济环境和制度环境对城镇流动人口参保优势的影响，活跃的城镇经济和健全的管理体制对参保优势具有显著的正效应。以河北省为参照，北京市的经济发展环境更活跃、体制机制更加健全，失业保险、工伤保险、医疗保险和养老保险的参保优势比分别高达 315.7%、123.7%、281.8% 和 271.5%。天津市高于河北省，但是显著低于北京市，城镇流动人口在失业保险、工伤保险、医疗保险和养老保险中具有 76.0%、41.4%、125.8% 和 95.2% 的参保优势。

三　结论

通过该文的研究，可以初步总结出一些基本的趋势和特点，以供研究借鉴和决策参考。

第一，城镇流动人口内部的阶层差异十分明显，部分弱势群体的社会保障水平亟待提高。教育程度越高的流动人群参保比率越高，初中及以下教育程度人群的参保率明显偏低。农业户口的流动人群更难以享受城镇的社会福利，体制的分割是造成他们参保率较低的主要原因。商业服务业流动人群在参保率的行业差异中垫底，其次是建筑农牧业，这两部分人群的社保水平有待进一步提高。工商个体户流动人群的参保率处于极低水平，而自营劳动者流动人群的各项参保比率更是低至 5% 以下。

第二，年龄、教育程度、户口性质、婚姻状况、居留身份和居留时长等个体因素与城镇流动人口的参保优势显著相关，但影响呈多元化态势。年龄增长对参保优势比具有负效应，教育程度的递增则表现为显著的正效应。非农户口和办理居住证/暂住证能显著提高参保优势比。在婚者、离异或丧偶者比未婚者拥有更大的参保优势比。居留时长每增加一个等级，失业保险、医疗保险和养老保险的参保优势比相应提高，但是工伤保险的参保优势比则持续下降。

第三，所属行业、单位性质、就业身份和上月收入等职业因素显著影响城镇流动人口的参保优势比。相比于社会服务业，制造采供业和高端服务业表现为正效应，建筑农牧业和商业服务业则表现为负效应。单位的正规性能够显著提高城镇流动人口的参保优势，外资企业的参保优势最明显，而工商个体户则处于明显的劣势地位。雇员的参保优势大于自营劳动者和雇主，而自营劳动者的参保优势比最小。收入的增长能够显著提高失业保险和工伤保险的优势比，但是对医疗保险和养老保险的优势比没有显著影响。

第四，经济发展程度越高、体制机制越健全的地区，城镇流动人口的社会保障水平越高。北京市城镇流动人口的参保率处于较高水平，其次是天津市，河北省只有工伤保险的参保率超过了 10%。同样，北京市城镇流动人口的参保优势比也明显高于天津市和河北省。尽管经济发达地区城镇流动人口的社会保障水平较高，但是与当地人的差距也可能更大，这还有待进一步的深入研究。

（韩枫，中国人口与发展研究中心。原文出处：《人口学刊》2016年第 1 期，第 61—67 页）

人力资本

中国经济增长中的人力资本门槛效应研究

王永水　朱平芳

一　研究问题

人力资本与经济增长的关系素来被经济学家和政策制定者所关注，人力资本促进经济增长得到多数理论和实证结果的支持。不少研究表明人力资本对经济增长的影响可能并非线性，但现有研究大多在线性或对数线性形式下进行增长回归。Azariadis 和 Drazen 率先在增长理论框架下探讨了人力资本门槛外部性，在 Diamond 模型中引入人力资本后发现初始人力资本水平位于人力资本门槛两边的国家的最终增长绩效可能有很大不同。鉴于此，有必要比较分析人力资本积累发生结构性变化前后平衡增长路径的差异，而门槛模型有助于识别这种差异。此外，Vandenbussche 等人研究表明，经济体中技能型劳动力占比不断提升时，模仿向创新的转移可能诱导技术变迁，引导经济进入新的平衡增长路径，简单采用人力资本的线性模型可能并不能准确捕捉其宏观收益率。

Durlauf 和 Johnson 在 Azariadis 和 Drazen 的理论基础上采用"回归树"方法在生产函数中引入人力资本门槛效应进行跨国增长回归，结果拒绝了通常的线性模型。Kalaitzidakis 等人也详细讨论了人力资本与经济增长的非线性关系，利用受教育年限度量人力资本时发现前述非线性关系确实存在。Kourtellos 等人在贝叶斯模型平均 (BMA) 和门槛回归两种计量方法下证实了经济波动中参数异质性及变量门槛效应的存在性，以受教育年限作为门槛变量的结果非常显著。当然，人力资本对经济增长影响存在门槛效应的实证研究还有许多，尽管估计得到的门槛值各有不同，但这些研究均认为人力资本

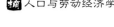

门槛效应确实显著存在。

然而，现有研究多数关注人力资本门槛效应的存在性或者门槛效应对某个单一变量（如 FDI）边际效应带来的影响。事实上，人力资本不仅直接影响地区的创新活动和采用前沿技术的能力，而且可以通过吸引其他要素推动经济增长。因此有必要在经济增长框架下，综合考虑人力资本对物质资本、FDI 等的影响，系统地研究人力资本在经济增长中的门槛效应。该文利用 Hansen 提出的面板门槛效应模型检验门槛效应的存在性，估计中国经济增长中人力资本门槛值，分析人力资本跨越门槛前后增长路径的差异，结合 Vandenbussche 等人的研究进一步将人力资本分解为技能型与非技能型人力资本后分别讨论其门槛效应。

二　数据来源及说明

该文采用 1996—2012 年中国 30 个地区的面板数据进行分析，西藏由于数据缺失被剔除。各地区生产总值和劳动力数据来自历年《中国统计年鉴》，劳动力缺失数据根据各地区统计年鉴采用回归法补充。物质资本存量测算基本沿用张军等人的方法进行拓展计算，但折旧率采用 0.05935。外商直接投资、进出口以及汇率数据来自历年《中国对外经济统计年鉴》和《中国贸易外经统计年鉴》。所有名义值均换算为以 1996 年为基年计价。

劳动者人均受教育年限根据《中国劳动统计年鉴》，按照"不识字、小学、初中、高中、大专及以上学历"的受教育年限分别为 0、6、9、12、17 来测算，缺失年份数值由前后年平均值替代。对"技能型"与"非技能型"人力资本的区分，该文与 Vandenbussche 等人 (2006)、黄燕萍等人相一致：非技能型和技能型人力资本分别对应"初中及以下学历劳动者人均受教育年限"和"高中及以上学历劳动者人均受教育年限"。各地区省会城市到上海的最短铁路距离来自中国铁路客户服务中心官方网站。此外其余控制变量，"非国有经济固定资产投资占固定资产投资总额比重"度量市场化程度、"单位面积内的运输里程数"度量基础设施发展程度、"常住人口数 / 区域行政面积"度量人口密度，数据主要来自《中国统计年鉴》。

三　研究结论与启示

该文利用中国 1996—2012 年的省级面板数据考察了人力资本在经济增长中的门槛效应，人力资本的门槛效应可分解为直接效应和间接效应。模型估计和检验采用 Hansen(1999) 的方法，模型还控制了可能影响经济增长的初始禀赋、对外开放度、基础设施发展程度、市场化程度以及人口密度等因素；为了克服其他遗漏变量的影响在模型中还引入地区和时间效应。在考察人力资本门槛效应的基础上，结合 Vandenbussche 等人的研究进一步将人力资本分解为技能型与非技能型人力资本分别讨论二者的门槛效应。研究结果表明：

人力资本门槛效应存在且非常显著，在包含控制变量 Z 的模型估计得到人力资本门槛值为 9.75。在人力资本跨越门槛水平以后，物质资本与 FDI 产出弹性大幅提升，人力资本间接效应显著为正；人力资本创新效应和模仿效应显著为正，但人力资本跨越门槛水平后，创新效应减弱而模仿效应显著增强。数据结果显示，人力资本积累对经济增长确实是至关重要的，门槛外部性带来的增长效应非常高。

分级人力资本门槛效应表现出很大差异，非技能型人力资本门槛效应主要表现在其直接效应上——提高人力资本的回报率，而技能型人力资本的门槛效应主要体现在间接效应上，技能型人力资本通过技术创新提高物质资本回报率。两种类型人力资本门槛效应又存在一致性，它们都显著提高 FDI 回报率以及促进人力资本模仿效应的增强。

门槛效应的存在使得线性模型下对人力资本宏观收益率的估计存在偏差，人力资本总和的宏观收益率被低估，这种低估主要归因于技能型人力资本宏观收益率被低估。该文分析结果表明，人力资本跨越门槛效应并非直接表现为 Azariadis 和 Drazen 理论模型预测的人力资本收益率逐渐提高，门槛效应主要通过提高物质资本和 FDI 收益率表现出来。

通过前文分析得出如下启示：第一，人力资本积累是中国长期经济增长的主要动力之一，有必要考虑延长义务教育年限。人力资本的门槛效应充分表明人力资本积累能够通过创新和模仿提高技术水平，提升物质资本和 FDI 回报率，进一步吸引物质资本及 FDI，基本模型估计得到的人均受教育年限门槛值约为 9.75 年，已远高于当前义务教育年限，从经济增长角度来看延长义务教育年限是可取的。第二，技能型人力资本是经济增长的主要源泉，需进一步加大技能型人力资本投入。人力资本总和的积累固然重要，但理论和数据结果表明技能型人力资本在技术进步中的作用强于非技能型人力资本。分级人力资本门槛效应结果显示，非技能型人力资本的提高主要体现于人力资本自身回报率的提高，而技能型人力资本的门槛效应主要体现在推动生产可能性边界向外扩张上。因此，进一步加大技能型人力资本投资对中国从技术模仿转向技术创新至关重要。第三，利用机制设计的创新留住人才和吸引人才，理顺现有人才配置机制、激活创新活力仍是重要挑战。研究发现，大量技能型人力资本集中在模仿部门中，人力资本要素在部门间配置存在扭曲的可能；另一方面，技能型人力资本行业配置也存在扭曲，例如大量的人才集中到金融行业中导致人力资本存在"浪费"的现象。如何实现机制创新，引导创新人才的部门间和行业间配置将是未来政策制定需要关注的重要问题。

（王永水，华东政法大学商学院；朱平芳，上海社会科学院研究生院。原文出处：《统计研究》2016 年第 1 期，第 13—19 页）

异质性人力资本对经济增长作用区域差异研究

王圣元　陈万明　周　蔓

经济发展过程中人力资本的作用毋庸置疑，异质性人力资本对经济发展的作用是不一样的，即人力资本的边际收益是不同的。在经济发展的过程中，哪些层次人力资本起到了促进经济增长的作用？哪些人力资本的作用不明显？不同区域的异质性人力资本对经济增长作用有什么差异？该文将对以上问题进行分析。

一　异质性人力资本的定义及其衡量

异质性人力资本指在技能、学历、社会地位等方面存在差异的人力资本。不同区域的人力资本存在数量、质量、结构上的差异，因此不同区域人力资本的边际报酬也是不同的。研究中衡量不同区域人力资本的异质性一般用三类方法：成本法、收入法和教育指标法。成本法是用于人力资本发展相关的支出来衡量人力资本。例如从人力资本投资的成本角度计算人力资本存量。收入法是以预期个人终生收入的现值来衡量人力资本水平。例如从收入方面估计人力资本价值。教育指标法是以受教育程度来衡量人力资本之间的差异。常见的方法有利用平均教育年限作为人力资本的度量指标；或者用中学生入学率、大学生入学率及政府财政的教育投入来代表人力资本存量；也可以用基于教育综合指标的评价来测度人力资本差异。从指标选取角度看，以上方法对人力资本异质性的分析都存在一定不足。收入法和成本法都是利用测算出来的人力资本存量来衡量人力资本的异质性，是一种用量的标准替代质的标准的方法。教育平均水平无法体现极值问题，即可能存在的两极分化问题，而受教育水平分类统计则无法同时反映区域人力资本在整体数量和质量上的差异。

从对人力资本异质性进一步的研究看，主要集中在异质性人力资本对经济增长的作用机制上，试图利用面板数据回归方法拟合出相关的生产函数，通过对函数中参数的测算来进一步分析问题。但是，单一的面板数据分析法难以区分出异质性人力资本的区域差异。为了分析不同区域的人力资本对经济增长作用效果上的差异，该研究对不同省级区域的时间序列数据分别进行回归分析。

二　人力资本对经济增长作用区域差异分析

该研究使用教育水平分类指标来说明不同区域的异质性人力资本投入，以测算出来的区域固定资产存量为物质投入，将 GDP 作为产出指标。GDP 数据利用历年 CPI 指数进行平减，得到物价平减后的可比数据。固定资产存量的计算采用永续盘存法，某年资本存量等于上年存量减去折旧，加上该年新增加的资本。借鉴靖学青的研究，采用永续盘存法进行估算，得出 2004—2013 年分省固定资产存量的估计数据。其中，折旧率取 10%。

先对原始数据进行取对数处理。用逐步回归法分别对 2004—2013 年截面数据分别进行回归。为了分析人力资本对经济增长作用效果在不同区域上的差异，对不同区域的时间序列数据进行回归分析。分析过程中增加了时间序列平稳性检验，针对通过检验的变量进行分析。

回归结果显示，对于所有区域 (31 个省级区域)，物质资本投入对经济增长的作用解释度最好。根据人力资本对经济增长的作用不同，大体上可以分为以下四类。第一类区域，经济增长完全依赖于物质资本的投入。这些区域有：天津、河北、山西、吉林、黑龙江、福建、河南、湖北、湖南、广西、云南、西藏、甘肃、青海、宁夏。第二类区域，人力资本对经济增长只有负面影响：辽宁、江西、广东、四川、陕西、山东。这些区域中有负面影响的人力资本均为小学学历人力资本。这说明，对于这些区域而言，小学学历人力资本已经明显对经济增长有负向拖累影响。第三类区域，人力资本对经济增长只有正面影响：北京、上海、浙江、安徽、海南、重庆、贵州、新疆。第四类区域，人力资本对经济增长既有正面影响，也有负面影响：内蒙古、江苏。这两个区域出现负面影响的人力资本也是小学学历人力资本。可见，对中国不同省级区域经济增长作用最明显的还是物质资本的投入。大多数省级区域经济增长的影响因素中没有解释度高的人力资本。同时，低水平的人力资本（小学学历人力资本）已经不能适应经济增长的需要了，小学学历人力资本在多个省份的回归模型中表现为负的系数。这说明低水平的人力资本在拖累经济增长。

三　结论与政策建议

该文在研究人力资本对经济增长作用时，将人力资本细分为不同水平的异质性人力资本可以区分出不同人力资本在经济增长中的不同作用。不同区域，起主要作用的人力资本是不同的。对中国不同省级区域经济增长解释度的还是物质资本的投入。大多数省级区域经济增长的影响因素中没有解释度高的人力资本。同时，低水平的人力资本已经不能适应经济增长的需要了，小学学历人力资本在多个省份的回归模型中表现为负的系数。这说明低水平的人力资本在拖累经济增长。

针对以上问题，提出以下政策建议：第一，优化人力资本结构。通过对各级人力资本的追加投资，提升人力资本的水平。使低水平的异质性人力资本向高水平的异质性人力资本跃迁。尤其注意加大对各级各类职业教育的投入，因为职业教育直接为相关产业发展提供劳动力。第二，设法解决某些省级区域的人力资本困境。从区域差异可以看出，大量地区（15 个省级区域）的经济增长目前还是主要靠物质资本的投入来拉动。部分地区（6 个省级区域）的低水平人力资本存量较大，以致拖累经济增长，不能对经济增长起到正向促进作用。以上这些地区占到中国省级区域 2/3 以上。缺乏高水平人力资本支持的经济发展难以持续，也难以到达高效率的生产状态。第三，促进人力资本区域间的合理流动。中国经济增长方式正在悄悄地发生变化，高水平异质性人力资本对经济增长的贡献越来越显著。同时，不同水平的人力资本在不同区域经济增长中所发挥的作用是不同的。充分利用现有的人力资本，促进异质性人力资本在不同区域之间的合理流动则有助于实现中国经济的可持续、高水平发展。

（王圣元，南京航空航天大学；陈万明，南京晓庄学院；周蔓，江苏科技大学。原文出处：《工业技术经济》2016年第2期，第148—152页）

中国经济转型背景下的制造业人力资本积累研究

窦争妍　高文书

近年来伴随着"民工荒"和"就业难"问题，关于制造业发展和人才供需的探讨引起不少专家学者的关注，但制造业人力资本积累问题仍没有得到有效的解决。长期以来，研究人员更为关注人力资本总量、大学生和农民工就业等，对制造业人力资本关注较少，企业的人力资本激励、文凭导向的用人和评价机制、职业教育和培训的协同等问题都没有得到有效解决。在这一背景下，该文聚焦制造业人力资本积累问题，探究在经济转型背景下，我国制造业人力资本积累的现状、存在的问题以及如何更好地优化制造业人力资本积累，为政府制定政策、企业重视技能型人力资本积累、开展校企合作提供一定借鉴。

一　经济转型背景下制造业人力资本积累现状

改革开放以来，我国制造业人力资本积累总量不断增加，数据显示：2001年末制造业从业人员平均人数为5236.15万人，到2013年末这一人数达到9976.19万人，基本保持增长态势。

制造业人力资本积累模式基本形成。随着国家构建人力资本市场，以及劳动用工的制度性改革，市场逐渐成为配置劳动力资源的基础性手段，我国初步形成了制造业人力资本积累的市场模式。一方面，个人和家庭的教育支出大幅增加，成为人力资本积累的重要源泉；另一方面，大力发展职业教育来弥补制造业人力资本的不足。与此同时，企业与教育系统之间形成了互惠互利的协作关系，通过成果转让、委托开发、联合开发、共建技术开发机构和科技型企业，

开展多种形式的产学研合作。

制造业人力资本积累结构中农民工占比高。中国制造业的发展主要是依靠农村富余劳动力，根据全国流动人口动态监测调查数据，制造业农民工就业人数在 2010—2013 年分别占比 33.2%、32.9%、30.2% 和 30.6%。同时，制造业农民工的受教育水平较低，接受过技能培训的仅占 32.7%；随着农民工工资水平的逐步上升，制造业等传统劳动密集型行业的竞争优势会逐步削弱。

制造业人力资本需求波动更明显。在中国制造业转型升级过程中，由于不同行业产值规模快速变动，以及结构变动的多元性，造成了人力资本需求产生一系列显著波动。具体而言，传统制造业人力资本需求增长速度大幅下降，远远低于制造业规模增长速度，尤其是中低端传统制造业的纯制造岗位的人力资本需求出现负增长，即绝对量不断减少。随着我国经济转型升级，中高端制造业迎来了发展契机，这导致中高端制造业人力资本的需求大幅增加，特别是中高端制造业的服务化趋势更为明显，这对服务性岗位的人力资本需求大幅增加，并呈现出加速增长的趋势。

二 转型升级背景下制造业人力资本积累的问题

（一）制造业人力资本积累总量不足

就总量而言，中国的人力资源非常丰富，但与发达国家相比，人力资本积累程度偏低，远远滞后于制造业转型升级的现实需要。与欧美发达国家相比，我国人力资本发展全面落后，人力资本的发展水平严重滞后于国家整体经济发展水平，尤其是制造业人力资本的教育与培训体系，这在一定程度上制约了我国制造业由中低端向高端转型的步伐。

（二）人力资本投资的结构性问题

在人力资本积累的实际发展过程中，政府、企业和个人这三个层面都存在投资结构失衡问题。

首先，在政府层面，人力资本投资结构不合理。政府对高等教育和职业教育的投资比例与制造业转型升级后的人力资本需求结构存在不匹配。随着制造业转型升级步伐的加快，技能型人力资本的需求快速增长，如高级技工人才需求大幅增长，而政府对普通教育与职业教育的投资比例却没有相应改变，导致普通教育发展过热和职业教育发展滞后，引起高级技工人才出现短缺，普通教育的大学毕业生出现过剩。

其次，在企业层面，人力资本投资领域偏窄，投资水平偏低。企业对人力资本积累的投资主要是通过各种专业技能的培训，培养和提高员工特定的技能，满足企业自身发展需要，其投资的范围比较狭小，难以为人力资本的多渠道积累提供支撑。企业不愿在员工的人力资本积累培训上投入大量的资金，特别是中小企业，其规模偏小，实力偏弱，而且大多尚处于资本积累扩张阶段，对投资人力资本的积极性不足，不仅很少参与普通教育投资，对职业教育投资也不足。同时，企业对内部培训及"干中学"的支持也投入不够。

最后，在家庭和个人层面，人力资本投资增长受较大约束。家庭和个人的人力资本投资主要用于教育培训，以增加知识技能和专业素质。对于低收入群体，高昂的教育费用形成了人力资本投资障碍，制约了人力资本投资。同时，人力资本积累中的文凭导向，严重制约了人力资本投资的效率和质量，且助推了高等教育发展异常迅速，而职业教育发展不足的事实。这一事实的直接结果是，高文凭人力资本数量大幅增加，但却不能满足制造业高技能岗位要求，最终造成不少受过高等教育的劳动者难以找到合适的就业岗位，成为高知识、高文凭失业者，形成知识失业。

（三）人力资本积累模式与投资机制运行不畅

一方面，人力资本投资机制运行不畅，投融资渠道单一化。政府投资教育办学的格局仍旧是主体，教育与培训投资没有实现联动、互补与共享，且民间私人教育投资缺位，导致民办及其他办学形式的教育发展不到位。另一方面，职业教育投融资体系不健全，导致供应不足。市场化改革进程中，职业教育早已被推向市场，但投资制度、投资主要来源、投资资金安排和使用等都还沿袭着计划模式，职业教育投资仍旧以国家财政性经费为主，多渠道投资规模小且不畅通，严重制约了职业教育投资的多元化发展。

（四）制造业人力资本技能短缺问题

人力资本积累的技能型短缺已成为影响我国制造业竞争力提高的瓶颈。第一，人力资本的素质偏低，尤其是技能型人力资本的受教育程度与知识水平较为低下，导致其难以适应技术进步以及产业链高端环节的要求，且给"干中学"带来负面影响，制约人力资本的持续发展能力。第二，我国技能型人力资本出现较大的供求缺口。中国劳动力市场信息网监测中心发布的报告显示，从2005年开始，我国各种技能型人力资本的求人倍率均大于1。到2014年，技师、高级技师和高级技能人员的求人倍率进一步攀升到2.3—2.7左右。可见，我国技能型人力资本供求缺口存在日益扩大的趋势。

三　转型升级背景下制造业人力资本积累的新路径抉择

在实际经济活动中，只有合理积累人力资本并有效率地配置与使用，才能发挥人力资本最大效用。基于前文的分析，提出以下建议。

（一）构建与制造业发展匹配的国家人力资本积累制度

1. 构建完善的法律法规，保障制度体系建设，其中主要是完善人力资本法律法规体系。对涉及人力资本的相关法律法规进行修订和补充。如在《劳动法》和《职业教育法》中更加明确和细化规定人力资本积累的投资主体及法律义务。完善职业教育与劳动就业的法规，明确界定企业为人力资本投资的责任主体，并依法义务承担职业教育与职工培训的相关费用。形成制度化的优惠、补贴以及奖励政策，并制定可操作的条款，尤其是通过以减免税收为主要手段的优惠性政策，引导和推动企业积极开展人力资本投资和积累。通过法规建设，矫正人力资本市场不完全竞争所导致的职业教育与在职培训投资不足的问题。深入改革知识产权制度安排，明确界定产权归属。通过知识产权制度建设，保证技能型人力资本的所有者能参与企业分红，即明确其剩余索取权，并建立完整的监督机制，由此提高人力资本积累的积极性。还要形成一定的制度壁垒，规范职业资格，保护人力资本积累的有效性。同时，构建就业准入制度与学历教育之间的相互认证，实现二者的良性互动和反馈。

2. 优化顶层设计，实施资源投入导向。一是针对中国智造时代的特点和要求，尽快实施人力资本积累的宏观布局。制定一系列财税优惠政策，引导企业开展技能型人力资本积累模式创新。二是以文化引领为先导，利用制度及政策，在全社会形成重视人力资本积累的核心价值观，并完善政府奖励，补贴有突出贡献的高技能人才，形成有利于技能人力资本积累的社会氛围。三是通过制度建设、平台建设，引导各类企业开展多样化合作模式进行人力资源投资，包括职业教育和在职培训，同时，鼓励企业与学校开展产学研一体化，深化校企合作，形成全社会参与人力资本投资的新局面，培养适应制造业转型升级的各类技能型人才。

（二）企业人力资本积累优化

1. 企业要转变管理理念，尤其是在人力资源管理方面，引导和激励员工积极参与人力资本积累。在互联网经济和制造业转型升级的背景下，企业要抓住机遇，挖掘现有员工的人力资本积累积极性，通过打造企业内部的创客平台，集聚员工的人力资本投资热情；鼓励员工脱产参加技能培训，以适应技术进步和创新带来的技能提升要求，满足企业转型升级的需要；激励员工自觉参与多技能在职培训，适应岗位轮换的灵活性，提高生产效率；顺应智能制造的特点，调整企业管理模式，融入互联网思维，加强企业管理制度的弹性化、人性化和开放化，以适应智造时代管理和技术人才的心理和行为模式，达到激励人才的目的。

2. 构建企业技能人力资本的激励体系。一是为技能、专用性人力资本提供长期劳动契约。技能及专用性人力资本的特性，决定其离开相应的企业后，投资回报和生产效率会大幅度下降，这会给人力资本积累的经济性带来负面影响，将降低员工对技能型人力资本的投资意愿和积极性，不利于人力资本积累。因此，为激励员工参与技能型人力资本投资和培训，企业应该提供长期劳动合同保证员工人力资本投资收益和报酬的合理性。二是在企业内推行技能型人力资本的股权激励。由产权理论可知，股权激励是最为有效的激励手段之一。比如，让专用性、高技能员工获得企业的剩余索取权，成为企业股东，享有企业发展成果，彻底提高其人力资本投资收益。

3. 完善人力资本管理，提高生产效率。企业必须转变以前的管理理念，不仅要把员工作为管理对象，还应当把员工作为服务对象；关心员工的态度、职业规划以及文化素质等，营造更为和谐友好的工作环境，增强员工的归属感、认同感与忠诚度，从而更好激励员工自觉提升工作效率；实施人性化管理，在工作制度、时间安排、生产调度上实现柔性化和弹性化，充分挖掘员工的特长和优势，并尊重员工的人格。

（三）与制造业转型升级协同的教育变革

1. 促进教育投入多元化。为顺应制造业转型和升级，我国人力资本积累必须实现从政府主导供给模式转向市场导向模式。要建立以市场机制为核心的多元化教育投资模式，形成全社会普遍参与的教育投资体系。在普通学历教育、职业教育以及在职教育投资之间构建自由开放、相互联动的渠道，形成沟通便捷快速的布局。

2. 人力资本投资优化。要完善教育投资领域的优化机制，提升人力资本教育投入效率。以解决教育资源分布的区域、产业失衡为着力点，保证教育投入结构的合理，形成教育资源配置的有效性和合理性。调整教育的专业设置，通过加大对与产业发展需要的紧缺专业的投入，有效满足当前人力资本的市场需求。并将职业教育和在职培训等投入作为重点，予以适当的倾斜。

3. 与制造业转型升级协同的教育变革中，职业教育的改革是关键点。首先，以市场为导向，构建"产学研一体化"的职业教育模式。其次，构建职业精神与技能训练相融合的职业教育培养体系。再次，将全面深化教学改革与师资队伍建设结合起来。

总之，构建职业教育和普通教育互通、学历证书和职业资格证书融通的体系，加大职业教育投入，重视技能人力资本的职业发展，建立合理的薪酬体系，提高职业院校教师待遇，培育人力资本的工业精神，提高劳动生产率是制造业人力资本积累今后很长一段时期的任务。

（窦争妍，上海社会科学院经济所；高文书，中国社会科学院人口与劳动经济研究所。原文出处：《中国人力资源开发》2016年第3期，第89—94页）

人力资本、产业结构和我国城镇
劳动参与、就业形态

陈贵富

一 引言

人口结构的变化通过供给面（劳动力、资本积累和全要素生产率）来影响经济增长，另外根据生命周期理论，人口结构的变化也会通过需求面对经济增长产生影响。在人口红利转折点出现之后，劳动年龄人口增长放缓，甚至绝对数下降，导致劳动力供给紧张；同时老年抚养比的上升，储蓄率下降，投资率下降，资本存量的增速放缓，会导致经济的潜在增长率下降。在我国老龄化进一步深化的大背景下，为保证充足的劳动力供给，除了改变人口政策，进一步提高我国劳动参与率是根本的解决办法。同时，降低失业率，更好地利用所有的人力资本也是关系到我国经济能否保持可持续发展的关键。就业劳动力的长期被雇用率保持较高水平，有利于在职劳动力人力资本的提高，培养和提高企业和劳动者的相互认同感，进而降低社会离职率，最终降低摩擦失业。所以加强我国劳动参与率和就业者就业形态的研究，对保持我国经济的可持续健康发展具有重要的理论和实际意义。该文试图利用中国营养和健康调查数据形成的面板数据，来研究我国城镇劳动参与率和城镇劳动力就业形态的决定因素。该数据调查内容丰富，数据量大，因而能更好地反映我国城镇劳动参与率和城镇劳动力就业形态的实际情况。另外，现有的研究使用的都是截面数据，该文使用的是根据 CHNS 调查数据形成的面板数据，运用前沿面板数据分析方法，确保该文的研究结论更具有科学性。

二 城镇劳动参与、就业形态的变化和特征

利用 CHNS 调查数据来计算城镇劳动参与率和就业形态的总体情况。

（一）城镇劳动参与的变化和特征

城镇劳动参与率的定义可用下式表示：

城镇劳动参与率

$$= \frac{16—64 \text{ 岁城镇就业人口（有工作）} + \text{失业人口（没工作正在找工作）}}{16—64 \text{ 岁城镇成年人口}}$$

根据 CHNS 数据计算结果来看，我国城镇劳动参与率大致呈现倒"U"形特点，即 20 世纪 90 年代初期较高，90 年代后期开始下降，2006 年触底后开始反弹。从地区来看，西部地区的参与率从 1993 年后基本上最高，东部其次，中部最低；从性别来看，男性参与率一直高于女性，而且性别参与率之差呈扩大趋势；从年龄来看，26—35 岁成年人口的劳动参与率最高，36—45 岁成年人口其次，46—55 岁和 56—64 岁的劳动参与率从 21 世纪开始呈现上升趋势；从教育程度来看，基本上是教育程度越高劳动参与率越高。

（二）城镇就业形态的变化和特征

我国城镇长期被雇用率可用下式表示：

$$\text{城镇长期被雇用率} = \frac{16—64 \text{ 岁城镇长期被雇用劳动力}}{16—64 \text{ 岁城镇就业劳动力（有工作）}}$$

1991 年和 1993 年我国城镇长期被雇用率高达 80% 以上，这是因为在这一期间，民营和个体经济所占比重很小，国营和集体经济占主体，所以被雇用形态基本上为长期雇用。但是 20 世纪 90 年代后期随着国有和集体经济改革的加剧，下岗再就业的城镇职工急剧增加，同时非公有经济快速发展，就业形态中的长期雇用大幅下降。从地区来看，东部地区长期被雇用率除了在 2006 年和 2009 年低于中部地区之外，其余年份都高于中西部地区，西部地区这一指标一

直最低；从性别来看，1997年前，女性就业者的长期被雇用率高于男性，但是从1997年开始男性就业者的这一指标一直高于女性；从年龄来看，1991年和1993年各年龄段就业者的长期被雇用率的变化并不明显，但是从1997年开始一直到现在，长期被雇用率的高低顺序大致如下：46—55岁就业者、36—45岁就业者、26—35岁就业者和55—64岁就业者；从教育程度来看，教育程度越高的就业者其长期被雇用的概率就越高，但是各种教育程度就业者的长期被雇用率都呈现下降的趋势，教育程度越低，则长期被雇用率下降的趋势越明显。

三　数据说明和分析模型

（一）数据说明和变量定义

该文所使用的数据来源于美国北卡罗来纳大学和中国疾病控制中心在我国12个省、自治区和直辖市进行的家庭营养与健康调查数据。这是在辽宁、黑龙江、江苏、山东、河南、河北、湖南、广西、贵州、北京、上海和重庆12个省、自治区和直辖市进行的调查。调查方法采取多层、多级、整群随机抽样调查，调查内容包括住户调查、膳食调查、健康调查和社区调查等多个方面。

该文选取了城镇16—64岁成人样本，其中剔除了农民的样本。该调查有调查对象是否有工作的调查，该文把有工作的16—64岁劳动力定义为就业，把没有工作正在找工作的16—64岁劳动力定义为失业。就业和失业者之和为劳动力总人口。该文主要考察广义的人力资本和产业结构变化对我国劳动参与的影响，在实证模型中包括以下自变量：广义的人力资本指标包括年龄、年龄平方、教育水平、性别、身体健康状况。产业结构变化指标包括各省第二、三产业产值占GDP比重、各省第二、三产业就业占总就业比重，这四个变量为各省指标，来自于1991—2011年《中国统计年鉴》数据。同时该文还控制了以下相关变量。家庭状况：15岁以下和65岁以上人口占家庭人口的比例、除本人以外其他家庭成员人均年净收入；居住地特征：城市、地区变量；影响就业的宏观经济指标：调查失业率、自雇就业比率，其中调查失业率和自雇就业比率指标都是作者根据该调查数据计算的市（区）和县（区）相关指标，自雇就业比率指标为有雇工的个体经营者和无雇工的个体经营者占就业者的比率（不包括农民）。该文将城镇16—64岁劳动力被长期雇用设定为1，短期和自雇用设定为 0。根据变量的统计描述，我国的劳动参与率和被长期雇用的概率均值分别为 69% 和 55%。该文使用的数据为非平衡面板数据。

（二）分析计量模型

该文使用随机效果 probit 模型（random effects probit model）来分析面板数据，分别研究了 16—64 岁我国城镇劳动参与、就业形态的影响因素，将特别关注人力资本和产业结构的变化的影响。

四　结论和建议

该文利用 CHNS1991、1993、1997、2000、2004、2006、2009 和 2011 年数据，构建面板数据；利用随机效果 probit 模型，从人力资本和产业结构变化方面分析决定我国城镇劳动参与率和就业形态的主要因素。

该文发现，年龄的增加会提高劳动参与率，但是提高的幅度会越来越小；接受正规教育年数的增加会提高劳动参与率；在其他条件都不变的情况下，最高教育程度为初中、高中或中专、大专或大学、硕士及以上的成年人口的劳动参与率，比从未上过学或小学毕业的参与率要高；在其他条件不变的情况下，男性、身体健康的成年人的劳动参与率较高；第二产业占 GDP 比重的估计系数统计上并不显著，但是第三产业占 GDP 比重的上升降低劳动参与率；第二产业就业占比的上升会提高劳动参与率，第三产业就业占比的估计系数在统计上并不显著。

从控制变量的影响来看，人口抚养比越高，劳动参与率越低；家庭中除本人之外其他家庭成员人均收入越高，劳动参与率越高；居住在城市的成年人口的劳动参与率低于农村县；在其他条件不变的情况下，东部和中部地区的成年人口劳动参与率低于西部地区；所在市县的调查失业率上升将降低当地劳动参与率。

该文进一步发现，年龄的增加会提高长期被雇用率，但是提高的幅度会越来越小；接受正规教育年数的上升提高长期被雇用率，而且提高的幅度越来越大；在其他条件都不变的情况下，教育程度越高长期被雇用率越高；男性的长期被雇用率要高于女性；第二、三产业占 GDP 比重的上升会提高长期被雇用率；第二、三产业就业占比的上升会降低长期被雇用率。

从控制变量的影响来看，家庭中除本人之外其他家庭成员人均收入越高，长期被雇用率越高；在其他条件不变的情况下，中部地区的长期被雇用率高于西部地区；所在市县的调查失业率和自我雇用率上升会降低当地长期被雇用率。

该文认为，有必要进一步提高我国人力资本水平，尤其是教育水平，这将有利于提高我国劳动参与率和长期被雇用率；要提高我国第二、三产业的就业弹性水平，尤其是第三产业的就业弹性水平，在促进第三产业发展的同时要重点、优先发展就业弹性高的部门；要进一步完善劳动力市场相关法律和法规，严格执法，提高我国长期被雇用率水平。

（陈贵富，厦门大学宏观经济研究中心。原文出处：《人口学刊》2016年第1期，第95—107页）

人力资本、城镇化与城乡居民收入差距

高远东　　张　娜

一　引言

经济结构失衡和逐步扩大的城乡收入差距，已成为全社会普遍关注的焦点。自 2010 年至 2015 年，中央一号文件连续 5 年聚焦于从城镇化方向解决"三农"问题。城镇化作为传统二元经济向现代一元经济转换的方式，是我国促进农民增收、解决"三农"问题、缩小城乡收入差距、破解城乡二元结构的重要途径，是实现经济可持续发展的引擎，是缩小城乡居民收入不平等的必由之路。然而，如何在新型城镇化进程中有效缩小城乡居民收入不平等，实现新型城镇化发展与城乡居民收入不平等缩小的有效融合，仍是一个亟须解决的问题。关于城乡收入差距的成因，众多学者从金融发展、财政分权、户籍制度、城镇化、城乡劳动力流动以及教育水平等方面做了许多的研究，但是在城镇化进程中人力资本对城乡收入差距影响的系统性研究却很少有文献涉及，因此，明确城镇化进程中人力资本对城乡收入差距的影响，优化城乡人力资源配置，以促进城乡收入差距的缩小成为该文的关注点。具体而言，城镇化进程中城乡人力资本水平和城乡居民收入不平等相互影响的内在作用机制是如何运作？实现新型城镇化发展和缩小城乡居民收入不平等融合的桥梁又是什么？对于这些问题的回答则是该文的研究目的所在。

现有的多数研究者认为偏向城市的国家发展战略是导致我国城乡收入差距持续扩大的内在原因，且人力资本对城乡居民收入差距产生重要影响，但由于我国城乡二元结构的存在、劳动力市场扭曲，特别是人力资本投资收益的二元性致使城乡居民收入差距持续扩大。为此，该文从城镇化内在本质和动力角度，剖析了城镇化、人力资本及城乡收入不平等间相互作用的机制，采用面板 VAR 方法进行实证检验，以期为我国发展城镇化和缩小城乡居民收入不平等有效融合提供经验支持。

二　理论框架、数据来源、变量设定与研究方法

（一）模型的基本假设

命题 1：农村或城市部门人力资本水平的提高，相应的将提高农村或城市部门劳动力收入，而且，消除城乡人力资本水平差距将越有利于缩小城乡居民收入差距。

命题 2：城镇化发展直接有利于缩小城乡居民收入差距。

命题 3：城镇化发展将有利于农村人力资本水平的相对提高，进而间接促进城乡居民收入差距的缩小。

（二）数据来源与变量设定

该文实证分析采用中国大陆 31 个省（自治区、直辖市）1997—2012 年间的面板数据，所有数据均来源于历年《中国统计年鉴》《中国人口统计年鉴》《中国人口与就业统计年鉴》《中国金融年鉴》《新中国六十年统计资料汇编》及各省（自治区、直辖市）历年统计公报，各指标具体说明如下。

城乡居民收入差距，以城镇居民可支配收入与农村居民人均纯收入的比值表示，该指标比值越高表示城乡居民收入差距越大。

城乡人力资本差距（EDU），采用农村和城镇居民平均受教育年限的比值来衡量；其中，1997—1999 年、2001—2009 年及 2011—2012 年的数据通过中国城乡人口抽样调查的数据获得，2010 年则采用中国人口普查数据；此外，2000 年中国受教育年限人口普查数据未分城乡统计，故采用平滑方法拟合生成。

城镇化，对城镇化的衡量我们采用主流文献的计量方法，用城镇常住人口与总人口的比值衡量，该指标比值越高说明城镇化水平越高。

城乡物质资本差距，采用城乡人均固定资产比值衡量，该指标越大表示城

乡物质资本差距越大。

城乡公共资源配置差异，选取地方财政支农支出占总支出的比重来衡量公共资源在城乡间的配置差异，该指标比值越小表示公共资源偏城市化配置越严重。

金融发展水平，用年末金融机构贷款余额与GDP的比值来衡量，该指标比值越大表示经济金融化水平越高。

（三）研究方法

为了进一步验证城镇化、城乡人力资本与居民收入差距之间的作用机制，该文基于中国31个省份的省域面板数据，采用面板向量自回归（PVAR）的研究方法进行实证检验，分析由以下三步完成。首先，对面板VAR模型进行矩估计（GMM），以揭示变量间的相互作用方向；其次，通过方差分析，说明不同VAR方程的冲击反应对内生变量波动的贡献度；最后，则是通过脉冲响应分析，深入研究一个变量对另一个变量在不同时期的动态影响，观察各变量对冲击的反应情况。面板VAR方法综合了面板数据和向量自回归模型两者的优点，在降低传统时间序列VAR模型中多重共线性与内生性问题的同时，也有效控制了样本之间的截面差异。

三 主要结论与政策建议

该文通过构建城乡二元分析框架，对我国人力资本、城镇化和城乡居民收入差距间的内在作用机制进行剖析的基础上，基于中国省域面板数据，采用面板VAR方法进行了实证检验。区别于既有研究，该文从城镇化内在本质和动力角度，剖析了城镇化、人力资本及城乡收入不平等间相互作用的机制，并提出了相应的假设命题。同时，该文采用了面板矩估计、面板方差分解和面板脉冲响应方法进行了实证检验。研究结果表明：

第一，城乡居民收入差距的变化主要受其自身惯性和城镇化发展的影响，二者对城乡居民收入差距变化的贡献度达到80%以上。其中城镇化对城乡收入差距的影响基本符合倒"U"形特征，滞后一期和滞后二期的城市化水平对城乡收入差距的影响由扩散变为收敛，即城镇化的推进在初期会拉大城乡居民收入差距，但随着城镇化的进一步推进将有效促进城乡居民收入差距的缩小，且作用的持久性较强、力度较大，从经验上证实了新型城镇化对统筹城乡发展的积极效应；城乡人力资本差距的缩小有利于缩小城乡居民收入差距，而解释能力则非常小，虽然随着时期的增长其解释能力有所增加，但是并不明显；另外城乡收入差距具有明显的惯性效应，在一定程度上仍存在"富者愈富、贫者愈贫"的极化发展特征。

第二，城镇化的发展水平对前一时期城镇化的水平具有较强的依赖性和明显的惯性特征。滞后一期和滞后二期的城乡收入差距对城镇化的影响效应则是不同的，再一次证实了城乡居民收入差距和城镇化间在不同时期具有的非线性特征。同时，滞后一期和滞后二期的城乡人力资本差距对城镇化的影响均是正向的，即农村人力资本水平的相对提高和城乡人力资本差距的缩小将有利于城镇化的发展。

第三，城镇化发展在短期导致了城乡人力资本差距的拉大；而长期可促进农村人力资本水平的相对提高，导致城乡人力资本差距的缩小，进而间接促进了城乡居民收入差距的缩减，这主要是受"发展战略"的影响，也证实了中国城乡收入差距的倒"U"形特征的存在。农村人力资本水平的提高、城乡人力资本存量差异的缩小有利于新型城镇化发展和良性城乡关系的建立，因而有效地提升农村人力资本水平、缩小城乡收入差距成为推进新型城镇化的一个基本政策取向。

基于该文以上研究结论，结合我国实际城镇化发展状况，提出如下政策建议：（1）扩大农村人力资本投资规模，提升农村居民受教育水平，缩小城乡人力资本差异。农村部门人力资本水平的提高相应地会增加农民的劳动力收入，进而缩小城乡居民收入差距，政府应当加大对农村人力资本的投资和支持，继续扩大义务教育年限，提高农民及其子女的受教育水平，完善农村基础设施建设，提高政府在教育投资中的比重，优化城乡教育投资结构。（2）进一步推进新型城镇化建设，实施城乡基本服务均等化战略，促进农村剩余劳动力转移。由于城镇化发展对于缩小城乡居民收入差距具有滞后效应，政府必须坚持推进城镇化发展，优化城乡资源配置结构，合理引导农村剩余劳动力向城市转移，逐步建立生产要素在城乡间双向流动的良性循环市场体系，使生产要素在城乡间合理配置，在初次收入分配中就注重公平。

（高远东，西南大学经济管理学院；张娜，西南大学农业教育发展研究中心。原文出处：《现代财经》2016年第1期，第70—78页）

健康人力资本、科技创新效率与经济增长

郝金磊　姜诗尧

西方经济学界普遍认为：中国经济的特征是"高投资、高能耗、低效率、低技术进步"的"两高两低"模式，这严重制约了中国经济的发展以及世界经济的腾飞。不可否认，我国目前粗放式的产业结构在一定程度上制约了经济持续增长，同时使得环境问题井喷式爆发，由此带来资源环境、生存环境恶化，社会健康成本激增。从某种程度而言，我国经济的增长是以牺牲人民健康水平和透支资源环境为代价换取来的。因此，未来我国经济增长应植根于健康人力资本、科技创新效率及二者的协同作用。该文基于中国省级层面5年的面板数据，探讨了健康人力资本及科技创新效率对经济增长的影响效应，为下一步经济增长方式的转变提供参考。该文主要从以下三个层面丰富前人的研究：（1）不仅检验了健康人力资本以及科技创新效率对经济增长的影响，还检验了两者的交互效应对经济增长的推动作用，从而丰富了该领域的研究成果。（2）不同于已有研究仅采用地区职业医师人数衡量健康人力资本的做法，还采用地区人均食品消费支出、地区年死亡率及地区二氧化硫排放总量作为健康人力资本的衡量指标，指标的全面性提高了研究结论的客观性。（3）依据健康人力资本分指标、滞后期数据分别进行分组检验，进一步验证了研究结论的稳健性。

一　研究假设与研究设计

（一）研究假设

假设1：健康人力资本投入越高的地区，经济增长越明显。

假设 2：科技创新效率越高的地区，经济增长越明显。

假设 3.1：与健康人力资本投入较少的地区相比，科技创新效率在健康人力资本投入较多的地区对经济增长的正向作用更明显。

假设 3.2：与科技创新效率较低的地区相比，健康人力资本在科技创新效率较高的地区对经济增长的正向作用更明显。

（二）研究设计

为了验证假设 1 与假设 2 成立与否，本研究构建回归模型（1）如下：

$$GDP_{it}=\beta_0+\beta_1 EF_{it}+\beta_2 HHC_{it}+\sum \beta_j X_{it}+\mu_t+\varepsilon_{it} \tag{1}$$

回归模型（1）中，因变量 GDP_{it} 表示 i 地区 t 时期的经济发展水平；自变量 EF_{it} 表示科技创新效率，其计算主要参考樊华和周德群等学者建立的投入 / 产出指标体系；自变量 HHC_{it} 表示健康人力资本，在借鉴王弟海等学者的研究基础上，结合我国经济转型期的国情，选择人口年死亡率（CDR）、执业医师人数（DR）两个变量代表地区医疗水平，选择年人均食品消费支出（FC）代表地区健康成本，选择二氧化硫排放量（SO_2）代表地区环境状况，为提升结果的可信度及便于探讨交互效应对经济增长的影响。该文对四种变量进行主成分分析提取代理变量表示健康人力资本；X_{it} 表示控制变量，依据张清正、范秋芳和孙旭杰等学者关于经济增长影响因素的前期研究，选取地区年末人口数（NUM）、地区人口受教育程度（$LABOR$）以及第二产业比重（IS）等变量构成控制变量集。由于经济增长还受国际环境变化以及国家政策等因素影响，在模型设定时，还需考虑时间固定效应 μ_t 以及残差项 ε_{it}。

为了验证假设 3.1 与假设 3.2 成立与否，本研究构建回归模型（2）如下：

$$GDP_{it}=\beta_0+\beta_1 EF_{it}+\beta_2 HHC_{it}+\beta_3 EF_{it}\times HHC_{it}+\sum \beta_j X_{it}+\mu_t+\varepsilon_{it} \tag{2}$$

模型（2）在模型（1）的基础上，增加了健康人力资本与科技创新效率交乘项 $EF_{it}\times HHC_{it}$，通过观察回归系数变化以验证假设 3.1 和假设 3.2。

（三）数据来源

研究过程中，衡量科技创新效率的数据主要来源于《中国科技统计年鉴》（2010—2014）、《中国统计年鉴》（2010—2014）；健康人力资本及控制变量数据均来源于《中国统计年鉴》（2010—2014）。

二　实证结果分析

（一）科技创新效率测算

关于核心解释变量科技创新效率，该研究对于科技创新投入指标主要选择 R&D 经费内部支出额（万元）、R&D 活动人员数（人／年），产出指标主要选择有效专利发明数（个）、新产品销售收入（万元），这两项指标分别代表了科技创新领域的知识创新转化效率以及创新成果商业转化效果，两者互为补充，能较为全面地衡量地区科技创新水平。表 1 是对我国 31 个省份 2009—2013 年科技创新效率进行测算的结果。

表1　　　　　　　　　　　科技创新效率测算结果

省份	2009	2010	2011	2012	2013	省份	2009	2010	2011	2012	2013
北京	0.56	0.46	0.42	0.37	0.50	湖北	0.34	0.38	0.30	0.30	0.39
天津	1.00	0.82	0.60	0.75	0.93	湖南	0.34	0.39	0.35	0.36	0.50
河北	0.28	0.32	0.28	0.29	0.32	广东	1.00	1.00	1.00	1.00	1.00
山西	0.20	0.24	0.20	0.23	0.27	广西	0.28	0.25	0.25	0.24	0.31
内蒙古	0.16	0.17	0.14	0.14	0.16	海南	0.54	0.44	0.34	0.32	0.38
辽宁	0.37	0.42	0.41	0.36	0.40	重庆	0.58	0.68	0.66	0.65	0.73
吉林	0.23	0.25	0.27	0.24	0.27	四川	0.68	0.75	0.59	0.64	0.72
黑龙江	0.23	0.24	0.44	0.53	0.49	贵州	0.46	0.52	0.47	0.61	0.71
上海	0.83	0.83	0.55	0.50	0.50	云南	0.39	0.38	0.35	0.33	0.37
江苏	0.93	0.97	1.00	1.00	1.00	西藏	1.00	0.45	0.59	0.33	0.26
浙江	1.00	1.00	1.00	1.00	1.00	陕西	0.24	0.30	0.27	0.27	0.35
安徽	0.34	0.49	0.75	0.62	0.63	甘肃	0.17	0.20	0.23	0.24	0.29
福建	0.86	0.68	0.75	0.73	0.74	青海	0.24	0.11	0.20	0.15	0.16
江西	0.26	0.30	0.31	0.36	0.46	宁夏	0.46	0.46	0.22	0.20	0.25
山东	0.62	0.62	0.46	0.47	0.52	新疆	0.43	0.41	0.37	0.33	0.49
河南	0.34	0.35	0.34	0.33	0.82						

（二）健康人力资本测算

对于健康人力资本代理变量的选取，该研究主要采用主成分分析方法，确定人口年死亡率、执业医师人数、年人均食品消费支出以及二氧化硫排放量四个指标分别在代理变量中的权重，最终作为健康人力资本的结果进行分析。

对2009—2013年的健康人力资本指标进行主成分分析，通过确定指标在各主成分线性组合中的系数、主成分的方差贡献率以及指标权重的归一化得到各指标的系数分别为：人口年死亡率0.93、执业医师人数44.02、年人均食品消费支出32.51、二氧化硫排放量22.31。

（三）基准回归

下面表2列出了健康人力资本以及科技创新效率对经济增长的基准回归估计结果。回归（1）和回归（2）分别是经济水平对健康人力资本以及科技创新效率进行回归，结果发现：回归系数分别为1.344和0.558且均通过了1%的显著性检验，表明健康人力资本投入越高的地区以及科技创新效率越高的地区，经济增长越明显，验证本文提出的假设1和假设2。回归（3）将健康人力资本和科技创新效率同时放入模型，回归系数均体现不同程度的下降，说明两者存在依存关系，验证了假设3.1和3.2提出的合理性，但假设的正确性有待考证。回归（5）在回归（3）的基础上，加入控制变量地区年末人口数（NUM）、地区人口受教育程度（LABOR）以及第二产业比重（IS），结果发现：健康人力资本系数下降到1.043，科技创新效率系数下降到0.145，但均通过了1%水平下的显著性检验，再次验证假设1和假设2成立。

为了验证假设3.1和假设3.2，该研究分别估计回归（4）和回归（6）。由回归（4）的结果可知，健康人力资本和科技创新效率的交乘项的回归系数大于0且通过了1%显著性水平检验，即二者互相增强了对被解释变量的影响，这表明假设3.1和假设3.2成立，即与科技创新效率较低的地区相比，健康人力资本在科技创新效率较高的地区对经济增长的正向作用更明显；与健康人力资本投入较少的地区相比，科技创新效率在健康人力资本投入较多的地区对经济增长的正向作用更明显。回归（6）在回归（4）的基础上进一步将控制变量集加入模型，结论依然成立。

表2　　　　　　　　　　　　　　　　基准回归

因变量	GDP					
解释变量	(1)	(2)	(3)	(4)	(5)	(6)
HHC	1.344***		1.252***	1.179***	1.043***	0.938***
	(0.000)		(0.000)	(0.000)	(0.000)	(0.000)
EF		0.558***	0.130***	0.088***	0.145***	0.094***
		(0.000)	(0.000)	(0.002)	(0.000)	(0.001)
HHC×EF				0.228***		0.238***
				(0.000)		(0.000)
NUM					0.153***	0.171***
					(0.007)	(0.000)
LABOR					0.023	0.074***
					(0.481)	(0.009)
IS					0.031	0.029
					(0.301)	(0.253)
N	155	155	155	155	155	155
Adj-R^2	0.307	0.872	0.884	0.913	0.890	0.920

注：*** 表示在 1% 的水平上显著，括号内为 P 值。

（四）稳健性检验

为防止结论的偶然性，该文增加稳健性检验，最大程度保证结论的正确性。其中，为了避免健康人力资本、科技创新效率与经济增长在同期有可能互为因果，回归（1）和回归（2）分别选取经济增长的滞后 1 期和滞后 2 期作为因变量，结果发现：健康人力资本和科技创新效率的回归系数均大于零且通过 1%水平下的显著性检验，两个核心解释变量的交乘项的回归系数也符合预期假设。回归（3）和回归（4）则选取健康人力资本的两个分指标进行检验，所得回归系数具有理论预期的符号方向且显著，再次验证假设。这表明，该文假设得到了较为全面的理论支持和数据验证（见表 3）。

表3　　　　　　　　　　　　　　　稳健性测试结果

因变量	GDP			
分组依据	（1） 滞后 1 期	（2） 滞后 2 期	（3） 分指标 1	（4） 分指标 2
HHC	0.892***	0.841***		

续表

因变量	GDP			
分组依据	（1） 滞后 1 期	（2） 滞后 2 期	（3） 分指标 1	（4） 分指标 2
EF	0.148***	0.201***	0.201***	0.309***
EF×HHC	0.244***	0.259***		
HHC₁			0.849***	
EF×HHC₁			0.162***	
HHC₂				0.188***
EF×HHC₂				0.130***
N	124	93	155	155
Adj-R²	0.922	0.924	0.904	0.789

注：（1）*** 表示在 1% 的水平上显著；（2）受篇幅影响，控制变量 NUM、LABOR、IS 等在本表中未列出。

三　结论与建议

基于 2009—2013 年中国省级层面面板数据，实证检验了健康人力资本和科技创新效率对经济增长的影响效应，结果表明：健康人力资本投入越高的地区，经济增长越明显；科技创新效率越高的地区，经济增长越明显；与科技创新效率较低的地区相比，健康人力资本在科技创新效率较高的地区对经济增长的正向作用更明显；与健康人力资本投入较少的地区相比，科技创新效率在健康人力资本投入较多的地区对经济增长的正向作用更明显。稳健性检验结果表明：基于健康人力资本分指标测算所得结论与原假设一致，基于滞后期数据测算所得结论亦与原假设一致，结论具有较强的稳健性。

根据以上研究结论，为优化经济结构、促进经济增长，该文提出建议如下：第一，强化健康人力资本，政府应加大公共健康事业投资，增加职业医师人数，提高疾病预防水平，降低人口死亡率；卫生监管部门应加强食品、医疗保健市场的管控，确保满足居民基本的健康投资需求；地方环保部门应切实将环境污染企业的关停工作落到实处，运用法律手段对空气质量进行全面整治。第二，提升科技创新效率，地区间应加强科技合作，整合资源优势，内陆地区应承接珠三角、长三角及京津冀经济圈人才、市场等多重优势，促进经济协同增长；政府应通过制定积极的科技政策及税收财政机制促进产学研联动，构建完整的科技成果转化平台，加强科技向生产力的有效转化，进而促进经济的全面发展。

（郝金磊、姜诗尧，兰州财经大学工商管理学院。原文出处：《西安电子科技大学学报》（社会科学版）2016年第1期，第52—58页）

健康人力资本对经济增长的影响

封　岩　柴志宏

作为人力资本的一种不可或缺的重要组成形式，健康的重要性毋庸置疑。从个人和家庭的角度来讲，健康是个人从事劳动、学习等一切经济活动的基础；而对于一国整体经济而言，良好的健康人力资本积累是国家经济增长和长远发展的后盾。从投资主体的角度，健康人力资本可分为私人健康人力资本投资（简称为"私人健康投资"或"私人健康支出"）和公共健康人力资本支出（简称为"公共健康投资"或"公共健康支出"）。私人健康投资主要包括家庭营养保健支出、医疗的私人支出部分、居住环境改善以及一切维护健康的私人投资部分；公共健康投资主要包括公共医疗卫生设施建设和完善、公共卫生环境建设和维护、医疗工作者的薪酬支付以及居民医疗补贴等政府支出部分，也包括政府为私人医疗和健康投资提供的相关基础设施环境的投资。两种健康投资对经济增长的影响机制可能不同，在不同经济阶段其产出效率也可能存在差异。该文参考阿格诺尔（Agénor）的研究，在一个包含政府和私人两种健康投资的内生增长模型中，分析两种健康投资对健康积累和经济增长的影响。

一　计量模型与数据处理

（一）计量模型

该文参考阿格诺尔（Agénor）的家庭跨期效用函数，并结合卢卡斯（Lucas）的内生增长模型，建立了扩展的产出决定方程：

$$Y=AK^{\alpha_1}L^{\alpha_2}E^{\alpha_3}H^{\alpha_4}e^{\varphi} \tag{1}$$

　　Y 表示产出，K 和 L 分别表示物质资本和劳动力投入，H 和 E 分别表示健康人力资本和教育人力资本。

　　为消除时间的异方差性对研究结果的影响，将（1）式两边取对数得到如下计量方程：

$$\ln Y = \alpha_0 + \alpha_1 \ln K_{it} + \alpha_2 \ln L_{it} + \alpha_3 \ln E_{it} + \alpha_4 \ln H_{it} + \varepsilon \qquad (2)$$

　　（2）式中，Y_{it}、K_{it}、L_{it}、E_{it} 和 H_{it} 分别表示第 i 个省份、第 t 时期的产出、物质资本、劳动力投入、教育人力资本和健康人力资本，α_1、α_2、α_3、α_4 都是待估的参数，ε 为随机扰动项。

（二）数据处理

　　经济增长指标 (GDP)：以 1980 年不变价格计算的实际人均 GDP 来表示。

　　物质资本指标 (CI)：采用固定资本投资率，即历年固定资本的形成总额占支出法 GDP 的比重来表示。

　　劳动力指标 (L)：选用就业率来代表，即历年就业人数占总人口的比重。

　　教育人力资本指标 (EDU)：选用小学毕业生升初中的升学率作为度量教育人力资本存量的代表变量。

　　健康人力资本指标：选用卫生总费用中的政府医疗卫生支出和私人医疗卫生支出分别作为公共健康投资 (GW) 和私人健康投资 (PW) 的代表变量，并以 1980 年为基期进行调整得到实际值。

　　该文数据主要来源于《新中国六十年统计资料汇编》、历年《中国统计年鉴》《2014 中国卫生统计年鉴》以及《人口普查资料》等，而涵盖 1980—2012 年的时间序列数据，均为该文作者整理计算得到。

二　结果分析

（一）单位根检验

　　为了研究健康人力资本对经济增长的短期和长期效应，将前文计量方程作为实证模型，首先进行 ADF 单位根检验以避免出现"伪回归"的现象。因此，该文对 6 个变量进行取对数处理，然后运用软件 Eviews6.0 对时间序列进行单位根检验，在选择滞后期数时依据 AIC 准则。结果显示，人均 GDP(lnGDP)、物质资本投资 (lnCI)、普通劳动力 (lnL)、教育人力资本 (lnEDU)、政府公共健康投资 (lnGW) 和个人健康投资 (lnPW) 6 个变量的 ADF 检验值都大于其对应的5% 显著性水平下的临界值，都不是平稳序列。在进行一阶差分后，ADF 检验值都小于 5% 显著水平下的临界值，都是平稳序列。因此，上述 6 个变量都是一阶单整序列。

（二）协整检验

该文选用 Johansen 检验方法对多变量系统进行检验，考察变量之间是否存在长期稳定的均衡关系。根据 ADF 检验结果，6 个变量的时间序列都是一阶单整序列，它们之间可能存在协整关系，可以进行协整检验。

建立 VAR 模型，通过 AIC 和 SC 最小准则得到模型的滞后期数 p=3，故协整检验应该选取的最佳滞后期数 p=2。从协整检验结果可以看出，迹统计量大于 5% 显著性水平下的临界值，拒绝了至多存在两个协整关系的零假设。因此，6 个变量间存在着三种协整关系，政府和家庭健康支出、物质资本投资等与经济增长间具有长期均衡关系。

（三）建立误差修正模型

根据 ADF 检验和协整检验结果，确定 5 个解释变量和经济增长间存在长期均衡关系。为了进行更深入的研究，将上述 6 个变量之间的长期均衡关系利用差分回归描述，建立误差修正模型 (ECM)。

根据结果，对误差修正模型进行经济意义解释，健康人力资本投资和教育人力资本投资对经济增长均存在长期正效应，而健康人力资本的两种投资中，政府公共健康投资和家庭私人健康支出对经济的正效应大小存在差异，公共健康投资的效应更大，其每增加 1 个百分点，人均 GDP 就上升 0.34 个百分点，而私人健康投资每增加 1 个百分点，GDP 上升近 0.243 个百分点。

（四）格兰杰因果关系

通过协整检验，确定 5 个解释变量对经济增长的长期均衡关系，但不能说明它们间的因果关系如何。为了进行更深入的研究，采用格兰杰因果检验的方法来考察它们之间的因果关系。结果显示，当滞后 1 期时，在 10% 显著性水平下，政府公共健康投资、私人健康投资、教育人力资本投资与人均 GDP 之间均存在单向因果关系，经济增长能显著影响政府和私人的健康投资水平以及对教育的投资，而不论健康人力资本还是教育人力资本的投资都不能显著影响经济增长。当滞后 4 期时，私人健康投资开始成为经济增长的格兰杰原因，当滞后期为 5 时，政府公共健康投资才开始成为经济增长的动因，而此后经济增长却不再是家庭和政府健康支出的格兰杰原因。此外，当滞后期为 2 以后，教育人力资本和经济增长之间不再存在显著的格兰杰因果关系。

三　结论

该文在一个包含政府公共健康投资和私人健康投资的内生增长框架下进行数理分析，探讨两种健康投资对经济增长的影响及路径，运用中国的时间序列数据检验论文的理论结论，得到基本一致的结果。

理论研究的结果表明：首先，家庭健康支出比例在较低水平时对经济增长具有正向作用，随着该比例增长，家庭对物质资本的投资就会被挤占，当家庭因增加健康投资对经济增长的正向作用不足以抵消物质资本投资降低所带来的负向作用时，就会对经济产生不利影响，阻碍其增长；在中国现阶段的发展情况下，政府公共健康投资比例对经济增长始终存在正的效应；要使经济增长达到最优，政府公共健康投资与私人健康投资各自的比重应该与他们对健康人力资本积累的贡献程度相符合。其次，针对家庭效用最大化和社会福利最大化下的政府最优公共健康投资比例进行比较后发现：当税率较高时，家庭效用最大化下政府健康投资比例小于社会福利最大化下的比例，此时，政府的健康投资能力充足，且投资效率也更高；当税率较低时，社会福利最大化的政府健康投资比重低于家庭效用最大化下的比例，此时家庭健康投资的效率更高，收益也更好。

该文还采用中国的时间序列数据，运用 ADF 检验、协整检验和误差修正模型等一系列计量分析方法，验证了中国健康人力资本投资对经济增长的影响。协整检验结果表明政府公共健康投资、私人健康投资与经济增长之间存在长期均衡关系。误差修正模型给出了两者对产出的贡献度，公共健康投资对经济增长的贡献度高于私人健康投资。格兰杰因果关系检验结果表明经济增长在短时间内就能增加投资，这一定程度上反映出国家对人力资本投资的重视程度在日渐提高；健康人力资本投资的产出收益存在一定滞后性，短时间内较难实现。相较于私人健康投资，政府公共健康投资对经济增长的效应可能需要更长时间方能实现，但这种产出效应会维持更长时间。

（封岩、柴志宏，首都经济贸易大学经济学院。原文出处：《经济与管理研究》2016 年第 2 期，第 21—27，第 123 页）